国家出版基金项目
NATIONAL PUBLICATION FOUNDATION

中国近代思想家文库

◎

金天翮 吕碧城
秋瑾 何震
卷

夏晓虹 编

中国人民大学出版社
·北京·

总　序

　　对于近代的理解，虽不见得所有人都是一致的，但总的说来，对于近代这个词所涵的基本意义，人们还是有共识的。一个国家、一个民族走入近代，就意味着以工业化为主导的经济取代了以地主经济、领主经济或自然经济为主导的中世纪的经济形态，也还意味着，它不再是孤立的或是封闭与半封闭的，而是以某种形式加入到世界总的发展进程。尤其重要的是，它以某种形式的民主制度取代君主专制或其他不同形式的专制制度。中国是个幅员广大、人口众多、历史悠久的多民族国家，由于长期历史发展是自成一体的，与外界的交往比较有限，其生产方式的代谢迟缓了一些。如果说，世界的近代是从 17 世纪开始的，那么中国的近代则是从 19 世纪中期才开始的。现在国内学界比较一致的认识，是把 1840 年到 1949 年视为中国的近代。

　　中国的近代起始的标志是 1840 年的鸦片战争。原来相对封闭的国门被拥有近代种种优势的英帝国以军舰、大炮再加上种种卑鄙的欺诈打开了。从此，中国不情愿地加入到世界秩序中，沦为半殖民地。原来独立的大一统的中央集权的君主专制国家，如今独立已经极大地被限制，大一统也逐渐残缺不全，中央集权因列强的侵夺也不完全名实相符了。后来因太平天国运动，地方军政势力崛起，形成内轻外重的形势，也使中央集权被弱化。经历第二次鸦片战争、中法战争、甲午战争、八国联军入侵的战争以及辛亥革命后的多次内外战争，直至日本全面侵略中国的战争，致使中国的经济、政治、教育、文化，都无法顺利走上近代发展的轨道。古今之间，新旧之间，中外之间，混杂、矛盾、冲突。总之，鸦片战争后的中国，既未能成为近代国家，更不能维持原有的统治秩序。而外患内忧咄咄逼人，人们都有某种程度"国将不国"的忧虑。

　　"天下兴亡，匹夫有责"，读书明理的士大夫，或今所谓知识分子，尤为敏感,在空前的危机与挑战面前,皆思有所献替。于是发生种种救亡图存的思想与主张。有的从所能见及的西方国家发展的经验中借鉴某些东西,形成自己的改革方案;有的从历史回忆中拾取某些智慧,形成某种民族复兴的设想;有的则力图把西方的和中国所固有的一些东西加以调和或结合,形成某种救亡图强的主张。这些方案、设想、主张,从世界上"最先进的",到"最落后的",几乎样样都有。就提出这些方案、设想、主张者的初衷而言,绝大多数都含着几分救国的意愿。其先进与落后,是否可行,能否成功,尽可充分讨论,但可不必过为诛心之论。显而易见,既然救国的问题最为紧迫,人们所心营目注者自然是种种与救国的方案直接相关的思想学说,而作为产生这些学说的更基础性的理论,及其他各种知识、思想,则关注者少。

围绕着救国、强国的大议题,知识精英们参考世界上种种思想学说,加以研究、选择,认为其中比较适用的思想学说,拿来向国人宣传,并赢得一部分人的认可。于是互相推引,互相激励,更加发挥,演而成潮。在近代中国,曾经得到比较广泛的传播的思想学说,或者够得上思潮的,主要有以下几种:

(一)进化论。近代西方思想较早被引介到中国,而又发生绝大影响的,要属进化论。中国人逐渐相信,进化是宇宙之铁则,不进化就必遭淘汰。以此思想警醒国人,颇曾有助于振作民族精神。但随后不久,社会达尔文主义伴随而来,不免发生一些负面的影响。人们对进化的了解,也存在某些片面性,有时把进化理解为一条简单的直线。辩证法思想帮助人们形成内容更丰富和更加符合实际的发展观念,减少或避免片面性的进化观念的某些负面影响。

(二)民族主义。中国古代的民族主义思想,其核心是"非我族类,其心必异",所以最重"华夷之辨"。鸦片战争前后一段时期,中国人的民族思想,大体仍是如此。后来渐渐认识到"今之夷狄,非古之夷狄","西人治国有法度,不得以古旧之夷狄视之"。但当时中国正遭受西方列强的侵略和掠夺,追求民族独立是民族主义之第一义。20世纪初,中国知识精英开始有了"中华民族"的概念。于是,渐渐形成以建立近代民族国家为核心的近代民族主义。结束清朝君主专制,创立中华民国,是这一思想的初步实现。第一次世界大战爆发,中国加入"协约国",第一次以主动的姿态参与世界事务,接着俄国十月革命爆发,这两件事对近代中国的发展历程造成绝大影响。同时也将中国人的民族主义提升到一个新的层次，即与国际主义（或世界主义）发生紧密联系。也可以说，中国人更加自觉地用世界的眼光来观察中国的问题。新生的中国共产党和改组后的国民党都是如此。民族主义成为中国的知识精英用来应对近代中国所面临的种种危机和种种挑战的一个重要的思想武器。

（三）社会主义。社会主义作为一种模糊的理想是早在古代就有的，而且不论东方和西方都曾有过。但作为近代思潮，它是于19世纪在批判近代资本主义的基础上产生的。起初仍带有空想的性质，直到马克思和恩格斯才创立起科学社会主义。20世纪初期，社会主义开始传入中国。当时的传播者不太了解科学社会主义与以往的社会主义学说的本质区别。有一部分人，明显地受到无政府主义的强烈影响，更远离科学社会主义。直到五四新文化运动兴起之后，中国人始较严格地引介、宣传科学社会主义。但有一段时间，无政府主义仍是一股很大的思想潮流。中国共产党的成立，从思想上说，是战胜无政府主义的结果。中国共产党把在中国实现社会主义乃至共产主义作为自己的奋斗目标。此后，社会主义者，多次同各种非科学社会主义思想的信仰者进行论争并不断克服种种非科学社会主义思想的影响。

（四）自由主义。自由主义也是从清末就被介绍到中国来，只是信从者一直寥寥。直到五四新文化运动兴起，具有欧美教育背景的知识精英的数量渐渐多起来，自由主义始渐渐形成一股思想潮流。自由主义强调个性解放、意志自由和自己承担责任，在政治上反对一切专制主义。在中国的社会条件下，自由主义缺乏社会基础。在政治激烈动荡的时候，自由主义者很难凝聚成一股有组织的力量；在稍稍平和的时候，他们往往更多沉浸在自己的专业中。所以，在中国近代史上，自由主义不曾有，也不可能有大的作为。

（五）激进主义与保守主义。处于转型期的社会，旧的东西尚未完全退出舞台，新的东西也还未能巩固地树立起来，新旧冲突往往要持续很长的时间，有时甚至达到很激烈的程度。凡助推新东西成长的，人们便视为进步的；凡帮助旧东西排斥新东西的，人们便视为保守的。其实，与保守主义对应的，应是进步主义；与顽固主义相对的则应是激进主义。不过在通常话语环境中人们不太严格加以区分。中国历史悠久，特别是君主专制制度持续两千余年，旧东西积累异常丰富，社会转型极其不易。而世界的发展却进步甚速。中国的一部分精英分子往往特别急切地想改造中国社会，总想找出最厉害的手段，选一条最捷近的路，以最快的速度实现全盘改造。这类思想、主张及其采取的行动，皆属激进主义。在中共党史上，它表现为"左"倾或极左的机会主义。从极端的激进主义到极端的顽固主义，中间有着各种程度的进步与保守的流派。社会的稳定，或社会和平改革的成功，都依赖有一个实力雄厚的中间力量。但因种种原因，中国社会的中间力量一直未能成长到足够的程度。进步主义与保守主义，以及激进主义与顽固主义，不断进行斗争，而实际所获进步不大。

（六）革命与和平改革。中国近代史上，革命运动与和平改革运动交替进行，有时又是平行发展。两者的宗旨都是为改变原有的君主专制制度而代之以某种形式的近代民主制度。有很长一个时期，有两种错误的观念，一是把革命理解为仅仅是指以暴力取得政权的行动，二是与此相关联，把暴力革命与和平改革对立起来，认为革命是推动历史进步的，而改革是维护旧有统治秩序的。这两种论调既无理论根据，也不合历史实际。凡是有助于改变君主专制制度的探索，无论暴力的或和平的改革都是应予肯定的。

中国近代揭幕之时，西方列强正在疯狂地侵略与掠夺殖民地和半殖民地，中国是它们互相争夺的最后一块、也是最大的资源地。而这时的中国，沿袭了两千年的君主专制制度已到了奄奄一息的末日，统治当局腐朽无能，对外不足以御侮，对内不足以言治，其统治的合法性和统治的能力均招致怀疑。革命运动与改革的呼声，以及自发的民变接连不断。国家、民族的命运真的到了千钧一发之际，危机极端紧迫。先觉分子救国之心切，每遇稍具新意的思想学说便急不可待地学习引介。于是西方思想学说纷纷涌进中国，各阶层、各领域，凡能读书读报者，受其影响，各依其家庭、职业、教育之不同背景而选择自以为不错的一种，接受之，信仰之，传播之。于是西方几百年里相继风行的思想学说，在短时期内纷纷涌进中国。在清末最后的十几年里是这样，五四时期在较高的水准上重复出现这种情况。

这种情况直接造成两个重要的历史现象：一个是中国社会的实际代谢过程（亦即社会转型过程）相对迟缓，而思想的代谢过程却来得格外神速。另一个是在西方原是差不多三百年的历史中渐次出现的各种思想学说，集中在几年或十几年的时间里狂泻而来，人们不及深入研究、审慎抉择，便匆忙引介、传播，引介者、传播者、听闻者，都难免有些消化不良。其实，这种情况在清末，在五四时期，都已有人觉察。我们现在指出这些问题并非苛求前人，而是要引为教训。

同时我们也看到，中国近代思想无比的多样性与复杂性呈现出绚丽多彩的姿态，各种思想持续不断地展开论争，这又构成中国近代思想史的一个突出特点。有些论争为我们留下了非常丰富的思想资料。如兴洋务与反洋务之争，变法与反变法之争，革命与改良之争，共和与立宪之争，东西文化之争，文言与白话之争，新旧伦理之争，科学与人生观之争，中国社会性质的论争，社会史的论争，人权与约法之争，全盘西化与本位文化之争，民主与独裁之争，等等。这些争论都不同程度地关联着一直影响甚至困扰着中国人的几个核心问题，即所谓中西问题、古今问题与心物关系问题。

中国近代思想的光谱虽比较齐全，但各种思想的存在状态及其影响力是很不平衡的。有些思想信从者多，言论著作亦多，且略成系统；有些可能只有很少的人做过介绍或略加研究；有的还可能因种种原因，只存在私人载记中，当时未及面世。然这些思想，其中有很多并不因时间久远而失去其价值。因为就总的情况说，我们还没有完成社会的近代转型，所以先贤们对某些问题的思考，在今天对我们仍有参考借鉴的价值。我们编辑这套《中国近代思想家文库》，希望尽可能全面地、系统地整理出近代中国思想家的思想成果，一则借以保存这份珍贵遗产，再则为研究思想史提供方便，三则为有心于中国思想文化建设者提供参考借鉴的便利。

考虑到中国近代思想的上述诸特点，我们编辑本《文库》时，对于思想家不取太严格的界定，凡在某一学科、某一领域，有其独立思考、提出特别见解和主张者，都尽量收入。虽然其中有些主张与表述有时代和个人的局限，但为反映近代思想发展的轨迹，以供今人参考，我们亦保留其原貌。所以本《文库》实为"中国近代思想集成"。

本《文库》入选的思想家，主要是活跃在 1840 年至 1949 年之间的思想人物。但中共领袖人物，因有较为丰富的研究著述，本《文库》则未收入。

编辑如此规模的《文库》，对象范围的确定，材料的搜集，版本的比勘，体例的斟酌，在在皆非易事。限于我们的水平，容有瑕隙，敬请方家指正。

《中国近代思想家文库》编纂委员会

目　录

导　言

本册是多人合卷，其共同的交集点，即为晚清的妇女论述。因此，很明显，选入本卷的文章都关切这一主题，并不以呈现各人思想全貌为目标。而相关论著的时段仅限于晚清，则是由于在编者看来，晚清实为中国近代女权思想的发轫期，各种相关问题的讨论已相当活跃，并开启了此后无数论说与实践的先声。回到思想的原点，本编选取了在晚清妇女论述中最有代表性与影响力的四位思想者——金天翮、吕碧城、秋瑾与何震——的文章编为一集，希望能够为读者返回历史现场提供帮助。

金天翮的"女权革命"论

金天翮（1873—1947），原名懋基，后改名天羽，字松岑，号鹤望、鹤舫，别署爱自由者、金一、天放楼主人，江苏吴江县同里镇人。金氏早年也曾考科举，但于研习旧学时，亦关注新学。1899 年，入江阴南菁书院读书三年。[①] 1902 年，在同里创办新式学校同川学堂。[②] 次年，因蔡元培、章太炎等在上海组织中国教育会，蔡招金前往，任会计。金因此常常往来两地，便在家乡组建了中国教育会同里支部[③]，并于是年加入兴中会。其革命思想，也以这几年最为高昂。1903 年，先后出版

---

① 参见吴新雷：《南菁书院的学术研究及其对文化界的贡献》，载《南京大学学报》，1985 年第 2 期，22 页。

② 参见赵承祖：《同川学堂与中国教育会》，见《吴江文史资料》，第 16 辑，112 页，政协吴江市委员会学习和文史委员会编印，1998。

③ 参见金天羽：《蔡冶民传》，见《天放楼诗文集》下册，1062 页，上海，上海古籍出版社，2007；柳亚子：《五十七年》，见《〈柳亚子文集〉自传·年谱·日记》，149、151 页，上海，上海人民出版社，1986。

《女界钟》及所译宫崎寅藏自述参与孙中山革命活动的《三十三年落花梦》（与薛凤昌合作），并为留日学生刊物《江苏》撰稿，作《孽海花》小说前六回。1904 年，刊行了据日本烟山专太郎《近世无政府主义》译述的《自由血》。同年，又在同里创办明华女学校。入民国，历任江苏省议员、吴江县教育局局长、江南水利局局长、安徽通志馆编纂。1932 年，在苏州参与组织国学会，与章太炎共同讲学。1936 年，《皖志列传稿》印行。抗战初期，应聘为上海光华大学中文系教授。1941 年上海沦陷后，返回苏州，于 1947 年 1 月病逝。① 著有诗文集多种，近年辑为《天放楼诗文集》出版。

　　《女界钟》是金天翮 1903 年 6 月底因"《苏报》案"发，从上海归乡后，"伤政党之憔悴，痛女界之沦胥"，"竭四星期之力"② 完成的论著。此书作者署名"爱自由者金一"，卷首有林宗素、黄钧（菱舫）与杨锡纶（纫兰）三位女士所撰序，末有柳亚子写于"癸卯闰五月"的《后叙》。今可见两种早期版本，即光绪二十九年（1903）八月上海爱国女学校发行的初版，以及光绪三十年（1904）五月再版。由此也可窥见此书的写作背景。

　　爱国女学校由中国教育会于 1902 年 10 月创办于上海。③ 蒋智由任经理（即校长），不久因其赴日，会长蔡元培接任掌校。6 月 15 日，蔡去青岛，两周后发生"《苏报》案"，章太炎遭拘捕，邹容投案。连带受影响的还有 1902 年 5 月在上海复刊的《女报》（1903 年 3 月第 2 年第 1 期起改名《女学报》），主编陈撷芬为《苏报》主人陈范之女，因此亦随父逃亡日本。该报虽在陈撷芬到达东京后，10 月间勉力再出一期，但也就是尾声了。④ 林宗素为《女界钟》作叙，署记为"癸卯六月""叙于沪渎《女学报》馆"⑤，应已是《女学报》即将在国内结束的日子。而金天翮写作之际，爱国女学校尚前途莫测，自然也让金氏忧心。幸好，该校终能坚持下来，《女界钟》初版即以之作为总发行所。并且，

---

　　① 民国后经历主要参考杨友仁：《金松岑先生行年与著作简谱》，见金天翮：《女界钟》，108～142 页，上海，上海古籍出版社，2003。

　　② 柳人权（柳亚子）：《后叙》，见金一：《女界钟》，95 页，1904 年再版。以下《女界钟》引文均出自此版本，不再注。

　　③ 参见宋培基、钱斌：《爱国女学成立时间考辨》，载《史林》，2006 年第 3 期，77 页。

　　④ 参见夏晓虹：《晚清两份〈女学报〉的前世今生》，载《现代中文学刊》，2012 年第 1 期，28～32 页。

　　⑤ 林宗素：《侯官林女士叙》，见《女界钟》，3 页。

1904 年 1 月，丁祖荫（号初我）主编的《女子世界》也在上海创行，此刊显然以接续《女学报》在国内的事业为己任，其创办得到了金天翮的大力支持，发刊词即由金撰写。①

在《女界钟》写作之前，可供作者汲引的相关女权思想资源，最重要的有以下几种：1901 年 4 月 7 日，吴孟班（名长姬）在上海《中外日报》发表《拟上海女学会说》；1902 年 11 月，马君武翻译的《斯宾塞女权篇》与《达尔文物竞篇》合为一册，由少年中国学会出版；1903 年 2 月，上海广智书局发行赵必振译、日本岩崎徂堂与三上寄凤〔风〕合著之《世界十二女杰》；大约 3 月，又有未署名作者编译的《世界十女杰》在日本出现②；同年 4 月，马君武接力在梁启超于横滨主编的《新民丛报》第 30 号刊出《弥勒约翰之学说》第二节《女权说》，专门介绍了弥勒（John Stuart Mill，1806—1873）的《女人压制论》（*The Subjection of Women*，今译为《论妇女的从属地位》）与社会党人的《女权宣言书》。这些论说与译述的精华，都及时在《女界钟》得到运用。

《女界钟》的写作宗旨，在本为金天翮弟子、而谊兼师友的柳亚子所撰《后叙》中有明白揭示。柳转述"同志金君"之言曰："此书内容，实含有 Revolution 之思想。"故在文末，柳亚子即着意称许："金君之书，其女界黑暗狱之光线乎！其女界革命军之前驱乎！其女界爆裂丸之引电乎！"③ 确信《女界钟》具有引发中国女界颠覆黑暗现实的革命意义。

其实，金天翮的"革命"思想，更准确的表达应该是"女权革命"。这体现在他对新世纪总体趋势的判定上：

> 十八、十九世纪之世界，为君权革命之时代；二十世纪之世界，为女权革命之时代。④

尽管这个说法其来有自，日本新闻记者石川半山（名安次郎，1872—

---

① 金天翮与《女子世界》的关系，可参看夏晓虹：《晚清女报的性别观照——〈女子世界〉研究》，初刊陈平原、山口守编：《大众传媒与现代文学》，北京，新世界出版社，2003；收入个人专著《晚清女性与近代中国》，67～113 页，北京，北京大学出版社，2004。

② 据周作人癸卯三月十二日（1903 年 4 月 9 日）日记：该日收到鲁迅"日本初五日函"，内开托人带来之书目，中有《世界十女杰》一册（鲁迅博物馆编：《周作人日记》，383～384 页，郑州，大象出版社，1996）。

③ 柳人权：《后叙》，见《女界钟》，95、96～97 页。

④ 金一：《女界钟》第六节"女子之权利"，56 页。

1925）1900 年经由《清议报》的翻译，已将"男女之竞争，创于十九周年……实为二十周年—大关键也"[①] 的意识传入中国；随后，吴孟班也根据"十九世纪之文明进化者，女权增进之世界也"的迹象，而预言"女权女学"将成为二十世纪中国崛起的表征[②]。但《女界钟》的凸显"革命"，仍是其特出处。比较受其影响的柳亚子复述的"西哲有言：十九世纪民权时代，二十世纪其女权时代乎"[③]，已分明可见。

金天翮强调"女权革命"，乃是因为在他看来，"女权之剥削，则半自野蛮时代圣贤之垂训，半由专制世界君主之立法使然，然而终不可以向圣贤君主之手乞而得焉"。唯一的办法就是："自出手腕，并死力以争已失之利权，不得则宁牺牲平和，以进于激烈之现象。"所以，他对"二十世纪女权革命之时代"的解说，正包含了暴力手段不可避免的含义："夫欲求平和之权利，是欲诞育佳儿，而避分娩拆副之苦痛也，可乎哉？"[④] 而金氏毅然以提倡"女权革命"自任，正体现出其卓识与魄力。

《女界钟》全书因而是围绕"女权革命"展开论述。开篇的"小引"揭示其著述缘起，首先渲染欧洲白色人种快乐、自由的生活状态，而指认，此乃"十八、十九两世纪之间"，经历"十数革命大活剧"，争得"人人有自由权，人人归于平等"的结果。若追溯思想的根源，则"今日欧洲庄严璀烂、荼火锦绣之新世界"，实拜卢梭、福禄特尔（伏尔泰）、黑智尔（黑格尔）、约翰·弥勒、赫胥黎、斯宾塞等人学说之赐。如今这些学术思想"汽船满载，掠太平洋而东，至于中国"，男子已受其刺激，开始觉醒。金天翮因此发愿著《女界钟》，以使中国女同胞获闻"文明国自由民"之"男女平权，女子参与政治之说"[⑤]。

接下来的"绪论"，其思路也是由欧洲至中国。在欧洲，"女权之说，虽有弥勒约翰、斯宾塞之徒昌之"，"欧洲妇人，业已自出手腕，以与男子争已失之权利"，但学说尚遭反对，斗争亦未成功，不过，"女权之种子"已然落地发芽。很明显，《女界钟》此处的论说正是基于马君

---

① 石川半山：《论女权之渐盛》，载《清议报》，第 48 册，1900 年 6 月，"时论译录" 4～5 页。

② 参见吴长姬：《拟上海女学会说》，载《中外日报》，1901 年 4 月 7 日。

③ 倪寿芝：《黎里不缠足会缘起》，载《女子世界》，第 3 期，1904 年 3 月，70 页。此文实由柳亚子执笔

④ 金一：《女界钟》第六节"女子之权利"，58、59～60 页。

⑤ 金一：《女界钟·小引》，11～12 页。

武的译介。而金天翮所谓"民权与女权，如蝉联跗萼而生，不可遏抑也"①，既是源自马氏叙述约翰·弥勒女权说时所倡言，"欧洲所以有今日之文明者"，皆自"君民间"与"男女间""二大革命来也"②，却又加以推演，令两大革命发生关联。其说日后再由丁祖荫引申，完整地表述为：

> 虽然，女权与民权，为直接之关系，而非有离二之问题。……政治之革命，以争国民全体之自由；家庭之革命，以争国民个人之自由：其目的同。政治之革命，由君主法律直接之压制而起；女子家庭之革命，由君主法律间接之压制而起：其原因同。③

因此，女权革命实为民权革命的基础，应优先进行。

不过，金天翮其时在《女界钟》提出民权与女权相关性的话头，用意只在引出女子与国家关系的论述。国家由国民构成，而女性于其中的身份，则被特别标举为"国民之母"。其间自然有出于女性生殖能力的考量，但金氏对西方遗传学的兴趣，在此也起了作用："夫个人之品性，虽由外界之风俗境遇，熏染刺激而化，亦因内界之数十代遗传根性，酝酿陶铸而成。而根性之传，必离母以附子，阳施阴受，顿渐各殊。故国民无师，其所师则女子也。"④ 尽管"女子为国民之母"之说导源于日本，而其言进入晚清语境，却显示出巨大的能量。金天翮嗣后在《〈女子世界〉发刊词》中重复此论，便顺理成章地指出：

> 女子者，国民之母也。欲新中国，必新女子；欲强中国，必强女子；欲文明中国，必先文明我女子；欲普救中国，必先普救我女子，无可疑也。⑤

女性的命运决定了中国的前途，这才是妇女议题重要性的根本所在，也是由金天翮开启的"女子者，国民之母也"的命题此后不断在晚清回荡的原因。

既然女性为国民之母，企望其能"诞出新中国新人物"，"张女界之

---

① 金一：《女界钟》第一节"绪论"，12、13页。

② 马君武：《弥勒约翰之学说》，载《新民丛报》，第30号，1903年4月，9页。

③ 初我（丁祖荫）：《女子家庭革命说》，载《女子世界》，第4期，1904年4月，2页。

④ 金一：《女界钟》第一节"绪论"，13～14页。

⑤ 金一：《〈女子世界〉发刊词》，载《女子世界》，第1期，1904年1月，1页。

革命军"，"以唤醒深闺之妖梦"①，则其人首先必定应为"新国民"。于是，中国的"女权革命"论述，在《女界钟》里，即具体落实为如何把身为"国民之母"的女性铸造成"新国民"的方法与步骤，而其关注的中心仍为女性的各种权利。并且，无论哪一种权利的获得，都是以自由反抗压制的结果。所谓"权利者，伴自由而生者也"，"压制去而后文明国自由民，出现于中国"②。这一过程，自然也充满了"革命"的意味。

按照马君武的概括，欧洲社会党人主张的女权包含五项内容，即教育权、经济权、政治权、婚姻权与人民权（即公民权）。③ 出于晚清中国的现实，《女界钟》对此有所变通。第六节"女子之权利"中，将"今日女子应当恢复之权利"列举为六项，即"入学之权利"、"交友之权利"、"营业之权利"、"掌握财产之权利"、"出入自由之权利"与"婚姻自由之权利"。其中第一项即教育权，第三、四项即经济权，最后一项即婚姻权。此外，所言"交友之权利"与"出入自由之权利"，纯属限于中国国情的特别应对之道，实际指向人身自由权，这原是最基本的公民权利。此六种权利，在欧洲女性为已然拥有，金天翮也认为中国女子"其可必得无疑也"，而且有可能以"无革命之苦痛"得到，否则将"以剑继之"④。在此之外，《女界钟》又另立"女子参预政治"之专节，针对欧洲女性尚未获得的政治权与公民权在中国实现的前景作出推断。此权利之获得显然困难得多，将"绞以脑，卷以舌，达以笔"，"溅以泪"，"进以血"，最终"血溢而助以剑，剑穷而持赠以爆裂丸与低列毒炮"，即非以"破坏之事"行之不可，却又是"为我同胞争权利、夺自由之灵咒也"⑤。

从全书章目看，除第七节专论女子参政权，第八节"婚姻进化论"专述女子婚姻权，留给教育权的，似乎只有第五节"女子教育之方法"最切题。但统观各篇，不难窥见，女子教育实为《女界钟》最关注的话题，各节所论都与之相关。如第二节论"女子之道德"，认为："夫世界文明进步，则女子之教育，亦将随男子而异。读书入学、交友游历，皆女子所以长智识、增道德之具也。"第三节"女子之品性"，讨论女性受

---

① 金一：《女界钟》第一节"绪论"，14～15页。
② 金一：《女界钟》第六节"女子之权利"、第三节"女子之品性"，63、30页。
③ 参见马君武：《弥勒约翰之学说》，载《新民丛报》，第30号，13～14页。
④ 金一：《女界钟》第六节"女子之权利"，60～63页。
⑤ 金一：《女界钟》第七节"女子参预政治"，74～75页。

社会习俗影响而形成的群体风气与品格，所指斥的"缠足"、"装饰"、"迷信"与"拘束"四大障害，皆因"束缚于旧风气"而造成；同时又认定："夫跳出旧风气，以改造新风气，则莫如游学欧美矣。"至于第四节金氏对"女子之能力"的诸般论述，更是基于"女子之能力，当以受教育与否为断"① 的大前提。即使关于女子参政议政问题，所论也与教育密切相关。

金天翮之所以极为重视女子教育权，固然因为此为天赋人权之一，"且权利思想之发达，乃借读书以养成"，特许为"开宗明义之第一着也"。而更重要的是，在金氏看来，教育又不仅有助于女权意识的培植，实在也与国家的强弱息息相关：

> 教育者，造国民之器械也。女子与男子，各居国民之半部分，是教育当普及。吾未闻有偏枯之教育，而国不受其病者也。②

这才是《女界钟》特重教育的关键所在。中国的现实正是女子受教育的权利被普遍剥夺，梁启超等维新人士也早已将国势的日就衰落归咎于此③，金天翮的说法因此并非创见。其值得称许之处，是以女子教育隶属于国民教育。

这一国民教育首先是与"奴隶教育"相对立。金天翮将中国的教育一言以蔽之曰"奴隶"，而"女子者，奴之奴也，并奴隶之教育而亦不得闻"。由此造成国人尽为"直接之奴隶"与"间接双料之奴隶"，中国亦成为一即将亡国灭种的"奴隶世界"。金氏认为，"奴界不一，要皆自不自尊自立之教育而来"。于是，"救奴隶之方法"便应反其道而行之。而"只教成一自尊自立之人"，恰是英国国民教育自傲于他国教育的特色，与金天翮所指斥的日本女界之"纤靡卑屈"、女子教育之"蔑视女权"适相反对。以此，"游学欧美"便成为《女界钟》指出的中国女性接受教育的最上策，而告诫："有东游者，但留心于学问、工艺，而无使女界恶风，随元规之尘而污人也。"④

---

① 金一：《女界钟》第二节"女子之道德"、第三节"女子之品性"、第四节"女子之能力"，16、23～32、33页。

② 金一：《女界钟》第六节"女子之权利"、第五节"女子教育之方法"，61、46页。

③ 参见梁启超：《论学校六（变法通议三之六）：女学》，载《时务报》，第23、25册，1897年4、5月。

④ 金一：《女界钟》第五节"女子教育之方法"、第三节"女子之品性"，44～45、32、47、50页。

本着自尊自立的国民教育精神,《女界钟》为晚清女性设置的课程因而与男子相同,分为三个学年,包括国文(文法)、中外历史、中外地理、数学(算术、几何)、理化、英文、唱歌、体操、伦理学、心理学、图画、论理学(即逻辑学)、博物(即自然科学知识)、哲学大意、经济学大意、法律学大意、测绘等。① 此科目安排虽然与金天翮次年所办同里明华女学校的课表有出入,后者"三年卒业"的"普通学科","分国文、修身、初级历史、初级地理、初级物理、初级算学、小说、唱歌、体操科"② 教授,但无论如何,二者与其他女学堂之间仍然存在着明显的差异,此即金氏已然指明的不设家政课。而其中实具深意。

对于排除家政的疑问,金天翮给出的回答是:"夫家政之为学,单纯而简捷,口讲手画,不三日而毕矣。"这当然指的是他在"女子之道德"中提及的"世俗所谓'家政',米盐琐屑",乃是"狭义"的家政。而金氏心中本有一"广义"的家政在:"吾之所谓'家政',自育儿、卫生至于经济、法律、用人、行政,荦荦数大端,隐然如国之雏形。"其意义正在于治家与治国的相通,在治理家政中,亦可训练治理国政的能力。上述课程中与柴米油盐等日常家务无关的各专门学科,因此大有用场:

> 故吾宁以经济、法律、哲学导其理想,而以理化、测绘致诸实行。若夫伦理者,实含有家政者也;历史、地理、算学者,普通之必要也;心理者,备教育之用也。③

这自然是极为理想化的设计。即使不切实用,在其三年制的明华女学校教学中亦无法照搬,此说却显示出金天翮以女子的国民教育打破狭隘的家政教育范围的努力。

不过,这种表面上与男子相同的学习科目,其实并未消除性别的区分。所有课程均可归入金天翮所谓"广义"家政学,即为明证。而金氏对于女子的身份,更有"国民之母"的期待。除去与遗传根性相关的"胎教",对"母仪"的推重也为题中之义。④ 同幼儿最为亲近的母亲,

---

① 参见金一:《女界钟》第五节"女子教育之方法",49 页。

② 《明华女学章程》,载《女子世界》,第 2 期,1904 年 2 月,69 页。

③ 金一:《女界钟》第五节"女子教育之方法"、第二节"女子之道德",50、19~20 页。

④ 参见金一:《女界钟》第二节"女子之道德",18~19 页。

必然承担了黄钧序言中所说"幼稚之导师"① 的责任。因此,"彼圣贤、帝王、英雄、侠义之成,非异人任,其成于贤母之手矣",也让金天翮对女子在家庭中作为母亲的角色更为看重。论述"女子之能力",虽然有多种长项,终不如其称说"有天造地设于中国今日之社会,曰教育",最为中肯。金氏的完整表述是:

> 是故今日欲改良教育而无其术,且无其人。有其人则女子。夫以女子任教育,是有数宜:性格与小儿为近,一也;善诱,二也;不妄鞭扑而能共嬉戏,三也;其心沉细、不卤莽〈灭〉裂,四也;无登科中式之谬思想,恶气味,五也;程度不高,初级之形学、物理等学科,指授恰合,六也。有此六宜,故吾谓中国今日急宜设女子师范学校,业成而畀以全国之教育。无论男女小儿,不过十岁,不得付男子之手。②

应该说明,此处对于女子学科程度的设想,与后文课表中尚有"中等理化"等更高层级的科目不同,故仅反映此时一般女学堂的教育水准;并且,规定女性为幼儿家庭教育唯一的实施者,尚未能免除传统社会施加于女子的性别角色成见。这些也不必多言。需要特别指出与关注的反而是,其说关乎"国民之母"理念的实现。

《女界钟》征引过一段被《世界十女杰》尊称为"英吉利提倡女权之勇将"的傅蕣纱德夫人(Millicent G. Fawcett,今译福西特夫人,1847-1929)的名言:"女子者,文明之母也。凡处女子于万重压制之下,养成其奴隶根性既深,则全国民皆奴隶之分子而已。大抵女权不昌之国,其邻于亡也近矣。"③ 其实,此言很可能出于编译者的创造,却在晚清妇女论述中产生了很大反响。④ 既然身为奴隶之奴隶的母亲只能诞育出奴隶子孙,故欲拯救中国,伸张女权、铸造"国民之母"便被寄予最大期望。在此意义上,金天翮才会把女子掌握幼儿教育权谓为"此吾提倡女权之最重要、最亲切之希望也"。女性应该具备的道德中,金

---

① 黄钧:《黄菱舫女士序》,见《女界钟》,5 页。其说实源自吴长姬:《拟上海女学会说》,参见夏晓虹:《吴孟班:过早谢世的女权先驱》,载《文史哲》,2007 年第 2 期,92 页。

② 金一:《女界钟》第二节"女子之道德"、第四节"女子之能力",19、38、39 页。

③ 《英吉利提倡女权之勇将:傅蕣纱德夫人》,见《世界十女杰》,32 页,1903。《女界钟》所引略去开头两句。

④ 参见夏晓虹:《〈世界古今名妇鉴〉与晚清外国女杰传》,载《北京大学学报》,2009 年第 2 期,43 页。

氏也以"公德"为"无上者也"。而"公德者,爱国与救世是也",二者于是理应成为"女子之本分"①。

经过金天翮设计的新式教育的培训,毕业女子的"学成之用",在他构想中亦有四种出路:蒙学教员、幼稚园保姆、管理学校与游学欧美。游学归来,前途则更为宽广,"彼中之政党、国会、医业、辩护、新闻记者,我同胞其择之可也"。至于其"应办之事",则为"女子教育会"、"妇人谈话会"、"实业试验会"、"美术学会"、"女子运动会"、"女学生同盟会"与"预备议政会"②。其为女性设想的职业与团体,尽管确实以初级教育为主,不脱"国民之母"的身份期待,但最具新意的还是有关女子参政的部分。

在《女界钟》里,金天翮已敏锐地指出:"二十世纪女权之问题,议政之问题也。"只是,当年即使是被视为先进的欧美"文明国",女性也尚未获得选举权,故在中国提出此问题显得为时过早,无怪金氏亦有"今吾中国女子其致力于求学之问题,且无言议政"的担心。不过,金天翮的坚持在于:"然则虽国会、政党、选举、代议之不行,我同胞其不可不预备。"因为,"吾以为天下事特患无实行之资格","有议政之资格,则议政亦可以成矣"。此未雨绸缪的预备功夫,正如其所言:"夫巾帼而欲含有新造中华之资格,舍教育其仍无由。"也即是说,只有经由包含了哲学、经济、法律诸科目的女子新教育,才可养成"能造未来之新国民"③。在这里,教育仍然是关键的一环,女子的参政能力也要依托新教育培养。

留学欧美的女子则因亲身领受了西方国家女性争取参政权的新风尚,更为金天翮寄以参与组建政党与国会的厚望,而"预备议政会"正为其预演预习。必须佩服金天翮目光远大,准确把握了世界潮流的趋向,他毅然宣称:"总之二十世纪新中国新政府,不握于女子之手,吾死不瞑!愿吾同胞亦死不瞑!"金氏更进而预言:

> 女子而参预政治乎,是可决矣。吾祝吾女子之得为议员,吾尤愿异日中国海军、陆军、大藏、参谋、外务省,皆有吾女子之足迹

① 金一:《女界钟》第四节"女子之能力"、第二节"女子之道德",39、21页。
② 金一:《女界钟》第五节"女子教育之方法"、第三节:"女子之品性",50~51、32、51页。
③ 金一:《女界钟》第七节"女子参预政治"、第六节"女子之权利"、第五节"女子教育之方法",66、67、64、48、70页。

也。吾更愿异日中国女子，积其道德、学问、名誉、资格，而得举
大统领之职也。①

这一对于女权充分实现美好前景的激情描绘，确使其人有资格获得林宗
素所谓"金君诚我中国女界之卢骚也"② 的赞誉。

在"结论"中，金天翮也概括表达了其理想中的"女权革命"
进程：

　　　而如其急起也，爱自由，尊平权，男女共和，以制造新国民为
　　起点，以组织新政府为终局。③

此中，"自由"、"平权"为"新国民"的禀赋，男女两性之间应是共同
合作的关系，女性先从教育入手，将包括自身在内的女子与男子均铸造
成为合格的"新国民"，最终则施展其参政权，与男性一同创建出"新
中国"的"新政府"，这才是"女权革命"所要达致的目标。而这一切
的实现，关键在于女性。于是，金氏热切呼唤"善女子"以中外女杰为
典范④，晋升为"新国民"，并最终归结到"汝之地位国民之母之地位
也，吾国民望之久矣"，女性作为重塑国民身体与精神的母体，在此获
得了最高的礼赞。全书便是在"女权万岁！同胞万岁！中国亦万岁！"
的赞颂声中结束，从而将"女权革命"的意想融注全篇。

可以说，《女界钟》集聚了金天翮对于女性问题的思考。其以"女
权革命"为中心关怀，依据欧美女权运动的历史与现况，将其在中国的
"革命"区分为两个阶段，即今日急应恢复的教育、经济、婚姻以及最
基本的人身自由权，以及更上一层、有待稍后实现的参政权与公民权。
凭借女权的全面实现，完成与男性共同建设"新政府"的使命。实际
上，这是期望将西方国家18、19与20世纪的女权革命思想成果移植到
中国，在20世纪内一并实现。而要完成这一连贯的革命，金氏认为最

①　金一：《女界钟》第七节"女子参预政治"，75、76页。
②　林宗素：《侯官林女士叙》，见《女界钟》，2页。
③　金一：《女界钟》第九节"结论"，93页。
④　《女界钟》的说法是："善女子，誓为缇萦，誓为木兰，誓为聂姊、庞娥，誓为海曲
吕母，誓为冯嫽，誓为荀瓘〔灌〕、虞母、梁夫人、秦良玉，誓为越女、红线、聂隐娘。善女
子，誓为批茶，誓为娜丁格尔，誓为傅兰纱德夫人、苏秦〔泰〕流夫人，誓为马尼他、玛利
侬、贞德、韦露、苏菲亚。此皆我女子之师也。"所举外国女性，多半出自《世界十二女杰》
与《世界十女杰》二书。参见夏晓虹：《晚清女性典范的多元景观——从中外女杰传到女报传
记栏》，载《中国现代文学研究丛刊》，2006年第3期，27页。

重要的是通过新式教育，把女性铸造成为"新国民"，女性因此可以其"国民之母"的诞育能力，保证"新中国"的肌体健康。用金天翮随后在《〈女子世界〉发刊词》中的表述，其要义在于"振兴女学、提倡女权"，女性尽为"二十世纪女国民"①。

吕碧城的个人完足"女学"论

吕碧城（1883—1943），原名贤锡，一名兰清，字遁天，后改字明因、圣因，号碧城，法号宝莲，安徽旌德人。父亲吕凤岐任山西学政时，出生于太原。早年曾许婚汪姓。十三岁，因父病逝，二兄先亡，族人争产，汪氏退婚。嗣后，碧城亦随母移就外家，继赴天津，依时在塘沽任盐课司大使的舅父严凤笙（朗轩）居住读书。② 1904 年，与舅父冲突而出走，得《大公报》主人英华（敛之）欣赏，邀居报馆，并开始发表诗文作品，名动一时。在英氏等官绅帮助下，其兴办女学之志亦如愿以偿。当年 11 月，由其出任总教习的天津公立女学堂（后改称"北洋女子公学"）开学；直到 1911 年 7 月并入北洋女师范学堂③，其间吕始终主持校务。辛亥革命后，吕碧城曾任袁世凯总统府秘书，并移居沪、港。1920 年赴美国哥伦比亚大学游学，1922 年归国。1926 至 1933 年，又由美至欧洲多国游历，在巴黎、日内瓦、柏林均有较长时间逗留。其间，于 1929 年 5 月，赴维也纳参加万国保护动物大会，次年皈依佛教。1935 年后居香港，亦曾游欧，最终病逝港岛东莲觉苑。著作有《信芳集》、《吕碧城集》、《欧美之光》、《晓珠词》等。④

从吕碧城的经历看，其 1904 年初得大名，即在《大公报》连载《论提倡女学之宗旨》⑤，后一直执掌北洋女子公学，因此，在晚清的女子教育拓建上影响卓著。这也使她此期的诸般论说集注于女学，并以之为基点生发开去。而其论述散布在天津、北京与上海多家报刊，尤其是晚清重要的女报，如丁祖荫主编的《女子世界》、秋瑾主持的《中国女

---

① 金一：《〈女子世界〉发刊词》，载《女子世界》，第 1 期，2、1 页。
② 参见王忠和：《吕碧城传》，4、13 页，天津，百花文艺出版社，2010。
③ 曹桂方、张玉钟主编：《河北师范大学志（1906—1995）》，62 页，石家庄，河北人民出版社，1996。
④ 有关吕碧城生平，参见李保民：《吕碧城年谱》，见《吕碧城词笺注》，566～590 页，上海，上海古籍出版社，2001。
⑤ 吕兰清：《论提倡女学之宗旨》，载《大公报》，1904 年 5 月 20—21 日。

报》以及燕斌创办于东京的《中国新女界杂志》，都曾刊载过吕文。因此，讨论晚清的女权思潮，吕碧城也是不能绕过的人物。

吕碧城第一次与世人相见的作品，乃是发表于 1904 年 5 月 10 日《大公报》上的《满江红·感怀》。此作与其后来绮丽婉约的词风迥然不同，而是激越慷慨，喷薄直出。上片为："晦黯神州，忻曙光一线遥射。问何人，女权高唱? 若安达克（按：法国圣女贞德的译音）。雪浪千寻悲业海，风潮廿纪看东亚。听青闺挥涕发狂言，君休讶。"此时，尽管上海已先后出现《女报》、《女子世界》、《女界钟》、《世界十二女杰》等书刊，但在北方，高唱"女权"的女子尚属罕见。故吕氏的面世第一声，即因志向高远，而被许为"女中豪杰"、"裙钗伴中，得未曾有"①。

初出茅庐的吕碧城，已对新学界中流行的话题多有关注。其"女权"说即带有卢梭"天赋人权"理论的鲜明印记。她以"夫此身者，为天所赋，完全自由之身也"以及"天之生人，未尝不各与一完全之形体也"，证明人生来是平等的。而"权利者，遂其生之要素也"，则是从保障个体生命的意义看待权利，因此，权利的有无直接关系到每个人的生存状态。并且，"权者，人身运动之大机关也"，"无权，则身为木偶"，"是天赋之形体，已不能为己有焉"，实际等于生命的丧失。让吕氏深感痛心的是：

> 乃中国之民，同生于公众之世界，同具个人之形体，忽严划为两界。男子得享人类之权利，女子则否，只为男子之附庸，抑之制之，为玩弄之具，为奴隶之用。……造其驯伏之性，夺其自主之权。

而依据上述对于"人权"（包括"女权"）的讨论："夫夺人自主之权，即阻人运动之机；阻人运动之机，即断人求生之道。"既然女权沦丧等同于生命的被剥夺，收复女权自然具有十足的正义性与必要性。吕碧城于是向女界大声疾呼，"各唤醒酣梦，振刷精神"，"以复自主之权利，完天赋之原理而后已"②。

而吕碧城的呼唤女权本是为了救国，这在其第一篇报刊论说文《论提倡女学之宗旨》中已明白道出："殊不知女权之兴，归宿爱国，非释

---

① 碧城女史《感怀·调寄满江红》、洁清女史（英淑仲）识语，载《大公报》，1904 年 5 月 10 日。此识语应为英敛之假托夫人之名而写。
② 吕兰清：《论提倡女学之宗旨》，载《大公报》，1904 年 5 月 21 日。

放于礼法之范围，实欲释放其幽囚束缚之虐权。"所谓"虐权"，正是指压制女性的男权。其《满江红》词中所愤恨的"幽与闭，如长夜。羁与绊，无休歇"，也是其曾经身历的痛苦遭遇。一旦超越个人的感受，则打破礼法社会对女性的禁锢，在吕氏看来，即可达致男女"合力以争于列强，合力以保全我四百兆之种族，合力以保全我二万里之疆土"① 的宏大目标。

不过，在吕碧城那里，有关"女权"的论述大体均与"女学"合一。《论提倡女学之宗旨》先已倡言："惟愿此后合君民男女，皆发深省，协力以图自强。自强之道，须以开女智、兴女权为根本。"② 随后，吕氏又专门写作了《兴女权贵有坚忍之志》一文，指认："夫女权一事，在外国则为旧例，在中国则属创举；外国则视为公理，中国则视为背逆。"故女权要在中国实现，所遇阻力绝大，吕氏甚至指为"较创国家、夺疆土为尤难"。文章于是激励"我女流必人人皆视为应尽之责任，宁冒万死而不辞"。而其对于前途的预测，亦以反语设辞："所谓'胜则王侯，败则贼寇'，遭后世之唾骂，反不若今日之不兴此女学、不倡此女权之为妙也。"③ 在豪壮决绝的宣言中，"女权"仍关联着"女学"。

当然，"女权"与"女学"的关合，最重要的是二者均为救国所必需。故曰：倡兴女权，"实欲使平等自由，得与男子同趋于文明教化之途，同习有用之学，同具强毅之气"，以"合群力以争于全球"④。不过，出于吕碧城自身的体验，女子教育又被置于更优先的地位。其论说有《教育为立国之本》一题，已可见此意。文中反复申说："故学校者，教育之地，人才所出之渊薮也。凡国家欲求存立，必以兴学校、隆教育为根本。""教育者，国家之基础，社会之枢纽也。先明教育，然后内政外交，文修武备，工艺商业诸端，始能运转自由，操纵如意。""故今日中国者，欲求富强之根本，非兴学校、为普通强迫教育不可。"⑤ 此中所说的"教育"，已然包含了"女学"。但如更进一步，在整个教育系统中排位，吕碧城又将"女学"视为重中之重，明确指出："夫强国之道，

---

① 吕兰清：《论提倡女学之宗旨》，载《大公报》，1904年5月20日。
② 同上。
③ 吕碧城：《兴女权贵有坚忍之志》，载《大公报》，1904年6月13日。
④ 吕兰清：《论提倡女学之宗旨》，载《大公报》，1904年5月20日。
⑤ 碧城：《教育为立国之本》，载《大公报》，1904年6月18日。

固以兴学为本源。而女学尤为根本之根本，源头之源头。"①

　　女学之所以具有唯此为大的重要性，固然因占国民一半的女性长期被剥夺了受教育的权利，不能独立谋生，造成了国力的衰弱。此即吕碧城所言："吾国人数号四百兆，女学不兴，已废其半。不宁唯是，彼二百兆之男子，被家室牵累，颓丧其志，相率沦于困苦之境，而迫成卑鄙苟且之行为者，莫不因以一人而兼养数人之故也。"② 这一论述听来相当熟悉，实则取自梁启超 1897 年所作之《变法通议·论女学》，梁也由此得出"推极天下积弱之本，则必自妇人不学始"的结论。此外，梁氏关于"母教"的论说，显然也给吕碧城留下了深刻印象："故治天下之大本二，曰正人心，广人才。而二者之本，必自蒙养始；蒙养之本，必自母教始；母教之本，必自妇学始。故妇学实天下存亡强弱之大原也。"③ 此意转化为吕氏的说法，便是：

　　　　盖欲强国者，必以教育人材为首务。岂知生材之权，实握乎女子之手乎？缘儿童教育之入手，必以母教为基。若女学不兴，虽通国遍立学堂，如无根之木，卒鲜实效。④

女学以此成为中国教育的根基。而吕说比梁文推进一步的是，其原本已纳入"倡女权"的思路中，故女性掌握了家庭启蒙教育权，也成为"女权"具有合法正当性的实证。

　　与此同时，金天翮等人"国民之母"论说的影响亦逐渐显现。"女子者，国民之母也，安敢辞教子之责任"⑤，已经从词语的沿用昭示出思想的承接。由此，女子所教育的对象也不只是子女，更是未来的国民。吕碧城于此曾反复申说，正面言之为："就此四百兆之民而论，其已长成者居其半，其尚未成人者亦居其半。此半部分之国民，孰不由妇人之手熏陶而养之？则女学之兴顾可缓哉？"批判性的意见是："故吾国民格之卑鄙者，未始非母教有以胎之也。"⑥ 作为"国民之母"的女

---

　　① 吕碧城：《论上海宜设女学报及女学调查会》，原刊《时报》，录自《教育杂志》，第12期，1905年9月，33页。
　　② 吕碧城：《参观北京豫教女学堂演说》，载《中华报》，第412册，1906年2月12日。
　　③ 梁启超：《论学校六（变法通议三之六）：女学》，载《时务报》，第23册，1897年4月，1、3页。
　　④ 吕兰清：《论提倡女学之宗旨》，载《大公报》，1904年5月20日。
　　⑤ 碧城：《论某督札幼稚园公文》，载《女子世界》，第9期，1904年9月，79页。
　　⑥ 吕碧城：《参观北京豫教女学堂演说》；碧城：《兴女学议》，载《大公报》，1906年2月20日。

性,其自身的教育水准俨然决定了国民的基本品格,故应对造就何等样的国民承担责任。进而,女性的身体状况也遗传于后代。吕碧城同样延续了这一源于金天翮的思路,确认"女子为国民之母,对国家有传种改良之义务",以此,女性也必须对国民的体质强弱负责。而"中国女子,不惟不知体育为何事,且紧缠其足,生性戕伐,气血枯衰","固无怪我中国民种之以劣闻也"①。有鉴于此,且深知"过去之女子,为现在世界之母;现在之女子,为未来世界之母"②,如何教导未来世界的"国民之母",使其具有养育未来国民的合格资质,便成为吕碧城萦心注目的要务。由此引发的思考,也拉开了她与梁启超、金天翮等先进者的距离。

以吕碧城毅然从舅父家中出走、谋求独立的行事,其自尊自强的个性也势必在女学论述中留下投影。而吕氏区别于诸人论说的独特之处,实首在对于女性个人权利的强调。其第一篇长文《论提倡女学之宗旨》,即分为"国家之公益"与"个人之权利"两部分。尽管全文的布局是以"国家"置前、"个人"居后,但开宗明义的一段总说,已明白揭示出二者的关系:

> 女学之倡,其宗旨总不外普助国家之公益,激发个人之权利二端。国家之公益者,合群也;个人之权利者,独立也。然非具独立之气,无以收合群之效;非借合群之力,无以保独立之权。其意似离而实合也。③

国家权益当置于首位,无论何时均无异议。特出的是吕碧城的标举"个人之权利",并将"独立"指为"合群"的基础,"合群"视为"独立"的保证,其关切点分明落在此处。

而这一理解又可从儒家的民本思想找到支持:"民者,国之本也;女者,家之本也。凡人娶妇以成家,即积家以成国。"不过,从儒学的基本理念出发,再向前推进,吕碧城的阐发却具有了现代意识。国家与家庭既然都建立在个人的基础上,"故欲固其本,宜先树个人独立之权,然后振合群之力"。每个个体均葆有自主的人权,小而家庭、大而国家,

---

① 碧城:《兴女学议》,载《大公报》,1906 年 2 月 26 日;吕兰清:《论提倡女学之宗旨》,载《大公报》,1904 年 5 月 20 日。

② 吕碧城:《为郑教习开追悼会之演说》,载《直隶教育杂志》,第 2 年第 21 期,1907 年 1 月,4 页。

③ 吕兰清:《论提倡女学之宗旨》,载《大公报》,1904 年 5 月 20 日。

才可能根基广大稳固，家运国祚绵长。据此分疏个人与群体（包括家庭、社会、国家）的关联，吕碧城必肯定：

> 故独立者，犹根核也；合群者，犹枝叶也。有根核方能发其枝叶，借枝叶以庇其根核。二者固有密接之关系，而其间复有标、本之判别，窃冀览者毋河汉焉。①

以个人独立权为根本，这一在"结论"中出现的断言，足以确证吕碧城的"女权"与"女学"论说带有个人主义的色彩。只是，其间的中国特色亦显而易见，即不同于西方的个人主义，吕氏并不将个人与国家对立起来，并认为二者也应当是利益相关。无论如何，吕碧城大力宣说女性"个人之权利"，已足见其胆识。②

以个体为基点，吕碧城既谴责男权对女性的压迫，要求"解其幽囚束缚之苦，御其凌虐蹂躏之残；复个人自主之权，遂造物仁爱之旨"；又批评女子"其思想之锢蔽，器量之狭隘，才力之短绌，行为之贪鄙，几无一点可以副个人之天职"③。本来，权利与义务即为一体两面，彼此关联。故先"复个人自主之权"，方能完善个体，以"副个人之天职"，这也很顺理成章。更值得一表的是，吕氏对个人独立在女性解放中意义的揭示：

> 夫以二万万之生灵，五千年之冤狱，虽必待彼苍降一绝世伟人，大声疾呼，特立独行，为之倡率；终须我女子痛除旧习，各自维新，人人有独立之思想，人人有自主之魄力，然后可以众志成城，虽无尺寸之柄，自能奏奇功于无形，获最后之战胜。④

以此，即使吕碧城对热心男子有期待，肯定其倡导于前，但归根结底，女性的独立自主才是其最终能够获致解放的主动力，这实际上意味着女性解放应为自我解放。

至于女性如何才能获得自我解放所需要的独立自主，对吕碧城而言，最切实的后盾与途径无疑还是教育。女权意识与女性人格的培养固

---

① 吕兰清：《论提倡女学之宗旨》，载《大公报》，1904 年 5 月 21 日。

② 吕碧城在随后发表的《敬告中国女同胞》（1904 年 5 月 24 日）中，已逆料到其"导女子之自由，倡个人之权利"之说，必引起"群起鼓噪之，排抑之"。

③ 碧城：《敬告中国女同胞》、《兴女学议》，载《大公报》，1904 年 5 月 24 日、1906 年 2 月 18 日。

④ 吕碧城：《兴女权贵有坚忍之志》。

然需要女子教育的启发融贯，女性自主所仰赖的经济独立，更离不开女子的知识启蒙与实业教育。而这一切落实在学科配置上，最应重视的便是作为基础知识的"普通学"，吕碧城谓为："女子之所急者，在具普通之知识，造成完全之人格。"在此基础上，"然后取其性之所近、材所特长者，授以专门之实业，因势利导，则无扞格不入之弊，学得其用矣"。也就是说，"普通学"应成为包括实业在内的各专门学的基石。因此，言及女子的独立，吕碧城首肯的次序为："故吾谓女子自立之道，以实业为基；实业之学，以普通教育为始。"① 必须承认，强调普通教育先于、重于实业教育，正是吕碧城目光远大处。

其实，要求以"普通学"教授女子，尚关系到吕碧城对于男女应实施同等教育的理念。其间，首先须明确的是培养目标的设定。由吕氏参与制定的《天津女学堂创办简章》第二条即宣布："本学堂以开导女子普通知识、培植后来师范、溥及教育为宗旨。"② 此言后半涉及当时女子教育的总体状况。吕碧城认为："今日之教育"，"教一人而待为大多数之用"，"顾欲令学者尽教育义务于将来，则必培植初级师范之材于现在"。而女学堂以普通知识的学习为主，在吕氏实含有深刻用心。其推重"普通学"的理由是：

> 欲造人格，必扩充其本性，而发达其全体，固不限于一方面而已也，故普通学尚焉。必具普通之知识，而后成为完全之人格。无论其日后治何职业，皆有根柢。③

奠定各种职业的培训基础，其意很容易了解。而经由"普通学"的教育，具有"完全之人格"，则指向每一个体心智与身体的健全，应具备人类必需的各种优良素质。此即吕碧城在《论提倡女学之宗旨》中所倡论的："使四百兆人，无一非完全之人。"由此，"合完全之人，以成完全之家；合完全之家，以成完全之国"④，中国才能争胜于世界。

对女性来说，此"完全之人"亦应具有国民的资质。吕碧城因此反对"女子只应治理家政，不宜与外事，故只授以应用之技艺可矣"之说，抨击其宗旨"不过造成高等奴隶斯已耳"⑤。至于"今之兴女学者，

---

① 碧城：《兴女学议》，载《大公报》，1906 年 2 月 26 日。
② 吕碧城等：《天津女学堂创办简章》，载《大公报》，1904 年 10 月 3 日。
③ 碧城：《兴女学议》，载《大公报》，1906 年 2 月 27、24 日。
④ 吕兰清：《论提倡女学之宗旨》，载《大公报》，1904 年 5 月 20 日。
⑤ 碧城：《兴女学议》，载《大公报》，1906 年 2 月 26 日。

每以立母教，助夫训子为义务"，她也表示不满足："若谓除此之外，则女子之义务为已尽，则失之过甚矣。"在吕碧城眼中，女子不仅是家庭中的成员，更具有国民的身份：

> 殊不知女子亦国家之一分子，即当尽国民义务，担国家之责任，具政治之思想，享公共之权利。盖中国者，非尽男子之中国，亦女子之中国也。

因此，当 1904 年 7 月，湖广总督张之洞依据《奏定学堂章程》，下令关闭湖北幼稚园附设的女学堂，而另办敬节学堂与育婴学堂，以培训"备将来绅富之家"延充、雇佣的保姆与乳媪，此事初见报，即引起吕碧城的极大愤怒。她立即著文，痛斥张之洞乃"以铜臭之人，办乳臭之学堂"："向来各省之男学堂，被人呼为奴隶学堂，今不料复出有乳媪学堂，无独有偶，耗矣哀哉！"① 因此，吕碧城反对将女学囿于培养贤妻良母，而更力求使受教育者成为合格的"女国民"。

至此亦可明了，吕碧城所谓"完全之人"，实含有家庭与国家两个层面。其中，贤妻良母属于低层级，女国民则更上层楼。对应这两项需求，其女学理想亦视野开阔：

> 故以为今日女子之教育，必授以世界普通知识，使对于家不失为完全之个人，对于国不失为完全之国民而已。

批评"吾国女子之教育，为驱策服役而设"，"故其所及也狭"，自无足取；吕碧城心目中的"世界"于是朝向欧美敞开，以取法乎上："欧美女子之教育，为生存竞争而设，凡一切道德、智识，无不使与男子受同等之学业。故其思想之发达，亦与男子齐驱竞进，是由个人主义而进为国家主义，故其所及也广。"参照欧美的女子教育模式，吕碧城在《兴女学议》中开出的"普通学"科目如下：属于德育的有修身、文学、哲学、历史、传记、音乐、诗歌；属于智育的有算术、理科、美术、地理、方言（即外语）；此外，属于体育的卫生与体操亦应计入。② 各科的分类虽未尽妥当，其趋向"同等之学业"的意图却清晰可见。

应该承认，吕碧城在设计女学课程时，未尝没有犹疑。特别是如何

---

① 碧城：《论某督札幼稚园公文》，载《女子世界》，第 9 期，79~81 页；张之洞《札学务处办敬节育婴学堂》（1904 年 7 月 22 日），见苑书义等主编：《张之洞全集》，第 6 册，4241 页，石家庄，河北人民出版社，1998 年。

② 参见碧城：《兴女学议》，载《大公报》，1906 年 2 月 18、21、24、27 日。

处置无法回避的强固的"妇德"传统，确为难题。而本着男女平权、一视同仁的立场，吕碧城先是质疑"女德"一词的合法性——"推其意义，盖视女子为男子之附属物"，带有明显的偏颇与歧视意味。而她所认可的原则是："道德者人类所公共而有者也。"故"一室之中，夫夫妇妇，自应各尽其道，无所谓'男德'、'女德'也"①。由此从根本上否定了"妇德"存在的必要。

其次则是引进西方的伦理学体系，以取而代之。吕碧城指认："泰西伦理分四大纲，曰对一己之伦理，对家庭之伦理，对社会之伦理，对国家之伦理，而未闻偏限于一部分也。"若有偏失，即为"不完全之道德"。置换到中国的语境中，"对一己之伦理"即为"私德"。不过，吕氏阐发之际，很快将其转化为"培养女子私德，必授以实业，使得自养始"的议题，"自立"意识于是成为核心观念。"对社会之伦理"讲究的是"守法律，维秩序，以公益为怀"。"对国家之伦理"所需补充的是中国女子历来缺少的"国家思想"。凡此都很清楚。最棘手的实为"对家庭之伦理"，因其原本为"妇德"规范的主体，吕氏在论述时也不能完全排斥。"如孝父母，和昆弟，养舅姑，助良人，御婢仆，睦乡党"，"俾家族之间，日益昌盛"，吕也指为旧日"女子之专职"。只是，吕碧城既要点出其根本弊端在"女学不兴，则乏家庭之教育"；又希望兼及新旧，一并归入"家政学"范畴。而此"所宜急讲"的"家政学"，却很尴尬地置于"德育"中的"实践"项下②，既不同于西方与日本更注重家事的"家政学"范畴，似乎仅适用于道德实践场域，又不见具体的课程设置。推想其所以致此的缘由，多半还是出于吕氏内心深处对女子教育差异化的强烈抵拒。

与之相关的是"物质上之智识"与"精神上之智识"的区分。在《兴女学议》中，吕碧城已发其端。其说虽不完整，如谓"盖物质上之智识相积，道德上之观念即与之相消。苟欲矫正此弊，则女〔必〕以研究精神之教育而后可"，"盖精神上之知识，发达未足，物质上之智识，断不能臻于精密圆满之境"等。如究其实际，所谓"精神上之智识"与"物质上之智识"，乃分属"德育"与"智育"范围。吕碧城特重前者，实有矫正其时教育界"每从而忽略之，而惟致力于智育"③的偏向。而

---

① 碧城：《兴女学议》，载《大公报》，1906 年 2 月 20 日。
② 碧城：《兴女学议》，载《大公报》，1906 年 2 月 20、21 日。
③ 碧城：《兴女学议》，载《大公报》，1906 年 2 月 20、26、20 日。

吕之强调"精神上之智识"，也与其同等教育的理念相关。在《中国新女界杂志》发表的一封书札中，她专门谈到：

> ……家族之间，相夫教子之道，不仅于织纴尸瓮〔饔〕已也；以间接之力，扶翼社会之风教者，亦非区区物质上之智识而有裨也。欲造成一般为理想之国民，必先造一般理想之女子，必授女子以完全精神上之智识而后可。

这一"完全精神上之智识"，在此信中，特别举示者为"民权"与"女权"。对于当道"女智开，则女权之思想生"的忧虑，"每谓女子不应与男子，受同等之学业"，吕碧城也揭露其"故为此不完全之教育，以为预防之策"[1] 的用意。可见，在其呼吁的同等教育中，最让吕氏痛心的是女性精神知识的缺失。

尽管以接受"完全之教育"、造就"完全之个人"为致力目标，但在女子社会化教育创行初期，吕碧城在激励女子独立的同时，也不断强调"合群"。而"合群"意识的发生，在她说来，也与西方思潮的输入相关："自欧美自由之风潮，掠太平洋而东也，于是我女同胞如梦方觉，知前此之种种压制束缚，无以副个人之原理，乃群起而竞言自立，竞言合群。"[2] 实则，"独立"与"合群"这对相互依存的概念，早在其《论提倡女学之宗旨》中，已作为全文的两个核心要点进行过集中讨论。而且，女子教育"非个人独力所能成者，是则合群之道，宜急讲矣"[3]，也很合乎情理。不过，吕碧城的谋求合群，还另有考量。

对于官方的办学思路，吕碧城其实怀有深刻的不信任。前述痛批张之洞裁撤湖北幼稚园附设之女学堂，即为一例。依照当时各女校"宗旨既殊，门径各异"，"一任其自消自长于冥漠之中"的现状，本来"统归国家摄理，划定规制，编定教科，提纲挈领，而一事权"最为简便，但吕碧城对此断然否决，以为"非吾所敢闻也"。其间的要害在于："官府兴学之宗旨，恒与国民教育主义相反对。"因此，对于如何"维持而匡正"女学的办法，吕氏的选择是坚持民间立场，"仍求之我国民自治之道"[4]。

---

①　吕碧城：《致篠骧君书》，载《中国新女界杂志》，第 2 期，1907 年 3 月，93 页。
②　吕碧城：《女子宜急结团体论》，载《中国女报》，第 2 期，1907 年 3 月，49 页。
③　吕碧城：《为郑教习开追悼会之演说》，载《直隶教育杂志》，第 2 年第 21 期，3 页。
④　吕碧城：《论上海宜设女学报及女学调查会》，载《教育杂志》，第 12 期，31、32 页。

在《论上海宜设女学报及女学调查会》中，吕碧城指出的"国民自治之道"为，"是在我国人之有真心实力者，出其毅力，固立团体。创一机关，以互相稽察，为互相监督"。具体分为二事：一则"创一女学丛报，月出二册，专讲女学，以纯正之宗旨，透辟之识力，主持清议。凡教育之学理，女学之讲义，皆不厌其详。凡学堂之优劣，学课之高下，学制之变更，亦潜心探访，随时登录，褒之贬之，俾知所劝戒"。一则"设立女学调查会"，"实力调查，详明揭示，俾令办学务者，于得失利弊，了如指掌，则有所抉择，不惮改革。且为各女学互通声息，互相联络之机关"。而其目的端在谋求"女学改良"，促进"女学进化"①。

并且，不只是"坐而言"，吕碧城更有意"起而行"。撰文次年，吕即发起创办"女子教育会"，所拟《章程》第一节便开宗明义："本会以联络同志研究女子教育，期于女学之发达为宗旨。"下设四机构，为研究部、调查部、编译部与建设部，其中"编译部"的职责"分编译教科书、发行女学杂志二项"②。显而易见，吕氏在《论上海宜设女学报及女学调查会》中提出的各项建议，均已落实在《女子教育会章程》中。严复当年亦应英敛之约请，特为该《章程》作序，对吕碧城期许有加，"既壮其愿力，又望其事之实行也"③。只是，发起人志向虽高，愿望虽好，却是曲高和寡，臂助少人，特别是经费难筹，故此会大约仅停留在创议阶段④，自是十分可惜。

尽管女子教育会未能如愿实现，但吕碧城以其执掌女校的实际经验，对晚清女学面临的诸多问题确有深透的认识。其所规划的女学课程分属德、智、体，而以"普通学"即现代学科的基础知识为根本，体现出前瞻性。尤其是她对德育科目的构建，突破了通常仅以修身一门施教的狭隘，期望女学生能够获得完满的"精神上之智识"，显示出不满足

---

① 吕碧城：《论上海宜设女学报及女学调查会》，载《教育杂志》，第 12 期，32、33 页。
② 吕碧城：《女子教育会章程》，载《时报》，1906 年 8 月 17 日。感谢黄湘金提供出处。
③ 严几道：《〈女子教育会章程〉序》，载《北洋学报》，第 37 册，1906 年，2 页。
④ 《直隶教育杂志》第 2 年第 14 期（1906 年 10 月 2 日）刊有《女子教育会成立》之"时闻"一则，曾记道："天津女子教育会，现已成立。订定章程十二条，又附则四条，以联络同志，研究女子教育，期于女学之发达为宗旨。会中分研究、调查、编译、建设四部。凡会员、职员，均以女子任之，男子别为赞助员。经费亦由会员担任。"所述仍为章程内容，未见后续进展。1907 年 3 月《中国新女界杂志》转载《女子教育会章程》时，刊发了吕碧城《致篠骡君书》，内称："前者曾拟《女子教育会章程》稿，登诸《时报》，而绵力薄弱，应者殆寡。兹特录呈尊鉴。"并期盼其人能"慨允赞助员之任，匡其不逮"（《吕碧城女士创办女子教育会章程》炼石志），可见其尚未成事。

于智力教育的更高追求。其女学理念的核心是培养个体完足的国民，而要达至这一目标，在教学中亦要求男女"受同等之学业"。这在晚清女校普遍实行差别教育、以养成贤母良妻为主的时代氛围中，自成高格。由此成就的"完全之个人"与"完全之国民"，在其眼中，方能承担起救国强种、争胜于世界的重任。可贵的是，吕碧城倡办的北洋女子公学虽也获得了来自官方的支持，但她并未因此出让女子教育权，反而对当局与女学及其背后的女权思潮的必然对立保持了清醒的认识。其基于民间立场的"合群"意识，也证实了她对女权、女学的执着。

秋瑾的民族革命"女权"论

秋瑾（1875—1907），原名闺瑾，字璿卿，号竞雄，别署鉴湖女侠，浙江绍兴山阴县人。二十二岁前，曾随父寓居福建、台湾、湖南。1896年，由时在湖南湘乡厘金局任职的父亲做主，与出身湘潭富商的王子芳（廷钧）结婚。1902年，随捐纳得官的丈夫入京。1904年，参加北京最早的女性教育团体中国妇女启明社活动。当年6月，赴日留学，入东京实践女学校，改名秋瑾。先后参与创办"演说练习会"与《白话》月刊，并重兴已经涣散的留日女学生组织"共爱会"。思想亦趋向激进，加入了包括光复会、同盟会在内的多种革命团体。1905年底，为抗议日本文部省发布的《关于清国人入学之公私立学校规程》（简称"取缔规则"）罢课、归国。曾执教浙江浔溪女学堂，继任绍兴大通师范学堂督办，又于1907年1月创办《中国女报》。同时，积极从事革命联络与组织工作。1907年7月15日，因筹划光复军起义被杀。[1] 著作辑为《秋瑾集》。

从秋瑾的思想历程看，自北京时期到留学日本，恰好经历了从妇女解放到民族解放、从家庭革命到社会革命的转变。不过，在热心政治革命的同时，身为女界先进的秋瑾，始终保持着对女性命运的高度同情与关注。而现存秋瑾作品，除诗词外，均写于1904年留日后，这也使她有关女性的论述具有了别样色彩。

目前所知秋瑾第一篇公开发表的妇女议题论说，乃是1904年10月

---

[1]　关于秋瑾生平，参见晨朵：《秋瑾年谱（细编）》，北京，华文出版社，1990；郭长海、郭君兮：《秋瑾诗文系年》，见《秋瑾全集笺注》，542～552页，长春，吉林文史出版社，2003。

见于《白话》杂志的《敬告中国二万万女同胞》。《白话》为秋瑾与其他留学生所办"演说练习会"会刊，"凡关于各专门学及新理想，议论精确，于国内有应〔影〕响者"的演说，会择优录登①。故此文应为秋瑾在例会上的演讲稿。

虽然带有练习性质，并非真正面向大众的演说，但其落在纸面的发表形式，仍然使《敬告中国二万万女同胞》具有普适性。演词从女子的出生被看作"晦气"讲起，历数其遭遇缠足、包办婚姻、受丈夫打骂，直到夫死带孝三年、不准再嫁等诸般作践，愤然质问："上天生人，男女原没有分别。试问天下没有女人，就生出这些人来么？为甚么这样不公道呢？"这还是以女子日常的生活经验启发其对男女不平等现实的觉悟。而更具秋瑾性格特色的是唤醒女子起而抗争："诸位你要知道天下事靠人是不行的，总要求己为是。当初那些腐儒说甚么'男尊女卑'，'女子无才便是德'，'夫为妻纲'，这些胡说，我们女子要是有志气的，就应当号召同志与他反对。"因此，追究造成当时那种男人压制女人状况的原因，秋瑾也必归结为"总是我们女子自己放弃责任"。这就是说，女性的命运其实是掌握在自己手中。而女性的自我拯救又关联着救国："诸位晓得国是要亡的了，男人自己也不保，我们还想靠他么？我们自己要不振作，到国亡的时候，那就迟了。"② 所谓"卒章显志"，可见秋瑾的呼吁妇女解放，仍是出自救亡图存的爱国情怀。

这一对传统社会重男轻女、禁锢女性的声讨，在秋瑾未完成的长篇弹词《精卫石》中得到了集中展现。此作原拟写二十回，今存完整的前五回及第六回前半篇的残稿。学界一般认为，第一册一至三回写于1905年秋瑾留学东京时，第二册四、五回为归国后1906年续写，第六回残稿大致草于1907年。③ 采取弹词这种当时流行于女界的通俗娱乐文体，可见《精卫石》启蒙妇女大众的用心。按照秋瑾的构思："故余也补〔谱〕以弹词，写以俗语，欲使人人能解，由黑暗而登文明；逐层演出，并尽写女子社会之恶习及痛苦耻辱，欲使读者触目惊心，爽然自失，奋然自振，以为我女界之普放光明也。"④ 不过，限于已成部分尚

---

① 《白话练习会简章》，载《白话》，第1期，1904年9月，卷首1页。

② 秋瑾：《敬告中国二万万女同胞》，载《白话》，第2期，1904年10月，4～6页。

③ 参见郭延礼：《秋瑾年谱简编》，见郭延礼编：《秋瑾研究资料》，38页，济南，山东教育出版社，1987。

④ 汉侠女儿（秋瑾）：《序》，《精卫石》，见中华书局上海编辑所编辑：《秋瑾史迹》，157页，上海，中华书局上海编辑所，1958。

不足原计划的三分之一，故所述仍以"黑暗"居多，"光明"仅漏一线而已。

《精卫石》开篇虚构了一个东方的华胥国，国王本姓黄，却因后来的子孙好睡，以致"朝上换了非我同族的人"也不知道，官吏们为了荣华富贵，又"不惜杀同胞以媚异族"。这一描写自然是影射彼时的清政权，故与秋瑾专用于此编的笔名"汉侠女儿"相同，充满了强烈的民族意识。在表述过"华胥近日政府的情状"后，话题马上转到"并且数千〈年〉传下来一最不平等、最不自由的重男轻女之恶俗"，"竟把女子看得如男子的奴隶、牛马一样"，"直成了一个女子惨世界"。以此惊动了西王母，要派遣"生前未展胸中志"的女仙与"胡虏未灭遗恨在"的男仙下凡，"大家整顿旧江山"，以完成"扫尽胡氛安社稷，由来男女要平权"① 的两大任务。在此也显露出秋瑾将民族革命与女权革命集于一身的宏大抱负。

可以确定，《精卫石》在很大程度上带有自传性质，主角黄鞠瑞的故事，实为秋瑾自身心事、行迹的影写。个人的人生遭际，使秋瑾对女性的痛苦具有切身体验。因此，她所愤恨的"束缚女子，愚弄女子"的"野蛮书籍、礼法"、"野蛮压制手段"②，在《精卫石》中也得到了淋漓尽致的揭发。而阅读这部弹词，一个突出的感觉是，在诸种女性苦难中，作者对"遇人不淑"这一类型的"红颜薄命"寄予了最深的同情，花费笔墨也最多。这显然关联着秋瑾自家的婚姻。

秋瑾与王子芳的亲事，完全是按照传统士绅家庭的规矩，由家长包办而成。秋瑾日后对此多有抱怨，致其兄秋誉章信中，直言为"父母既误妹"，"亦婚姻不能自由之遗憾"③。除去在王家受制于公婆的压抑，即使王子芳其人，也自有一般富商子弟常见的不良习气。而最让秋瑾痛心的是丈夫的无才学。在写于居湘或入京初期的《谢道韫》一诗中，此意尽现：

　　　咏絮辞何敏，清才扫俗氛。可怜谢道韫，不嫁鲍参军。④

---

① 汉侠女儿：《精卫石》第一回"睡国昏昏妇女痛埋黑暗狱　觉天炯炯英雌齐下白云乡"，见《秋瑾史迹》，33～37、44、51 页。

② 同上书，36 页。

③ 秋瑾：《致秋莱子信》（1905 年 7 月下旬，1905 年 9 月 12 日），见《秋瑾史迹》，176、184 页。原未署日期。

④ 秋瑾：《谢道韫》，见龚宝铨编：《秋女士遗稿》，29 页，东京印本，1910。

东晋才女谢道韫以"未若柳絮因风起"一句喻雪之轻柔,胜过堂兄谢朗"撒盐空中差可拟"的质实,遂成才思敏捷的佳话。但秋诗夸赞谢女的才华出众,重心却落在同情其婚姻的不般配。诗中借用《世说新语·贤媛》篇中"天壤王郎"之典,以谢女的"不意天壤之中,乃有王郎"[①]所传达的对丈夫的鄙夷不屑与对婚姻的极度失望,自况心事。而从才学考虑,秋瑾认为谢道韫若能嫁给南朝才子鲍照,方无遗恨,表明的也是她与王子芳这位不如意女婿("王郎")结合的婚姻不幸感。

加以东渡日本后,因留学费用紧张,秋瑾与王子芳的经济冲突更形加剧。此时,秋对王的感情,已由不满急转为痛恨,在给兄长的信中,甚至直言"妹已衔之刺骨,当以仇敌相见"。而事实上,留日后的秋瑾与王子芳,无论所思所想还是行为做派,确已有天渊之别。丈夫仍是一碌碌无为的小京官,妻子却已成为胸怀革命大志的新派留学生。原有的情不投,再加上道不合,分手势在必行。王氏既已被秋瑾视作个人婚姻史上的污点,为千秋名誉计,富有独立精神的秋瑾也决意与之决裂。此即其致兄长书中一再提及的:"他日得于书记中留一名,则平生愿足矣。无使此无天良之人,再出现于妹之名姓间方快。"[②] 由此方可理解,《精卫石》为何有意改变黄鞠瑞的婚姻状况,只因秋瑾努力想从记忆中抹去那一段不光彩的历史,断不许此天壤王郎"有污英雄独立之精神"[③]。

而为了彰显婚姻的不幸,本来不过是乏才情、无大志的不称心女婿,到了《精卫石》中,从内心到外貌越发不堪。尤其与秋瑾此时的种族革命情绪合拍,王家靠跟随曾国藩征讨太平天国而发迹的隐私也被发掘出来,愈增重其罪恶。篇中以"苟才"(谐音"狗才")影射王子芳,已迹近辱骂,叙其家世云:

> 其父名叫苟巫义(按:谐音"狗无义"),为人刻薄广金银。从前本是窭人子,开爿饭铺作营生。不知因了何人力,结识了、同里忠奴魏大清(按:谐音"卫大清")。从此改营钱店业,提携平地上青云。家资暴富多骄傲,是个怕强欺弱人。一毛不拔真鄙吝,

---

① 刘义庆《世说新语·贤媛》篇此节全文为:"王凝之谢夫人既往王氏,大薄凝之。既还谢家,意大不说。太傅慰释之曰:'王郎,逸少之子。人材亦不恶,汝何以恨乃尔?'答曰:'一门叔父,则有阿大、中郎;群从兄弟,则有封、胡、遏、末。不意天壤之中,乃有王郎!'"

② 秋瑾:《致秋䫶子信》(1905 年 7 月下旬),见《秋瑾史迹》,176、177 页。

③ 秋瑾:《致秋䫶子信》(1905 年 9 月 12 日),见《秋瑾史迹》,189 页。

　　苟才更是不成人。①

以下叙述苟才的诸多劣行，与秋瑾致其兄信中抨击王子芳"无信义、无情谊、嫖赌、虚言、损人利己、凌侮亲戚、夜郎自大、铜臭纨绔之恶习丑态"②，大抵相同。

　　而以此怙恶不悛的"纨绔无赖子弟"，行娶"傲骨英风藏欲露"、"琳琅满腹锦成章"③的女中英杰，自会引来作者的万般痛惜。除身为当事者的黄家父母外，出现在《精卫石》中的所有人，几乎都对这桩婚聘表示叹惋。而与黄鞠瑞年龄相仿、尚未论婚许嫁的四位年轻女子，由人思己，不寒而栗，说起来更是哀伤沉痛。于是，四女子聚会一堂，"说到女人诸苦处"，话题也以婚姻为中心。江振华甚至叹息："女子苦处多呢！最可痛的是：婚姻误配与俗儿，惨煞佳人薄命辞。……知己不逢归俗子，终身长恨咽深闺。"众才女的悲观，更因古来如此，愈发愁不可解。与黄女结拜为姊妹的梁小玉情同一体，即以朱淑真、谢道韫、袁机这三位古代才女的所遇非人，痛伤黄妹并己身：

　　　　彩凤随鸦鸦打凤，前车之辙断人肝。淑真枉有才如锦，遇人不淑恨难填。道韫文章男不及，偏遇个、天壤王郎冤不冤？袁家三妹空能句，配一个、高子真如禽兽般。难道是、真个才人多命薄，都无非、父母连姻不择贤。④

这些对"父母专婚"⑤的痛切控诉，都指向才女与才子结合的家庭理想。其间固然带有秋瑾自身的伤恸，却也真实反映出传统社会中女性丧失婚姻自主权的人生惨境。

　　不过，与四女子的痛哭绝望不同，黄鞠瑞毕竟见识出众，且生当国门已被迫打开的近代中国，不但新学已为之启蒙，并有古代才女无法想象的国外游学一途可供选择。因此，在婚期临近、诸姊妹代为伤悲之

---

　　① 汉侠女儿：《精卫石》第三回"施压制婚姻由父母　削平权兄妹起妻菲"，见《秋瑾史迹》，102 页。

　　② 秋瑾：《致秋莱子信》（1905 年 9 月 12 日），见《秋瑾史迹》，186 页。

　　③ 汉侠女儿：《精卫石》第四回"痛煞女儿身通宵不寐　悲谈社会习四美同愁"、第二回"恨海迷津黄鞠瑞出世　香闺绣阁梁小玉含悲"，见《秋瑾史迹》，120～121、73、71 页。

　　④ 汉侠女儿：《精卫石》第五回"美雨欧风顿起沉疴宿疾　发聋振瞆造成儿女英雄"、第四回，见《秋瑾史迹》，131、117～119、112 页。

　　⑤ 燕斌《中国婚俗五大弊说》称："不问子女之志愿相宜与否，惟凭父母之意见，而强合之，是谓专婚。与请命于父母，要求承诺为之主婚者，大异。盖专婚则父母为绝对的主体；请命于父母，则以请命者为主体矣。"（《中国新女界杂志》，第 3 期，1907 年 4 月，6 页）

际，黄氏却能从容不迫说出"求学向东瀛"一策，令众人大开眼界，顿见光明。在黄女讲来，西方男女平权，女子受教育，有学问、有技艺，自可身心独立，是即所谓"女子并且能自立，人人盛唱女之权"。照此行事，在座诸人即不致重蹈覆辙，己身既能自立，择夫便当自主。而其理想的婚姻组合，也从才子才女晋升为"学堂知己"，虽已是人格完全平等，才学却仍是最受关注的素质。于是，一幕行将开演的"天壤王郎"悲剧，在黄鞠瑞率四女子"踏破范围去"、"万里快乘风"①的胜利大逃亡中，终以喜剧形式完满结束。

可惜，《精卫石》这部抒写女子与男儿完成光复大业、建立共和国家的长篇弹词既未完稿，在秋瑾生前也不曾公开印行（其中只有第六回残篇作为秋瑾革命的罪证，在《浙江办理女匪秋瑾全案》中印出部分）。《白话》月刊又是在日本编辑、印刷，内地难得见到。因而，秋瑾真正对晚清社会发生影响的论说，仍然主要见诸其主编的《中国女报》。该刊在"经费狠为难"②的情况下，勉力出版了两期。第三期文稿也已编就，但因秋瑾的迅速就义，而未能付印。

检索两期杂志，秋瑾以本名或"鉴湖女侠"之号刊载的论说文字并不多，第一期里只有"社说"栏的《发刊辞》与"演坛"栏的《敬告姊妹们》，第二期更仅见卷首的《创办〈中国女报〉之草章及意旨》一篇广告，余外便是译稿《看护学教程》与诗歌作品了。于是，另外一位作者"黄公"显得格外引人注目。此人在《中国女报》的重要性显然不亚于秋瑾，两期理应由报社中人执笔的"社说"文字，竟然都由"黄公"具名，显示出"黄公"乃是自家人。因而，尽管目前没有更确凿的线索，笔者仍希望能对其人稍作推测。

依据《精卫石》第六回所述，黄鞠瑞赴日留学后，改名"黄汉雄"，却非秋瑾原拟回目中设定的"黄竞雄"——后者显然与秋瑾已经流传于世的"竞雄"名号相同。此回弹词也极力铺写"真革命党"光复会在各地的分支系统③，亦与秋瑾其时正在组织的武装起义情实吻合。因此，经由"黄汉雄"的性别变异，笔者也怀疑"黄公"实为秋瑾的化名。这也可以解释，秋瑾以本名或人所熟知的"鉴湖女侠"名号在《中国女

① 汉侠女儿：《精卫石》第五回、第六回"摆脱范围雄心游海岛 愤诸暴虐志士倡壮谋"，见《秋瑾史迹》，139、134～137、161页。
② 秋瑾：《敬告姊妹们》，载《中国女报》，第1期，1907年1月，16页。
③ 汉侠女儿：《精卫石》第六回，见《秋瑾史迹》，161～168、28页。

报》发表的诗文，为何全然不见种族革命色彩，只因这类言说已由"黄公"包揽。更何况，从秋瑾信函中可知，《中国女报》编务完全由秋瑾一人承担，所谓"前瑾至沪，略为料理报事，嘱樊君付印，近可出版。瑾因绍中校事（按：指绍兴大通学堂），友人倩代襄理，故在绍日多。樊君于报中文字茫无头绪，不能代理，故不能不二处兼顾"①，因此，报馆中也确无其他人可以分担秋瑾的主笔职责。

　　明白了《中国女报》作者笔名中的奥妙，便可将报中的启蒙文字分为两个层次，即面向女性大众的发言与针对女性知识者的立论。前者以秋瑾代表，后者由"黄公"主持。

　　在最低的层次上，秋瑾见于《中国女报》的言说只揭出"我中国之黑暗何如，我中国前途之危险何如"，但究竟何所指，却未落实。因此，"爱国"多半成为秋瑾的自我表白，并不作为对女性的普遍期待。这一低姿态的启蒙预设更进而引导以秋瑾之名发表的论说，其重心均放在"我中国女界之黑暗更何如，我女界前途之危险更何如"② 的阐发上，从而凸显了对女性自身解放的高度关注。

　　由此看来，《发刊辞》与《敬告姊妹们》二文更像是彼此关联的上、下篇，前者提出对中国女界黑暗与危险的设问，后者作出回答，展现了中国女性生存的现实情境。其中对于缠足、装扮的否定，早有先进者发明在前，算不上秋瑾的特识。秋瑾言说的长处，只在凸显了女性身体被男性拘缚的状况："这些花儿、朵儿，好比玉的锁、金的枷〔枷〕，那些绸缎，好比锦的绳、绣的带，将你束缚得紧紧的。那些奴仆，直是牢头、禁子看守着。那丈夫不必说，就是问官、狱吏了，凡百命令，皆要听他一人喜怒了。"③ 显然，在秋瑾看来，身体的拘禁实为女性失去自由最重要的表征与根源。故而，恢复女性身体与行动的自由，便成为秋瑾整个论述的基点。而其设定的抗争对象，也首先指向家庭中的男性。

　　正是在西方文明、自由理念的观照下，上述男性对于女性身体的桎梏，被秋瑾恰当地概括为女性成为男性的"囚徒"与"奴隶"："总是男的占了主人的位子，女的处了奴隶的地位。"而造成这种状况的原因全在女性无法自谋生计。于是，为女子设想"求一个自立的基础，自活的艺业"，秋瑾也指明进女学堂、学女工艺、"做教习，开工厂"一途。而

---

① 秋瑾：《致陈志群》其一，郭长海、郭君兮辑注：《秋瑾全集笺注》，444 页。
② 秋瑾：《发刊辞》，载《中国女报》，第 1 期，1907 年 1 月，1～2 页。
③ 秋瑾：《敬告姊妹们》，载《中国女报》，第 1 期，14 页。

女性拥有自立的能力固然有益家庭，秋瑾更看重的实在"可使男子敬重，洗了无用的名，收了自由的福"，不只在家庭中得到男子的尊重，在社会上也可与男子平等、自由交往。其实，比经济自立更上一级，才是秋瑾理想中的最高境界："如再志趣高的，思想好的，或受高等的名誉，或为伟大的功业，中外称扬，通国敬慕。"虽然关于"名誉"与"功业"的内涵尚语焉不详，但秋瑾所描绘的无论哪个层级的女性解放前景，都昭示出了一个"美丽文明的世界"①。

这种对于女性自由的热切呼唤，在秋瑾所作歌曲《勉女权》中获得了集中呈现：

> 吾辈爱自由，勉励自由一杯酒。男女平权天赋就，岂甘居牛后？愿奋然自拔，一洗从前羞耻垢。若安（按：即法国圣女贞德）作同俦，恢复江山劳素手。
> 旧习最堪羞，女子竟同牛马偶。曙光新放文明候，独立占头筹。愿奴隶根除，智识学问历练就。责任上肩头，国民女杰期无负。②

全篇实际是以歌曲的形式，对前述二文核心观点所作的总结与提升。"自由"与"奴隶"的赫然对立贯穿前后，根除奴性方能获得自由与独立，在歌词中已有了最精练的表述。引人注目的尤在《发刊辞》与《敬告姊妹们》文中并未出现的"女权"或"男女平权"词语，在此不但进入标题，也成为整首歌词的焦点。"自由"的真义就是"女权"或曰"男女平权"的实现，而这种权利本应是与生俱来（"天赋就"），那么，女性的牛马、奴隶境遇即意味着应有权利的丧失，收复女权的正当性由此产生。

只是，这样的释读仅停留在对女性自身权益的关注，仍属前述低层次的要求。而秋瑾对女同胞原本还有更高的期待，所言"伟大的功业"，在《勉女权》中已被具体化为"恢复江山"。与之相关的"中国之黑暗"与"前途之危险"，自然亦指向国家的沦亡。女性因此不只是作为家庭中的母亲、妻子、女儿存在，同时也具有了国民的身份标识，而与国家发生关联。救国于是被秋瑾视为女子理应承担的责任，实践这一理想的女性，方能获得"国民女杰"的荣名。如果我们再引进"黄公"的论

① 秋瑾：《敬告姊妹们》，载《中国女报》，第1期，14、15页。
② 鉴湖女侠秋瑾：《勉女权》，载《中国女报》，第2期，1907年3月，48页。

述，"女权"在《中国女报》中的特殊意指即可获解。第一期"社说"栏刊载的"黄公"《大魂篇》因此显得意义非凡。

此文大张旗鼓地宣扬种族革命，"种族之思想"更被作者认定为区分人类与禽兽的界标，得到高度肯定。因此，"大好河山"被蹂躏，在黄文中首先指向满族对汉族的奴役。其次，窃取了汉族国家的满人，又任由异国侵占中国的领土，则为"神州陆沉"的第二义。① 种族革命因此需要在民族与国家两个层面展开，反抗满清统治与抵抗列强入侵于是联为一手。《勉女权》中尚嫌笼统的"恢复江山"，至此也有了明晰的答案。

而在这一以救亡为目标的民族国家论述框架中，"女权"也被委以重任：

> 国民者，国家之要素也。国魂者，国民之生源也。国丧其魂，则民气不生。民之不生，国将焉存？……以今日已死之民心，有可以拨死灰于复燃者，是曰国魂；有可以生国魂、为国魂之由来者，是曰大魂。大魂为何？厥惟女权。

"女权"被作者尊称为"大魂"，端在其能够诞育、铸造"国魂"，使得国民有生气，国家得复兴。而追溯女权之所以具此伟力，作者给出的回答其实不脱其时先进者已经阐发的精义："女界者，国民之先导也，国民资格之养成者，家庭教育之结果也。我中国之所以养成今日麻木不仁之民族者，实四千年来沉沉黑狱之女界之结果也。"② 比较亦曾留学日本的女学生林宗素 1903 年于《〈女界钟〉叙》中所言："女子者，诞育国民之母。……故今亡国不必怨异种，而惟责我四万万黄帝之子孙；黄帝子孙不足恃，吾责夫不能诞育国民之女子。"③ 也就是说，由性别构造所带来的生育能力以及作为家庭教育最早的实施者，都使女性具备了养育国民身体与精神的母体本原的特质。汉族的疲弱与国家的沦亡既源于女界的沉沦黑狱，则汉族的崛起与国家的强盛，势必也要归本于女界。是即黄文道破的："欲收他日之良果，必种今日之好因。唤起国魂，请自女界始。"④

---

① 参见黄公：《大魂篇》，载《中国女报》，第 1 期，1907 年 1 月，5~6 页。
② 同上，7 页。
③ 林宗素：《侯官林女士叙》，见《女界钟》，1~2 页，1904 年再版。
④ 黄公：《大魂篇》，载《中国女报》，第 1 期，8 页。

然而，负有"生国魂、为国魂"重大使命的女界，现实的情况远不能令人满意，其本身即为病体，需要全面医治。"黄公"开出的药方，要义均在革除奴性，而以改变女性无权的处境为开端："故振兴女界，万绪千端，挈领提纲，自争女权始。"如能"争已失之女权于四千年"，即能"造已死之国魂于万万世"①。女权因而成为再造国魂的"大魂"。

而女权如何收复，在晚清也是检验女性意识是否完足的一方试金石。其时已有诸多热心"女界革命"的男子发表了各种论说，但女界先进者仍坚定地发出了维护女性自主权的声音。如林宗素即不以金一的《女界钟》"为我女子辩护"、"代谋兴复权利"为可凭恃，因为，"权也者乃夺得也，非让与也"。即使"彼辈男子，慨然尽举畴昔所占据之权利，一一让与而还付之于我女人"，也不能"保护享受于永久"②。"黄公"正是延续了这一思路，力言："（女权）争之若何，亦自为之而矣。幸福固非他人所能赐予者。"并且，不仅于此，黄文对女性其实还另有崇高的期待。

在这一更高的层次上，"黄公"要求于晚清女性知识者的"名誉"与"功业"已远远超越家庭一隅，而立身于民族国家的高度。不只是夺回女权，"还以助男子，共争主权于异族"，亦被规定为"我女子之天职"。《大魂篇》也在激昂的种族革命与女权革命合一的话语中结束：

> 尽我天职，以效祖国，凡我女子志愿所及，即我女子权力所及，当仁不让，夫何吝于先着鞭？噫嘻！兴矣。近以挽狂澜于既倒，远以造国魂于将来。伟哉女权！伟哉大魂！魂兮归来，吾将见之，吾愿买丝以绣之，酬金以铸之。③

而能够担负此重任的女性，自然是"国民女杰"；若兼顾从异族手中夺回主权的使命而言，其命名则以秋瑾在《精卫石》上的署名"汉侠女儿"最为贴切。而此篇所期望于杰出女性的事业，也正是《精卫石》有待谱写的篇章。

因应晚清女界的现实状况，秋瑾将读者群区分为大众与精英两类，并以更多的精力投入对女性大众的启蒙。《白话》杂志、《精卫石》以及《中国女报》中"演说"栏的写作，均属此类。这些基于个人生命体验

---

① 黄公：《大魂篇》，载《中国女报》，第1期，9~10页。
② 林宗素：《侯官林女士叙》，见《女界钟》，2~3页。
③ 黄公：《大魂篇》，载《中国女报》，第1期，11页。

而产生的文字，带有灼热的情感，体现了秋瑾救国救民的赤诚情怀。其意义也超越了个人感受，而汇入时代的最新思潮。与此同时，《中国女报》也以"黄公"的文言撰述，为女学界中人指路。反映在秋瑾主持的《中国女报》中，即为从最低层次的启发女性挣脱奴隶地位，经由国民意识的加入，最终提升到赋予女子从满清与列强手中拯救中国的至高责任，女子的性别身份也相应地从贤母良妻、国民女杰直指汉侠女儿。而无论隐显，作为秋瑾全部论述的核心理念，实为"女权"。

何震的无政府主义"女界革命"论

何震（1886—?），原名班，字志剑，江苏仪征人。1904 年与刘师培结婚后，入蔡元培等人发起成立的、具有革命倾向的上海爱国女学校读书，改名震。1907 年 2 月，夫妇一同赴日。6 月，在刘师培的支持下，何震作为"编辑兼发行人"，在东京创办了《天义报》。次年 11 月归国。1911 年曾去山西，在阎锡山处做家庭教师。1914 年随刘师培入京。1919 年刘师培去世后，何震精神失常，以后削发为尼，法名小器。[1]

何震作为《天义报》的编者，过去一直不被认可，近年学界则多持肯定态度。笔者认为，两说都存在偏差。实则在办刊方面，何震初期投入较多，嗣后热情退减，故杂志主要仍由何震的丈夫刘师培支撑。[2] 创刊之际，曾在多处登载的《〈天义报〉广告》，已明确将该刊定位为"女子复权会"机关报。[3] 虽然很快又兼为宣传无政府主义的"社会主义讲习会"会刊，但刊期到 19 卷的杂志，多半将有关女性的论述置于"社说"（或"论说"）栏首位，仍体现出对"女子解放"话题的突出关注。而何震本人的写作也如同火山爆发，数量之多在其一生中空前绝后。

追溯何震的思想轨迹，1907 年到日本后，夫妇二人与日本社会党中的激进派多有接触，因而迅速接受了无政府主义。[4] 何震当年曾坦

---

[1]　参见万仕国：《何震年表》，见赵昌智主编：《扬州文化研究论丛》，第 7 辑，80～101 页，扬州，广陵书社，2011。

[2]　参见夏晓虹：《何震的无政府主义"女界革命"论》，载《中华文史论丛》，2006 年第 3 辑，311～350 页。

[3]　参见何殷震等：《〈天义报〉广告》，2 页，载《（续办）女子世界》第 2 年第 6 期，1907 年 7 月。又，《天义报》自第三卷起，改题《天义》。

[4]　参见万仕国：《何震年表》，82 页。

言："吾于一切学术，均甚怀疑，惟迷信无政府主义。故创办《天义报》，一面言男女平等，一面言无政府。"① 而建基于无政府主义之上，也使得何震的男女平等思想具有鲜明的特色。

无政府主义最核心的理念是消灭阶级、废除国家，反对一切统治关系的存在。秉持此意，何震等《天义报》发起人也认定，"世界固有之社会，均属于阶级制度"，"均含有不平之性质"，故"非破坏固有之社会，决不能扫除阶级，使之尽合于公"②。革命的正义性与必要性由此发生。而《天义报》区别于其他无政府主义报刊的独特处，乃是在所有领域的革命中，将"女界革命"（亦称"男女革命"）放在第一位。创刊号登载的《简章》已宣告：

> 以破坏固有之社会、实行人类之平等为宗旨。于提倡女界革命外，兼提倡种族、政治、经济诸革命，故名曰《天义报》。③

"天义"在何震等人的语境中，相当于"真公"、"至公"，意指天下正义、公道之所在，实以平等为旨归。因此，"女界革命"所要达致的男女平等，本是无政府主义的题中应有之义。正如何震所言："盖无政府之目的，在于人类平等，及人无特权。若男女平等，亦系人类平等之一端；女子争平等，亦系抵抗特权之一端，并非二主义相背也。"④ 这是从无政府主义的思想逻辑推演出来的道理。只是，何震以"女界革命"居先，还另有深意。

就人类最基本的关系构成而言，实属男女两性。而自原始社会（何震谓之"图腾社会"）解体，父权制建立，女性即受制于男性。这就是何震等人所谓"世界固有之阶级，以男女阶级为严"。由此，男女权利的不平等，也在最根本的层面上决定了社会的阶级属性，并深入到人们意识的最深处，以致其他阶级关系的改变，亦不能影响男权即男性特权的尊崇地位。用何震的说法，即是女子"贵为王后，其身不可谓不尊，而受制于男自若也"。既然人类平等乃是"天义"，占人类半数的女性无权状况自不可容忍："使女子而非人类也则已，使女子而为人类，又安能日受压抑而不思抵制乎？"于是，在《天义报》发起人那里，结论也

① 公权：《社会主义讲习会第一次开会记事》，载《天义》，第6卷，1907年9月1日，30页。
② 何殷震等：《〈天义报〉广告》，1页。
③ 何殷震等：《简章》，载《天义报》，第1号，卷首，1907年6月10日。
④ 公权：《社会主义讲习会第一次开会记事》，载《天义》，第6卷，30页。

很现成："故欲破社会固有之阶级，必自破男女阶级始。"而必须优先进行的"女界革命"与其他诸种革命的关联便呈现为："夫以男女阶级之严，行之数千载，今也一旦而破之，则凡破坏社会之方法，均可顺次而施行，天下岂有不破之阶级哉！"① 在此，"女界革命"显然被认定为具有动摇现行社会结构全局的突破效力。当然，这只是理论推导的结果，占先并不意味着可以单独获得成功，何震即一再强调："居今日之中国，非男女革命与种族、政治、经济诸革命并行，亦不得合于真公。"② 因此，更值得重视的是何震凸显"女界革命"重要性的思路。

尽管随着"社会主义讲习会"内容比重的不断加大，当年 10 月底《天义》第 8～10 卷合册出版时，更正后的《简章》已将最初列于首位的"提倡女界革命"，替换为"实行男女绝对之平等"③，并移至五条纲领的最后一项，但其精神仍前后贯通。甚至可以说，经由后者的概括，何震倡言的"女界革命"底蕴也得到了精粹揭示。

阅读何震在《天义报》的所有论述，不难发现，"实行男女绝对之平等"乃是其统贯的立场与信条。"女界革命"正以此为目标，极言之则谓：

> 要而论之，男女同为人类。凡所谓"男性"、"女性"者，均习惯使然，教育使然。若不于男女生异视之心，鞠养相同，教育相同，则男女所尽职务，亦必可以相同。而"男性"、"女性"之名词，直可废灭，此诚所谓"男女平等"也。④

显而易见，何震所谓废灭"'男性'、'女性'之名词"，并非指消除男女两性的自然特征，而是要求泯灭男女在社会性别上的差异。因为社会性别歧视乃是由习惯与教育等社会文化与制度塑造形成，而在何震的语汇中，这些人为的规范、制度统称为"人治"。

在批判社会性别的不平等时，何震也采取了和其他女报完全不同的论述方式，放弃了更贴近其时女性日常生活的话题，乃至不涉及各报热衷抨击的缠足、包办婚姻等陋习，而是直抉根本，专一从清理制度入

---

① 震述：《女子复仇论》，载《天义报》，第 2 号，4、1 页，1907 年 6 月 25 日；何殷震等：《〈天义报〉广告》，1～2 页。
② 何殷震等：《〈天义报〉广告》，2 页。另参见震述：《女子宣布书》，载《天义报》，第 1 号，6 页。
③ 何殷震等：《简章》，载《天义》，第 8～10 卷合册，卷首，1907 年 10 月 30 日。
④ 震述：《女子宣布书》，载《天义报》，第 1 号，6 页。

手。《女子宣布书》最典型。何震揭发男女不平等的"古制",归结为"嫁娶"、"名分"、"职务"、"礼制"四事。① 其中第一条检讨的是婚制,痛斥男子多妻,明显与秋瑾的《精卫石》更关注婚姻不自由的恶果异趣。

针对"男女之间,其制度失平"② 的现状,何震在批判的同时,也要求遵从男女平等的原则,逐一加以矫正。如以"实行一夫一妻之制",革除婚制中的不平等;以"无论社会间若何之事,均以女子参预其间",破除职业上的不平等。而其首先身体力行的,则是对姓氏制度的革命。何震尖锐地指出,姓氏所涉关系重大,女子"姓则从夫"这种名分上的不平等,实乃"以女子为男子附属物"的表征。由此,针锋相对的解决之道即为:

> 既嫁之后,不从夫姓。如从父姓而遗母姓,仍属不公。故生当今时者,当并从父母得姓(即双姓并列是)。俟满洲革命以降,则男女均去其姓,以合至公之理。③

虽然因应现实,"双姓"与"废姓"在推行时尚需分别先后,但在首倡者何震本人,自《天义报》创刊始,便已将二者同时付诸实行:第一号目录中所列作者署名均为"何殷震",正文则一律为"震述"。其关注男女平等的实现以及实行之决心,于此清晰可见。

而采用"双姓"与"废姓",也是何震主张"男女绝对之平等"的绝佳例证。实际上,只有从追求绝对平等的角度,何震诸多奇特惊人之论才可以得到准确解读。

《女子复仇论》可谓何震最有名的文章。其开篇提出的"男子为女子之大敌"的观点,在作为何震"女界革命"论纲领的《女子宣布书》中先已倡言。而其前提是"女子受制于男,已历数千载之久",故"女子一日不与男子平等,则此恨终不磨"④。可见,看似荒谬的男子为女子大敌、女子要向男子复仇的立说,本是起因于男尊女卑的性别歧视,从而集中体现了女性先进反抗男性特权压迫的高度自觉。并且,何震用激烈语气表述的"复仇",只不过是"复权"的别一说法,但更突出了

---

① 参见震述:《女子宣布书》,载《天义报》,第1号,1~2页。

② 何殷震等:《〈天义报〉广告》,1页。

③ 震述:《女子宣布书》,载《天义报》,第1号,3、4、2、3~4页。

④ 震述:《女子复仇论》,载《天义报》,第2号,1页;《女子宣布书》,载《天义报》,第1号,3页。

其间"实行"的意涵。也就是说，何震是将反抗男权压迫以实行男女平等的自觉行动称为"复仇"。为此，何震甚至一再倡导使用暴力，如《女子复权会简章》规定的两条"对于女界之办法"，一为"以暴力强制男子"，一为"干涉甘受压抑之女子"①，其所惩治的对象也包括了女性自身。显然，何震认为，暴力是在"实行男女绝对之平等"的"女界革命"过程中不得不采用的手段。

另一"如有以未昏之女，嫁再昏之男者，女界共起而诛之"的规定，更是在当时已引起争议。日本著名的无政府主义者幸德秋水便表示"不解"，因"爱情为男女交际之要件"，其他均无关紧要，故怀疑何震"仍为古来'贞女不见二夫'之陋道德所染"。实则，何震之说系由"以初昏之男，配初昏之女"推衍而来，仍是出于谋求男女绝对平等的考虑，并将之推行到人类最基本的欲望层面。秉持同样的理由，在反对"男子多妻"的同时，何震也大力谴责以"抵制男子"为名的"女子多夫"。对何震而言，"平等"比"自由"更重要，她正是以此概括与幸德的分歧：幸德之意"在于实行人类完全之自由"，己意"则在实行人类完全之平等"②。这种对"平等"的绝对尊重，以致置于"自由"之上，也是何震区别于其他晚清女权论者的特出之处。

由上可知，何震那些貌似偏激的言论，其实往往同时兼顾男女两性立言，绝无例外。故其对于"复仇"的界限也有明确的提示："盖女子之所争，仅以至公为止境，不必念往昔男子之仇，而使男子受治于女子下也。"而何震对于平等的绝对化诉求，正是源自其当时崇信的无政府主义：

> 盖政府既设，即有统治机关；而统治机关，必操于男子之手，是与专制何异？即使男女同握政权，然不能人人均握政权也，必有主治、被治之分。以女子受制于男，固属非公；以女子而受制于女，亦属失平。故吾人之目的，必废政府而后已。政府既废，则男与男平权，女与女均势，而男女之间，亦互相平等，岂非世界真公之理乎？③

---

① 《女子复权会简章》，载《天义报》，第 1 号，卷末。
② 震述：《女子宣布书》，载《天义报》，第 1 号，4、6 页；《幸德秋水来函》及其后之"震附志"，载《天义》，第 3 卷，1907 年 7 月 10 日，45、46 页。
③ 震述：《女子复仇论》，载《天义报》，第 2 号，3、2～3 页。

换言之，只有进入无政府社会，何震所致力的"男女绝对之平等"才可以真正实现。因此，"颠覆一切现近之人治"（对于女性来说，则是"覆人治以弭男权"）①，也被《天义报》同人视为实现人类平等、包括男女平等的必由之路。

要达到男女平等、人类平等的目标，《天义报》在讨论与"女界革命"并行的"种族革命"、"政治革命"与"经济革命"时，也始终坚守了无政府主义立场。

主张"驱除鞑虏"的革命派，尚可算是无政府主义者的半个同路人。况且，何震本人的思想也经历了从民族革命到无政府革命的转变。不过，《天义报》时期的何震与刘师培已明确在二者之间作出界划。二人联名发表的《论种族革命与无政府革命之得失》对此进行了集中清理。何、刘认为，革命派实行的种族革命仍存独尊汉族的民族不平等观，与无政府革命以"满人之当排，非以其异族而排之也，特以其盗窃中国，握中国之特权"的出发点不同。并且，革命派于"革命之后，希冀代满人握政权"，亦是出于自私自利之心，因此终不如无政府革命纯洁、彻底："满洲政府既覆，则无政府之目的可达"；而"革命以后，无丝毫权利之可图"，"则革命出于真诚"。因此，无政府革命实为包含了种族革命"排满之目的"，且更高一筹、"一劳永佚"的革命②。

相对而言，努力推行新政的改良派与立宪派则被视为无政府革命的敌人。刘师培专门写过《论新政为病民之根》一文，阐发此意。由何震参与的论说也指认，新政崇信与效法欧美、日本的"伪文明"，不仅将中国传统的"放任之政府"变为"干涉之政府"，"自由之人民易为受制之人民"，加大了无政府革命的难度；而且，对人民的剥削、压制更甚。因此，对所有可能加固清政府的新政举措，何震等人也一律猛烈声讨："以法治国"被认作"实则贵族、资本家，咸受法律之保护，而平民则受法律之蹂躏"；"建立议院"则"为政府所利用，以病其民"；"振兴实业""不过为竣〔朘〕削贫民计"；"广设陆军"又"不过为镇压民党及戕贼弱种计耳"③。为《中国新女界杂志》主编燕斌极力赞美的"女子

① 何殷震等：《简章》、震述：《女子解放问题》（又题《妇人解放问题》），载《天义》，第8～10卷合册，卷首、5页。
② 震、申叔合撰：《论种族革命与无政府革命之得失》，载《天义》，第6卷，17～19页；7卷，1907年9月15日，22页。
③ 震、申叔合撰：《论种族革命与无政府革命之得失》，载《天义》，第7卷，20～21、16～18页。申叔《论新政为病民之根》刊《天义》第8～10卷合册。

国民捐"，其倡导者吴芝瑛更干脆被骂为"女子而为盗行"，乃是"吸国民之产，以为腐败政府效忠"①。

　　在此理路中，作为新政之一的新式教育当然也会遭到痛责。女学也不例外。《女子教育问题》开门见山即指出："近日女子教育，均奴隶之教育也。不惟亚东为然，即欧美亦然。"在金天翮、吕碧城那里更为先进、属于典范的欧美，依何震等《天义报》同人之见，因其施行"宗教教育"，照样不脱"形式之解放"的窠臼，距离"排除一切奴隶教育"的"思想上之解放"尚远。日本与中国的女校，又"非迫女子为家庭奴隶，即迫女子为国家奴隶，其立意虽殊异，而其为奴隶教育则同"。就中值得注意的是"国家奴隶"的提法。出于无政府革命的理念，何震等反对以军国主义、尚武精神"提倡于女界"，故指控"仅勉女子以爱国，则是导女子于国家奴隶耳"；而"关于国家主义者，宜在屏遗之列"②，自然成为革新女子教育必要的一节。在此也昭示出《天义报》同晚清诸种女报之间深巨的鸿沟。

　　更进一步，出于对任何权力的警惕，即认为权力都会带来不平等，所谓"盖人治一日不废，权力所在之地，即压制所生之地也"③，何震对"女权"的使用也相当谨慎。在参政权态度上，尤可见出其思考的深入与透彻。无政府主义既认为"政府者，万恶之源也"④，政府当然也是人类不平等的根源。如要"实行男女绝对之平等"，自须先废政府。在此意义上，何震提出了"尽废人治，实行人类平等，使世界为男女共有之世界"的理想，并指出："欲达此目的，必自女子解放始。"对先进者视为女权最高级别的女子参政权，何震不仅不予提倡，反断然否定，以为其违背了"国会政策为世界万恶之原"的无政府原则，也势必在女子之间造成新的不平等，故要求"有志之妇女"将争获参政权之心，"易为废灭政府之心"。据此，何震也将"解放女子"的"根本改革"之

<hr>

① 志达：《男盗女娼之上海》，载《天义》，第5卷，1907年8月10日，33页。"志达"很可能是何震的另一笔名，《天义》第13、14卷合册所载《女子教育问题》与《经济革命与女子革命》二文，目录页与正文中作者署名之"志达"与"震述"相互易位，此后亦未有更正说明，可见二者本可置换。而阅读"志达"的文字，其思路与表述也与何震、刘师培最接近。
② 志达：《女子教育问题》，载《天义》，第13、14卷合册，1907年12月30日，1～2、6页。
③ 震述：《女子解放问题》，载《天义》，第8～10卷合册，3页。
④ 志达：《政府者万恶之源也》，载《天义》，第3卷，34页。

道归结为"尽覆人治",而不以女子"对男子争权"① 为然。

由上可知,对于排满的"种族革命"、推翻君主制的"政治革命",《天义报》指出的光明大道,最终都通向无政府革命。所言"经济革命"同样如此,何震即概括其内涵为"颠覆财产私有制度,代以共产,而并废一切之钱币是也"②。其实,无论何种革命,何震等人明示的实行方法均不外"反抗在上之人"一策。而以弱势者反抗强权,除去不能持久的"全体罢业"③ 之类消极抵抗,便只剩下暴力抗争一途。而这也被何震视为最有效的革命手段,故力言:"特无政府主义,不仅恃空言也,尤重实行。"受其时俄国民意党不断得手的暗杀恐怖行动的鼓舞,何震也肯定:"世界无政府党,以俄国为最盛。""盖今日欲行无政府革命,必以暗杀为首务也。"④ 投掷炸弹的女虚无党,于是成为何震对中国女子的最高期望。

基于无政府主义理想,《天义报》所倡导的"女界革命"以"实行男女绝对之平等"为精义,带有强烈的理论色彩。由此,既造成了何震等人思考的彻底性,不纠缠于枝节,而始终寻求根本解决之道;同时也因悬得过高,不顾及现实国情,躐等而行,渴望毕其功于一役,以致阻断了实际进行革命的路径。尽管其说不乏偏执,但从中透显的思想的深刻,仍使《天义报》在当时的女报界独占鳌头,并光照后世。

关于编辑体例的说明

本卷以保留原作初始样貌为原则,具体处理如下:

1. 本卷各篇文章均以初刊或手迹为底本。唯《女界钟》因再版本有修改与更正,故改用此版作底本,参校以初版本。

2. 标点由编者添加,句读及段落划分一仍其旧;若原无句读,即由编者统一断句、标点。

3. 尽可能保留原刊或作者手迹中所用字(繁简转换除外)。尤其是秋瑾遗稿《精卫石》,既属于通俗文学,且时在晚清,故依照古典小说、戏曲校勘体例,保留白字,除非于字典无据。

---

① 震述:《女子解放问题》,载《天义》,第 7 卷,5 页;第 8~10 卷合册,1、6 页。
② 震述:《经济革命与女子革命》,载《天义》,第 13、14 卷合册,20 页。
③ 震、申叔合撰:《论种族革命与无政府革命之得失》,载《天义》,第 6 卷,15 页。
④ 公权:《社会主义讲习会第一次开会记事》,载《天义》,第 6 卷,30~31 页。

4. 拟改字以 ▢、拟补之字以 〈〉、衍字加 【】 为标记。

5. 本册为多人合卷，故不设年谱简编，改为在导言各节专论中介绍人物生平。

2014 年 12 月 14 日于香港中文大学寓所

金天翮卷

女界钟

侯官林女士叙

处二十世纪权利竞争之世界，苟不先归重于学问，而徒昌言民权、女权无当也。以路易十四世为之君，梅特涅为之相，犹不能使澳、法平民，终受羁轭；况夫犬羊贱族，讵可以终长于华胄，荼脆须眉，又岂足以作威于裙钗！若是乎民权、女权，举不必忧不复较然矣。中国女权之衰，于今为极。虽然，苟丧失权利者，仅我二万万之女子，而彼男子者，举凡参政、选举、代议、请愿、言论、出版各自由权，皆完全无缺，则吾国今日，犹不失为日本。而试问今此权之果奚属也？由前之说，权既不必忧不复；由后之说，则举吾全国之民，无论男女，悉堕于奴隶境界，同病相怜，不能自拔。斯何以故？曰是惟无学之故。夫太初之民，思虑最短，舍饥食渴饮外，几无所求。渐次乃知有权利，渐次乃知有竞争，而今则优胜劣败，已成公例。人则高尚，而我鄙僿；人则德慧，而我晦盲。吾见其虽奚以权，犹且不能自护终日，况尚待于争竞而后得耶？女子者，诞育国民之母。今吾国之亡，既二百六十年，靦颜事仇，恬然不怪，所谓国民者安在？吾痛夫吾国女子之不育矣。北美之独立，人第知有华盛顿，而不知彼十三州之民，人人皆有独立之资格，而华盛顿乃克代表之以成其功。今之卖国者，人亦只知一女子耳，而不知我二万万之女子，若人人皆能为贞德、罗兰，人人皆不肯卖国，则彼媪者又何能为？舍多数主人而不责，但日怨群盗之不我卫，毋亦见笑于盗矣。故今亡国不必怨异种，而惟责我四万万黄帝之子孙；黄帝子孙不足恃，吾责夫不能诞育国民之女子。虽然，遽以是责，则凡为女子者必不服，盖未尝从事于学，无怪其不克胜任也。江苏金君，出所著《女界钟》以示余。余观其书，为女子辩护者甚力，其所以代谋兴复权利者亦首以学为归。金君诚我中国女界之卢骚也！虽然，权也者，乃夺得也，非让与也。今使为我女子辩护而代谋者，第出于金君，其与不流血、不颠覆而希冀政府之平和立宪也何以异？夫金君之意，吾何敢不佩？而吾之为言者，特欲以自鞭策我二万万之女子，使之由学问竞争，进而为权利竞争，先具其资格，而后奋起夺得之，乃能保护享受于永久。若其柔弱如故，愚暗如故，则金君此书，虽一旦大动于世，彼辈男子，慨然尽举畴昔所占据之权利，一一让与而还付之于我女人，此固非吾之所愿，抑金君之志，殆亦非然也欤？癸卯六月，侯官林宗素叙于沪渎《女学报》馆。

黄菱舫女士序

癸卯夏，钧索处江渍，溽暑满天，炎瘴蔽日，晚风飒至，微观沉思。嗟夫！人有学识，斯有权力，有权力斯可抵御外侮。此固强权学者发明之公理。近士夫所谓物竞主义，上九天，下九渊，前千年，后万祀，神圣豪强、颛蒙衰弱所莫或犯、莫或异者也。为今日女界卑贱鄙污、奴隶玩物种种惨恶之现象，岂男子举手投足区区压制之能为力哉？毋亦我二万万同胞，不学无术，自放弃其权利也，屏息低首，宛转依附，深闭幽锢，二千年矣。纵有不甘于奴隶玩物，大声疾呼，起而抗之，则举世之人，莫不戮之、辱之、摧之，楛之。非独男子然也，女子亦目为怪物，悍者肆口诋毁，弱者腹诽远走，相戒不敢信。岂竟土木之形骸，囚房之根性然哉？嗟乎！吾女子且莫自轻视也。凡世界人群智识学业之进步，其事万端，而其元素有二：曰社会，曰教育。言社会则妇女为丈夫之顾问，言教育则妇女尤为幼稚之导师。是以全国之民智民气，妇女可以转移之。吾人亦知欧美之所以强盛乎？虽然，以欧美人类同等、男女平权之说，矫良妇女风俗之会，妇女参与政权之议，及妇女关系于人群社会之理，一日移之于东土，无论二千年废学之女子，即今对女子有莫大权利之男子，舌敝唇焦，涕泣而道之，吾恐为顽石之点头者，百无二三焉。欲卑之无甚高论，又恐近于筐箧之谈，则无宁嘈呔嗔齰以警醒其梦寐，庄严璀璨，立一放大之投影，或者取法乎上，仅得乎中也。翌日，杨千里书来，示其友金君所著《女界钟》之宗旨，及其开

导之方针，窃喜予言之有暗合焉，遂书以报之。俾芟削其繁辞，以为
叙。乌虖！钧亦二万万女子社会之一分子也，夫岂敢高视无言，以为是
狂激之语乎？世之览者，当亦省予言之悲也。六月望日，清江黄钧书于
镇江北蓏葭庄之江洲。

同邑杨女士序

溺于社会之人，不知世界；溺于现在社会之人，非独不知未来世
界，并不知已往世界。男子且然，而况于女子哉！女子者，居社会之半
部分。以平权之理论之，女子亦居国民之半部分。国民者何也？有国家
思想、政治思想者也。悲哉！我女子，乃闺阃之外无思想乎？悲哉！中
国男子，乃功名富贵之外无思想乎？虽然，男子我不论，我论女子。方
今女权堕地，女学不昌，顺从以外无道德，脂粉以外无品性，井臼以外
无能力，针绣以外无教育，筐筥以外无权利，胶蔽耳目，束缚形骸。无
论未来之新国民，如罗兰夫人、批茶女士、苏菲亚、若安之流，言之适
遭怪异；即我中国已往人物，如班昭、谢韫、木兰、冯夫人、梁红玉、
聂隐娘之辈，亦不过低头咋舌，以为不可及，不可及。而如其奋发投
袂，起而效之，则一以为魔怪，一以为风狂，群聚而哗，不见容于社
会。宜乎蠢蠢须眉，尘尘巾帼，两俱沦于黑暗世界，以有今日之时局
也。同邑金君，著《女界钟》，约三万言，搘击现在之社会，而提倡新
中国、新国民，将以警醒我同胞，出之于奴隶之阱，而登之于平权自由
之乐土。其文章则流丽芬芳，语长心重；其议论则惊心动魄，一字千
金。虽然以锡纶之愚，读之犹且感动，何况世不乏聪明才智之姊妹，苟
开卷熟复，其必有奋发投袂而起，以逐诸女杰之后尘者。则我谓此书为
美利坚之自由钟可也，为批茶之《五月花》亦可也。外子璞安，述金君
之意命为叙。忘其固陋，书数行以归之。癸卯，杨锡纶纫兰书于群雅
女塾。

小 引

梅雨蒸人，荷风拂暑，长林寂寂，远山沉沉。立于不自由之亚东大
陆国，跔处不自由之小阁中，呼吸困倦，思潮不来，欲接引欧洲文明新
鲜之天空气，以补益吾身。因而梦想欧洲白色子，当此时日，口烟卷，

手椰杖，肩随细君，挈带稚子，昂头掉臂于伦敦、巴黎、华盛顿之大道间，何等快乐，何等自在！吾恨不能往，吾惟以间接法知之。当十八、十九两世纪之间，击屠毒之鼓，撞自由之钟，张独立之旗，建纪念之塔，以组成绝爽心、绝快意之十数革命大活剧，于是人人有自由权，人人归于平等，此今日欧洲庄严璀烂、荼火锦绣之新世界出也。推其原因，则卢梭、福禄特尔、黑智尔、约翰·弥勒、赫胥黎、斯宾塞之徒之所赐也。今者天旋地转，风起云行，数子之学说，汽船满载，掠太平洋而东，至于中国。我中国二万万同胞兄弟，沉睡于黑暗世界，觉一线之阳光入牖，熨眼起视，刺鼻达脑，万声一嚏，起步庭心，摩挲自由之树，灌溉文明之花，曰"天赋人权"，曰"不自由，无宁死"，曰"最大多数之最大幸福"，盖日养养于心、昌昌于口也。独我二百兆同胞姐妹，犹然前旒纴〔衽〕纩，桎梏疏属，冬釭诉梦，春簏言愁，绝不知文明国自由民，有所谓男女平权，女子参与政治之说也。苟知之，必且以为怪也。吾是以三熏三沐，缥笔礼天，渡苦海以慈航，照漆室之一灯，婆心说法，苦口陈辞，而著此《女界钟》。

第一节　绪论

立于不平等之地位，而受专制之胜利，则必以平等为憎恶之物、不祥之名，尽死力以排去，保其固有之地位。故限制王权之说，乃数百万平民掷头颅涂肝脑以力争，非君主所乐出也。今世界男子无不受专制女人之胜利，苟不以为玩好，则以为殖民地也。故女权之说，虽有弥勒约翰、斯宾塞之徒昌之，亦如拿破仑之布自由民权，遭欧洲君主之公敌也。而十九世纪欧洲妇人，业已自出手腕，以与男子争已失之权利。虽文明梯级，未许共登，然而女权之种子，经春风一嘘拂，既勾萌而甲坼矣。嗟我神州，同胞如玉，灵魂怯弱，品性狷廉，欲拯之九渊之中，而登于九天之上，非独智有所不及，乃亦力有所不胜。呜呼！吾为此惧。

吾今欲正襟危坐以告我二万万同胞之善女人，而不能充分以直接也。吾先被发裂喉，告我二万万同胞之善子曰：凡身领压制之况味，受压制之苦痛之人，必腐心切齿于压制政体，不愿世间有此等恶现象。故法兰西人之言曰："愿以世界君主之血，染红地球。"今世界君主之国，问靦颜存者几何矣？佛云："我不入地狱，谁入地狱！"今世界地狱之民，可屈指数者又几何矣？普渡众生，吾等之宏愿；一视同仁，吾等之天职。民权与女权，如蝉联跗萼而生，不可遏抑也。吾为此说，非独为二万万同胞姊妹说法也，为中国四万万人民普通说法也。请试言之。

国于天地，必有兴立，兴立者国民之谓也。而女子者，国民之母也。今吾中国"国民"之称其无有矣，其代名词则"万姓"是也，是代表吾国民无精采，不风骨，徒于史姓韵编，占一席地而已。夫个人之品性，虽由外界之风俗境遇，熏染刺激而化，亦自因内界之数十代遗传根性，酝酿陶铸而成。而根性之传，必离母以附子，阳施阴受，顿渐各殊。故国民无师，其所师则女子也。嗟我同胞，二千年来，发眉如鲫，求可入王粲英雄之记，布尔特奇豪杰之谈，既不概见；而红粉蛾眉，无论不足比贞德（I〔J〕eanne d'Are）、玛利侬（见后）、韦拉（Vera Sassouhitsch）、苏菲亚（Sophia Perovskaia）、批茶（Pethias）、娜丁格尔（Florence Nightingale）之徒，即班昭、庞娥、缇萦、木兰、冯嫽等，亦不许望肩背也。我彤管其无光，我青史其无色，我神州其终不发达，我黄种其永不名誉。耗矣哀哉！国无人，国无人！

十九世纪之中国，一落千丈于世界竞争之盘涡，若二十世纪之中国，则一跃千丈于世界竞争之舞台，此理势之必然者也。男子然，女子亦何独不然！昔斯巴达妇人之勖其子之临战也，曰："愿汝负楯而归，否则楯负汝而归。"玛利侬之在狱中曰："吾等今日已不能救身，虽然，一息尚存，终不可以不救国。"壮哉此言也！我中国今日二万万同胞中，有是人，为是言，吾将铸金绣丝，香花崇拜，以为诞出新中国新人物必此人也。张女界之革命军，立于锦绣旗前，桃花马上，琅琅吐辞，以唤醒深闺之妖梦者，必此人也。顾亭林曰："天下兴亡匹夫有责。"岂独匹夫然哉，虽匹妇亦与有责焉耳。

第二节　女子之道德

"女子无才便是德"，此不祥之言也。是二百兆男子，化身祖龙，袭愚民坑儒之手假以毒世者也。大抵流俗所谓道德，其与奴隶鹿豕之相去，实表之与里。己则口章句，心禄利，仰不辨八星，俛不识五洲，惟屈伏于东胡之胯下，仰望颜色，尊为天帝，奉若祖先，犹自以为贤圣无以过也。乃若所言，则灶之姬，村之婢，我同胞其不可不崇拜之。德色于耰锄，诟谇于箕帚，我同胞其不可不金科玉律之。"无才"之谓也，吾不暇与之深辨，吾惟言女子道德之部。

女子道德之部，吾且就其关系于伦理者论列之，大要可分为三：

其一，对于一身之道德　对于一身之道德，则世俗所谓女训是也。班氏曰："妇德不必明才绝异也。清闲真静，守节整齐，行己有耻，动静有法。"此言也，吾何以非之哉？夫世界文明进步，则女子之教育，亦将随男子而异。读书入学、交友游历，皆女子所长智识、增道德之具也。道德智识，乃天赋此身以俱来，无男女一也。灵台之光线，无日不婉转却曲以求伸，不伸于此，必伸于彼。是故求读书而不得，则闲情之时，俳优之作，盲词开篇之类至矣；求入学而不得，则斋醮之事，寺观之游，布金施幡之徒众矣；求交友而不得，则相狎之伴，知情之婢，三姑六婆之交密矣；求游历而不得，则戏园之座，踏青之行，天竺落伽，借花供佛、借佛游春之思想发叙。其或拘挛成习，窒僿无知，则又徘徊灶觚，幽囚妆阁，琐琐筐箧，断断锱铢。夫家盛之以为奇节，戚族艳之以为美谈。呜呼！吾中国女子品性如此，其亦可以见矣。天下事之最难堪者，莫如以比较而生优劣。今以欧洲女子之发达，比我中国，我中国人其知愧乎？抑犹将强颜自辩，窃窃然非之也？

其二，对于男子之道德　对于男子之道德，则世俗所谓"相夫"是也。夫男女牉合，乃世界之正例，人天之大幸福也。凡阴阳之调和，情爱之归宿，品性之交换，学问之商榷，道德之补助，皆于是取也。是故文明之夫妇，居则互理家政，出则付托得人，分途以入学，相携以游历，无挂碍，无恐怖，无远离颠倒梦想，则无依赖性而已。中国女子，习闻"三从""七出"之恶谚，（非孔子之言，孔子述之，不为达识。）竞业自持，趑步不敢放纵。生平束身圭璧〔璧〕，别无希望，惟此却扇之夕，如登科及第，三跪九叩，望阙谢恩，以为供职录用，生平之大事毕矣。而为男子者，桑弧蓬矢，天地四方。曩者仗剑出门，曾无内顾之虑，今兹缠绵床第，歌泣帷房，消耗国是之心，摧挫风云之气。吾读闺中少妇之诗，未尝不掩卷而三叹息也。虽然，此其优者耳。至于劣者，贫穷起交谪，妇姑生豀勃〔勃豀〕；更其卑者，不为鹣鲽容，而作牛马走。凡此种种夫妇之恶现象，劣根性，吾口不忍言，而笔不忍述也。吾未闻罗兰、玛利侬之相勖，有河东狮吼之声也；吾又未闻加里波的、马尼他之相慰藉，有长生牵牛之泪也。幸福无门，惟人自造，我同胞其知之否也？

其三，对于家庭之道德　对于家庭之道德，则世俗所谓"阃范"是也。阃范之内容，大要又别为二：曰教育之部，曰家政之部。教育之部，其支分又有二焉：一曰胎教。胎者，人卵变人之始基也。其始不过英寸三百分之一之一卵珠，瞬息变化，数日而成鱼类之形，又数日而成抓虫之形，至六礼拜而成兽类之形，更八礼拜而成小犬之形，由是转移改换而成人也。故人者制造物也，由劣等动物，而变为高等动物者也。性善、性恶，皆由人之自造。凡其母之一思虑、一嚬笑，皆足诞孕其克肖之儿，所谓"凤凰生而有仁义之意，虎狼生而有贪戾之心。两者不等，各以其母"也。今西人胎教之书，类皆注意于容止、饮食、居处、衣服等卫生之事，较吾《内则》《月令》《繁露》《论衡》诸书，言之尤详，惟于德性之胚胎孕育未之及也。《列女传》曰："古者妇人妊子，寝不侧，坐不边，立不跸，不视恶色，不听淫声，不食邪味。夜则令瞽诵诗，道政事。"此胎教之必要也。将欲孕出健康顺遂、聪秀伟大、热心公德、道德名誉之儿乎，其必以胎教之高尚纯洁为之基础矣。一曰母仪。西人分教学童之事为百课，而隶母教者居七十焉。小儿之脑影，如纯素洁白之纸，施丹则丹焉，施墨则墨焉，心无主观。语以博爱、尚武、殖民、航海、共和、革命，则翕而受之矣；语以剥民媚上、作奸犯科、好货好色，则亦翕而受之矣。今吾中国家庭教育，猥陋灭裂。自襁保须床，以至束发鼓箧，耳提面命，根尘接触，无非弋科保禄之可歆，夺产盘利之可贵，淫妪秽婢口角锋利之可喜，鬼佛仙狐神灵幻影之可怖，以养成今日不可思议之人格也。其蠢愚顽劣，则一旦入学而责之于其师，而为师者又未必贤也。呜呼！吾今勿言拿破仑、华盛顿之母教矣，孟轲、范滂、徐庶、柳仲郢、欧阳修之母，尽人知之，而何以母仪若是其堕落也？彼圣贤、帝王、英雄、侠义之成，非异人任，其成于贤母之手矣。

家政之部。家政之界，说有广狭二义。世俗所谓"家政"，繁赜委重，其实则狭义者也。吾所谓"家政"，清通简要，其实则广义者也。世俗所谓"家政"，米盐琐屑，巨细必亲，如秦政治天下，至于"衡石量书、日夜有程，不中程不休息"，而政之丛脞者多矣。吾之所谓"家政"，自育儿、卫生至于经济、法律、用人、行政，荦荦数大端，隐然如国之雏形。纲举目张，奴耕婢织，所谓"尧舜拱己垂裳而天下治"者也。至于刺绣一事，本为美术之一。西国尝与唱歌、体操殿学科，而金剪玉尺，取给机工，实优胜吾中国女红万万也。夫谁使汝东赍十缣，西贷斗粟，旬制一履，月绣一襦，烦猥苦脑以费精神耗日力于此也？循吾说而行，则家庭之幸福，惟女子制造之。键户而出耶，旅行、游学皆可也；当户而居耶，跳舞延宾、摊卷修业亦可也。能生利，不分利，有自立，无依赖，国未有不强者也。

括而言之，则三千年来中国女子，常注意于个人之私德，而于公德则直可谓之未尝闻也。曰守身如玉，曰防意如城，而男女平权，女子读书入学、婚姻自由诸说，皆以为是败坏私德之具也。天下之大患，尝趣避一二人之所意料，不从偏重者之一方面而来。祖龙起骊山之狱，焚书坑儒，而陈、吴、刘、项起于陇亩之间。宋鉴藩镇之祸，明惎宗室之兴，而覆我宗，屋我社，不出于华族贵胄，乃膻虏贱种，狃中夏而主齐盟也。夫谁使神圣不可侵犯女子之身，不能保其高尚纯洁之要素也？彼欧洲女子，诚不能必其悉如吾所称颂，然而社会之文明道德之进化，人人有尊重名誉之心，则吾所可断言也。今吾社会道德，日以衰落，不思清源正本，而乃剥夺普通个人之权利以为防，何与君主之谬解不相远也？曷亦返其本矣。

女子之道德惟何？曰孝行奇节、明才敏腕，皆附属于公德之下，而公德其无上者也。公德者，爱国与救世是也。夫男子好冷眼，而女子重热心，男子尚刚质，而女子多柔肠。爱国与救世乃女子之本分也。是故缇萦之纯孝，胜于曹娥千倍也；木兰之奇行，胜于北宫婴儿万倍也。同胞乎，女子乎，愿以炯炯之眸，横览世界；愿以纤纤之手，扶住江山。女子乎，同胞乎，愿振妙舌以随批荼之后，愿提慧剑以出苏菲亚之前，愿发大心以与娜丁格尔相驰逐也。其无使裙钗巾帼，为今日之恶名词，女丈夫，娘子军，古人得专美于前也！斯道德之光矣。

第三节　女子之品性

今日中国女子，有独一无二之品性，博人之称誉与崇拜者，曰风雅吉祥是也。此品性也，吾爱之重之。然而风雅之品性，在今日已如祥麟威凤之不可得而见矣。至于吉祥福利，则为普通之性质，毫无疑义者也。是故以冰操玉行之说颂人，不如以花团锦簇之词媚人也；即以惊才绝艳之名奉人，不如以多福多寿多男之语贡人也。朝寻卖卜之人，夕念消灾之咒。朔望茹斋，报双亲之羮养；元宵听镜，占良人之登科。烟视媚行，呴濡以沫，举足百忌，终无一成。至于脑界晦蒙，生气涤〔溘〕丧，四百兆人，将邻于可悲之境，欲避不祥之名，而反乖祥之实也。故今日女子，以活泼机警、英爽迈往、破除迷信、摆脱压制为品性可贵之第一义，而学问次之。夫能如是也，则半部分之新国民成矣。

吾欲比较中国女子学问之程度，而无以为率也，以吾邑之程度表列之：则辨字形者居十分之五；解字义、别四声者居二十分之六；粗通文翰，略有凝滞，居百分之十；至于了解大势，粗说古今，殆三千分中之一也。若夫涉苍伏之津涯，有国民幸福之思想者，此当以二百兆人为比例，吾无以为术矣。夫己氏之诗曰："蓬心不称如花貌，金屋难藏没字碑。"夫没字则免矣。嗟尔多数国民，盛行排外，憎恶女权，狂诵俳谐之词，助长奴隶之性。断港绝流，以求文明，切身行己，无过风月。吾谓夫子其犹有蓬之心也。今使我同胞入读西哲之书，出听通人之论，发皇神智，振刷精神，脑筋一刺激，胃脏一浣濯，吾知支颐阖目，必有新世界、新中国，浮现于梦想者。嵩嵩皇皇，云霞其光。美女袂丽，时花芬芳。楼台金玉，环佩笙簧。如登天堂，如游仙乡。曷兴乎来！

虽然，此特言其品性之关于内界耳。若夫品性之关于外界者，吾中国女子有绝大之障害数端，请申论如下：

一、缠足之害　悲哉天刑乎？夫天刑犹可言，而人刑其何为者也！女子不幸生于地球，既不能逃产育之大难，艰辛劳苦，视男子为剧。而复加以残忍扎割之苦痛，世界男子其无人心矣。夫非洲妇人之压首，西洋女子之束腰，已为酷异，然未尝如吾中国缠足之甚者也。冠可裂而履不可弃，颅同圆而趾不同方。名为戴天履地，而偏有此径寸之物，钳制嵌缚，以不能直接也。吾中国君民、男女不平等，骤言或不信，若杖责与缠足，则尤著者矣。宛转呼号，求死不得，血肉秽臭，肢体摧残。吾拷问作俑，吾恨不能起李昇于九幽之狱，处以筋悬庙屋之刑也。吾崇拜张献忠之豪快，如第二之拿破仑也。夫彼铁木真、奴儿哈赤，有何善行，而子孙世世为中国王？即此天足之一端，其亦足邀上苍眷佑，延祚数百而有余矣。虽然，独夫人贼不足论，我女子其何为自戕自毒以至于此耶？将以为美观乎，则外部纤屑，内容腐败，未见其高尚也；且身非花鸟，又非珰羽，何为矫揉造作以自侪于玩好也！将以为旧俗乎，则薙眉涅齿，东人犹将改革；文身穿鼻，蛮俗今已消除。岂有林下风仪，大家举止，欹侧软媚，痿痺不仁，曾不如仆婢，犹得葆其天然之素也！从古灭种亡国，皆由于自造，而非人所能为。今吾中国吸烟、缠足，男女分途，皆日趋于禽门鬼道，自速其丧魂亡魄，而斩绝宗祀也，我同胞其念之矣。脱压制者先去束缚，天全神完则种强，种强则国兴。所愿三十年后，此缠足之恶现象、恶风俗，流传淘汰，仅抱残守缺于倡伎之一部分而渐以灭也。夫欲避渐灭之厄，必先自放足始矣。

二、装饰之害　骤而语中国女子服饰之当毁裂，吾言其不近人情乎？夫欧洲女子之蜂其腰而鼓其乳，花枝缤纷于其冠，吾不知于卫生有何益，而于文明点缀，有何相称也？夫中国近年来女子衣服，宽窄宜而修短合，一旦遽从西服，吾不赞成。若夫绣领四缘，璎珞垂肩，挖云镂月，花样翻新，虽关于个人经济，然而心力目力，则既耗诸无用之地矣。至于步摇、条脱、碧霞、翡翠、珊瑚、玛瑙、金珠奇异之工，蒸蒸日上，为女子者，宝之如彝鼎，珍之如球璧，酸焉而骨董，侈焉而博物，皆足以玩物丧志，借琐耗奇，夫安有余暇以攻书史谈天下事也？而尤有甚者，则脂粉是也。人之颜色受于天，其妍媸成乎人，不可勉强也。生焉而美耶，宋玉所谓"傅粉则太白，施朱则太赤"，赤与白是丧其美者也。其丑耶，苟非如西国所谓"画皮之工"，中国所谓"假面之具"，其无以掩之矣。且铅汞之质，易伤血管，一经附着，转致黄瘦。夫不闻克林威尔之诃画工之语乎，曰"勿失吾真相"。我同胞试自问何为而至于失真相也？又不闻李白与汤临川之诗与曲乎，曰"秋水出芙蓉，天然去雕饰"，曰"一生爱好是天然"。我同胞其自爱，愿以"天然"二字，与天赋人权，同其珍贵也。抑更有甚者，则穿耳与盘髻是也。穿耳一事，其害较诸缠足为轻，然而径寸之肤，纤杪之孔，重坠摇曳，亦有苦痛之时。且贯耳之刑，军中之惩罚。此与约指、手钏，皆为野蛮时代男子降伏女子之一大确证，一大表记也，而反以为荣耶？至于风鬟雾鬓，乃女子所恃以为美之具。苟乱头粗服，虽同室之人亦丑之矣。然吾以为女子娇惰腐败之劣根性，皆自缠足与盘髻，深造阅历而来。当其春眠不觉之时，仓卒晨兴，盥漱犹所不顾，惟此重重縈缚，精致绵密，先费数十分钟之久。然后对镜从容，颐指气使，务使波媚云委，风吹不乱，钗光鬓影，灼灼鉴人。约费二三小时，全功告竟，而半日之光阴去矣。是以今日女子入学读书，宁姑从北狄髽发，以取简捷，非得已也。抑今世俗社会，所谓"神圣不可侵犯"，若有无数祖先神灵，集于其上者，非髽发是耶？同此父母遗体，以美观之故，刵刖重刑，有所不恤。惟是尺寸毫毛，护持周至，遗弃委蜕，则籑而藏之矣，貂不足而狗尾续，不惜重价以购诸人矣。今四方志士，知识进化，截发以求卫生。吾以为女子进化，亦当求截发始。此非吾好为惊人之言也。慧剑柔情，一朝斩断，自由不死，烦恼捐除。苟或以为比邱、优娑〔婆〕，吾谓不为武曌，终无恶德也。十五世纪，自由民之徽号如此矣。吾非敢以此责普通女子,世有天仙化人,神通广大,其以此为然哉!

三、迷信之害　迷信何以起?起于人之感情希望也。而女子者,感情希望之出产地也。野蛮时代之女子,其灵魂较男子为尤弱,故倚赖男子,成为根性。其可以把握而得之感情希望,则仰给于男子之身;其不可以把握而得之感情希望,则仰给于神权之手。迷信之来,自初民始矣。夫幼者之迷信,不如壮者之迷信;壮者之迷信,不如老者之迷信。其灵魂日有规则,则迷信日遵守而益坚。然而迷信无规则,则返以问诸灵魂,而亦哑然不自解也。夫释之徒自辩护其释也,道之徒自辩护其道也,卜筮之徒自辩护其卜筮也,耶之徒自辩护其耶也。乃今则并释迦牟尼、观世音、太上老君、文王、鬼谷而并为一谈矣,关羽、岳飞、五通、七煞而祀为一尊矣。闻耶稣之言而憎,见十字之架而汗流浃背,俯伏至地矣。日月之为兄妹也,雷电之有公母也。见寸星之蛇而拜曰:此吾祖也。言者庄其色,听者动其容。告以鸭之脑,有秦桧之灵也,鸺鹠之鸟,是冥王之婿也,则信之;告以电学之发明,汽机之心得则疑之;复告以化学之七十八原质,为神祈之所点化,印书之术,为魔鬼之所创造也,则又抵掌称快曰:然哉然哉!呜呼!民智如此,予欲无言。

迷信者,不祥之物也。僧尼、巫瞽、地卜、星相者,不祥之人也。吾不解婚姻吉祥之事,何以叩丛林之门而问诸签也;徙宅吉祥之事,何以踵堪舆之庭而觇所向也。锦绷之子,得妖尼之摩顶,或结螟蛉而与为缘也;殖产之赢,求望气之豫决,先具酒食而拜所赐也。强项之人,见巫阳而膜拜也;守财之虏,闻施僧而破吝也。大抵老者灵魂就衰,残喘一息,惟满贮风烛垂暮之感情,轮回以后之希望,故炷香宣佛,求福田于来世。此时简单思虑,佛为最宜。少壮之人,更事渐多,过去未来,各有种种之筹画,与接为拘,日与其感情希望为门。则脑界襞颐,酬应纷繁,迷信之途,无孔不入。若夫幼者,感情方富,希望无穷,如春水方生,奇花怒放,宗教思想,本不发达。而种性流传,衣钵托付,有使之不能不信之势,于是切身之问题起也,则批判命运是也。是故世俗之所谓"命运",直自幼至老,亘此恒干,无所逃于天地之间者也。中国女子迷信不一端,吾以两言总括之,则日者之谈命运为之经,而佛教之言福田利益为之纬。其他旁挺侧出,则皆比附而行其道者也。

谓女子无爱国救世之心乎,吾见"风调雨顺、国泰民安"诸字,日高张于普通门楣间。夫国民之幸福,惟我辈力造之,无可疑也。至于风雨者,随气候而变,非权力所能也。此与夫日月蚀而拜,水旱灾而祷，虹霓斗而惧，昏庸民贼之程度不相远也。吾今欲破女子之迷信，则欲反其道而因其材，以实行夫爱国与救世之心也。夫日诵哥仑布、麦折伦，不如自行哥、麦之为愈也；日赞孔子、基督，不如自行孔、基之为愈也；日念普门大士、湄洲圣母，不如自为大士、圣母之为愈也。杨枝甘露，洒遍大千，披发仗剑，逍遥海上。慧眼微观，众生之苦脑〔恼〕如此矣。善女人，善女人，竭诚与否，信道与否，其以吾此言决之。

人群发达之贼，其迷信乎！欲发达一群之人，无论种种罗网，种种障碍，皆常冲抉。而有此迷信之根，胶粘缠缚，则一事不能做，寸步不可行，更三百年，中国犹今日也。十七世纪欧洲科学发达，而后国民之灵魂定，魄力强，十八世纪之革命起也。今吾中国命运不能待矣。吾愿以猛烈手段，用硫强之水，炸裂之药，重重轰洗，重重破坏，快刀断乱麻，引锥破连环。我将为君一拳槌碎黄鹤楼，君亦为我一脚踢翻鹦鹉洲。快哉快哉！迷信去而后压制去，压制去而后文明国自由民，出现于中国。善男信女，效果非常，如是如是！

四、拘束之害　中国女子之品性，陈人也。颜色腼腆，词气蹇涩，见人则惊而走，如婴儿然。推其原，则拘束为之。夫童昏之君主，不辨菽麦，闻灾荒饥馑则曰"何不食肉糜"；而法兰西宫主之言，亦与之相等，盖养尊处优之效也。中国女子，尊严如帝王，而卑屈不异于囚房。堂高帘远，居恒不得望见颜色；至于权力圈限，去筐筥数十步，即不敢闻问，出门半里，了不辨方向，世间普通情事，说之犹多茫昧。此非其生而愚也，金闺深邃，绣阁寂寥，内言不出，外言不入，别嫌明微，而智识之隔绝者多矣。夫中外隔绝而后互市行，君民隔绝而后革命起。欲禁锢智识，则马丁路德之经典，噶苏士之报，俄罗斯青年之禁书，未见其能终隔绝也。中国女界之隔绝，论者以为关于道德品性。不知道德品性之优者，伏女、班昭，授经读史，交换智识，酬应无怍，未见其有害也。以卫夫人之书法，南面而授羲之；以谢道韫之理窟，仅隔青绫步障，辨难宾客，为小郎解围：前史引之以为美德。夫重门深锁，而足不逾阈，求凰一曲，而零露宵奔，丑行文君，乃代表劣性之一部，其于隔绝又有济乎？且从古不道德、不品性之事，岂宜使女子独担恶誉？秋胡下车，苞芳〔方苞〕居丧，对妻且然，何况于他！是我男子，亦当处禁锢之刑，分配亚东西大陆，中隔瓯脱，而后可也。且吾见世俗女子之禁锢，仅阻遏其讲道论事，束修整带以相见而已。彼佛阁摩肩，戏园嬲坐，佯聋故哑，熟视而不以为诧，抑又何耶？夫不以文明之法待人，人乃自弃于文明之外。今者世界一新，蛮风洗荡，"皇览揆予初度"，二十世纪女权之谓也。享平等之生涯，葆千金之价值，眉英英其露爽，语侃侃而逼人。宝剑娥眉，神龙活现，系何人？曰新中国之女子。

以上四端，外界之障害也。障害去而后中国女子之品性，完全无缺矣。虽然，社会之风尚，当牵旋回转，使人不自由而堕落于黑暗世界。苟有表异者，则群聚而咻吠之。是故束缚于旧风气者下也，跳出于旧风气者次也，跳出旧风气，复能改造新风气者上也。夫跳出旧风气，以改造新风气，则莫如游学欧美矣。学成而归，彼中之政党、国会、医业、辩护、新闻记者，我同胞其择之可也。若夫扶桑女界，纤靡卑屈，无所取也。吾绎其女权史，而暗澹其无色也。吾闻其风俗，见男子则跪，见客则跪，入户而嬉，共池而浴。吾中国下等社会所不忍出，而居其女界之大部分也。有东游者，但留心于学问、工艺，而无使女界恶风，随元规之尘而污人也。

第四节　女子之能力

女子有能力乎？是欧洲十数心理家、哲学家所辩论所考验而得之问题也。能力之伸，乃由其人之禀赋与其构造，而教育实为之助长。然而教育之不善，则或并其禀赋与构造之已成而摧折之。而归咎于其生，此非论理之言也。今小儿男女，其品性或有不同，而能力之程度殆无分秒之异，此未受野蛮教育之明证也。今受野蛮教育之男子，其人格或至老不具，尧趋而舜步，桀脑而跖心，见文明之械器，则惊怪而却走也。故女子之能力，当以受教育与否为断。

《女诫》曰："古者生女三日，卧之床下，弄之瓦砖而斋告焉。卧之床下，明其卑弱，主下人也。弄之瓦砖，明其习劳，主执勤也。斋告先君，明当继祭祀也。"是何其笺之悖戾也。祭祀者，中国祖先之教，神圣高尚。而乃以卑弱下人当之，是曷不聘黥徒宫宦而与先君相酬酢也！天下事之最可嫉恶而为野蛮之极点者，莫如以古人习惯之一言，而尊之为训诰；又莫如以一人快意之目论，而抹杀世界之一切也。明太祖之言曰："我若不是妇人生，便把妇人都杀了。"回教徒之言曰："女人无灵魂。"此言也，吾不知其与禽兽之声何以异也！是养成溺女之风，演出赔钱之谚，世界中殆无女子立足地也。我同胞，我女子，其愿担受此恶名，而忍与终古乎？其不愿也，必有以洗此耻矣。

能力者，智慧之果也；智慧者，脑之花也。据生理学而验脑力之优劣，以判人种之贵贱高下，此欧洲至精之学说也。今女子体量之硕大，或者不如男人，至于脑力程度，直无差异，或更有优焉。此世界所公认也。又脑髓之大小，与其身之长短重率有比例：凡身体愈大者，脑之比例愈绌。是故鲸之脑居三千三百分之一，象之脑五百分之一，犬之脑二百五十分之一，鸟之脑二十七分之一，美洲猿之脑二十八分乃至十三分之一，而人之脑则四十五以至四十六分之一也。夫鸟与猿之不如人，仅其身体构造，缺乏者多，而灵性感觉，则既若是敏捷。然则女子身量弱小，正其能力决可以发达之证，正不得以娇养如花，谓无用而横加摧折矣。今依客乌才、开德来二氏，论欧人男女脑围大小，并列其法如左：

男 { 三五三 / 三三五 }　　　女 { 三五二 / 三四一 }

日本男女之脑围，则据斐鲁氏之专论，与前二氏说并列如左：

男 { 三三八 / 三三六 / 三四四 }　　　女 { 三五二 / 三五三 / 三七二 }

由上法而观，则女子者，天所赋使特优于男子者也。若欧洲文明之男子，乃思想襞绩，自扩其脑部，然后得与女子颉颃。异日者，女子教育发达，则其脑量又必加增，无可疑也。二十世纪天造之幸运儿，其以女子为之魁矣。吾爱吾同胞，吾颂吾子女〔女子〕，将以平等自由之主义为实行乎，不在理想，而在乎能力。能力者，智慧之果，又脑海之波澜也。欲斩新世界，纽〔扭〕转乾坤，恢复权利，转移风尚，令天下父母心，不重生男重生女，非异人任也，吾女子其自勉之！

谓女子优美之能力，偏于文学美术，固也。吾观欧洲近世纪来，才媛淑秀，后先相望。夷考其人，如苏墨英尔（Sv〔o〕merville）、汉思绮尔（Miss Herschel）、茶玲（Zarnlin）之学艺，衣被世界，芳誉赫然，无待赘言矣。若夫钟讷佩丽（Jowna〔Joanna〕Baillie）之戏曲，欧诗天（Austens①）、布莱墨（Bremers）、扣儿（Cores）、达德雯（Daderons）之小说，赫门珊（Hemanses）、纶顿（Londons）、梯敷丝（Tighes）、布阆银（Brownigs）之诗歌，以及某公主所传之绘画 The Momentous Questions，亦皆争胜男子，无愧一家。此真扫眉之才人，

① 以下原文姓名末尾的"s"，均疑为误添加。——编者注

不栉之进士矣。然而司佩尔勒（Mademe de Shael）之哲学，马亭镂（Miss Martinep〔a〕u）之经济，罗兰（Madame Roland）之政治，则又以谙练之才，玲珑之识，振声于政界、学界，为男子所崇拜者，抑又何耶？夫女子当日，号为不得受高等教育，其学问不发达，故思想、才技皆不发达，而秀出者已如是其多。今者昌风其来，满园之秾艳，殆未可以量也。

以无教育之恶名，誉闻于世界者，中国女子其一也。然吾观旧史氏之所掌，妇人集之所收，经史则有伏女、大家之伦，文章则有班妤、左嫔、谢女、鲍妹之亚，书法则有卫恒、卫铄、吴彩鸾之俦，绘事则有薛媛、管夫人之辈，音乐则有韩娥、霍里妻、蔡琰、卢女之侪，美术则有若兰、灵芸之族。芝草无根，醴泉无源，英英表异，自成馨逸，固已奇矣，而更有进者：救世既有缇萦，爱国亦有木兰。以言乎侠义，则聂嫈、庞娥；以言乎剑术，则越女、红线；以言乎勇力，则童八娜、李波妹；以言乎韬略，则虞母、荀瓘、梁夫人、沙里质、秦良玉其人也。而冯嫽持节，乃通国际之情；赵后问使，畅宣民权之义。此其能力，殆有天纵，而非人所能为也，虽然，天纵者天有时而靳，不如人力之崛起振拔焉而无与为难。且王侯将相初无种姓，惟吾辈之欢喜与自择焉。而况乎区区之学问与思想、才技也，我同胞其能如是乎？夫不如是也，昙花一现，瞬以凋零，则回教所谓"女子无灵魂"之说，意者其有所经验，吾不敢訾议而且将奉以为典要矣。

今世俗又有谰言，群焉奉以为典要，几与"无才是德"一语，同其声价，则"红颜薄命"是矣。申言者之曰：才与貌是造物所嫉忌，苟有之，必将夺其所天而劫其寿也。然吾益不解世俗女子，何以避其所谓"才"，而增益附丽其所谓"貌"也。夫皓齿蛾眉，名曰伐性之斧；哀感顽艳，乃为凄神之药。缠绵濡渍，锲而不舍，此养生家之厉禁，而圆满快乐之日，即伏萧飒凄凉于其后也。吾无和缓之术，风鉴之才，而以理度事，直可毅然排斥，而无所于疑，夫亦可晓然矣。

女子之能力，有天造地设于中国今日之社会，曰教育。呜呼！吾中国旧时野蛮之教育，种种狼戾，种种腐败，吾思之而心痛，吾言之而发指，吾见之而齿为碎、眦为裂也。乡曲狗儒，拥皋比之尊，其自视有如第二之传世独夫椅，悍然施其无制限之法权，诟责棰楚；甚者科以佣保之罚，械杻之刑，嬉笑以入学，涕泣而归家。而为父母者，则又阳喝阴劫，抚慰奖励，以为吾儿今日之血肉，乃异日功名富贵、状元宰相之代价也。然吾观中程合式之徒，则又瞑诵熟背，引长其声，如乞儿之叫，恶僧之宣梵呗，如是而已。是故今日欲改良教育而无其术，且无其人。有其人则女子。夫以女子任教育，是有数宜：性格于小儿为近，一也；善诱，二也；不妄鞭扑而能共嬉戏，三也；其心沉细，不卤莽〈灭〉裂，四也；无登科中式之谬思想，恶气味，五也；程度不高，初级之形学、物理等学科，指授恰合，六也。有此六宜，故吾谓中国今日急宜设女子师范学校，业成而界以全国之教育。无论男女小儿，不过十岁，不得付男子之手。夫曷观日本幼稚之园，女子之任保姆者，灵敏周至，应群童之求索，而无难色，其能力亦可敬矣。呜呼！使吾有权也，则先推倒学界之第二独夫椅，设共和政治，而以女子为之领袖。此吾提倡女权之最重要、最亲切之希望也。特不知吾同胞其亦有意吾乎？

女子于世界有最大之潜势力一端，则感人之魔力是也。魔力者，以沉静与美妙之内心，吸人于不自觉；以高尚之思想，使人有莫可名言之崇拜；可望而不可即，可亲而又可敬者也。魔力者，乃磁石而兼金刚石也。以魔力摄人莫如演说，然而百男子破磔于万众之前，不如一女子呖音于社会之上。小语精微，神光离合，非独感人易入，且有使人愧而兴起者。夫变法自下，女子非尤为人下者乎？且女子之特性，尤与劳动社会之人，有相亲相爱之雅素。俄罗斯学生之屈身主义（To go among the people，马君武译作"去而与民人为伍"），多半以女子任其运动，即此道也。以西方自由之种子，布于瓜畦鹿场之土，琐谈欵欵，老幼环听，或杂因果，或作棒喝，至其洞沁心脾，感且泣下，此其能力，殆非男子所能及也。夫有转移世界之潜势力，而听其伏流不发，此殆非善用其才者矣。夫女子欲善用其才，又必于此二者加之意乎。

小儿有能力也，外黄童子之诎项羽是也。而绝世怪杰拿破仑，亦尝一诎于七龄女子之手。故能力一伸，必有不可思议之效果随其后，非偶然也。夫老妪吹篪，而羌人流涕；杞妻一恸，而长城为摧。惊风雨，泣鬼神，亦视其力之所至耳。西谚曰："妇人弱也，而为母则强。"言其保护捍卫之力也。夫岂独个人之母乎？亦既诞育国民，当祝其无灾无难，相养以生。而乃坐视夫虎狼噬子，水火厄子，外来之群儿攒聚而辱子，家产失而生命殆矣，其能无悲！其能无奋！

中国前古有奇人也曰孙武子，以其能教吴宫之美人而为战。夫美人岂真具赴汤蹈火之能力哉？然犹不如来喀瓦士训斯巴达妇人之尤奇也。虽然，吾无奢望矣。若体育运动，则女子所当有事也。体育运动，所以助成其身体之发达与健康也。西哲之格言曰："汝欲荣华，惟视汝身体之健全。"卢梭有言曰："身体弱则心灵亦弱。"夫世界处物竞天择之场，非独择别优种，盖体格强壮之人，必得最后之胜利。今中国人种，殆失优胜之地位，而为病院之大标本。世俗所谓"十男九痔，十女九带"，非謷言也。然而种种不可称量、不可思议之美疢恶疾，尤以女子为多。虽受病之原，根于缠足，而拘囚懒散，起居失常，亦当分任其咎。夫能体育则岂有是也？日本下田歌子《视察欧洲女子教育日记》曰："欧洲女子之体育方法，有柔软，有严肃，可先分三种：一、纯然ヂムナスチック（一种体操之名）之正式，似于男子之兵式者；二、ヂムナスチック交手舞蹈者；三、属于游戏。而英国苏邦之女学校，体操所着之服装，优胜于男子，其体育程度，疑男子有所不及。余叩校长：以女子如此，卫生上有无妨碍？彼女答曰：此即为苏邦之特色。女子身体强健，精神活泼，所以冠于大英国者以此。"下田氏又曰："彼国女子注意体育，至视体操科之成绩劣等者，殆与德育之欠点，引为同感。甚有以此摈斥于同辈。"呜呼！亦可以知其体育运动之要矣。（书至此，偶记一事：昔有中国人见外国妇之打球者，私问其御者曰："此女工人打球，工金若干，而每日孜孜若是？"不觉失笑。）今中国女子，急宜先求运动之法。夫运动而后身体强，身体强而后精神愉快，乃办事而有余。彼药炉经卷，多愁多病之人，曾不足以胜家庭之井臼。一经思索、劳动，则烦懑而卧，三日而病，更七日而殆矣。中国思想家龚自珍之诗曰："愿求玉体长生诀。"又曰："删尽蛾眉惜誓文。"二者之言，若隐相对也。吾以是为持赠同胞之联，亦可以知所用意矣。

总而言之，能力者，随良知而来；良知者，天所赋使，人人同具。夫身体之构造同，则脑筋之维系同；脑筋之维系同，则一切聪明才智无不同，特其高下之间或有异耳。夫独夫民贼之世界，凡"愚不肖"、"贱恶"之名词，皆若为人民之特许专有物。而一人在上，虽至童昏蠢暗，无不媚以"天亶"、"圣聪"之名。吾聆"政府万能"之语，心未尝不作数日恶也。吾民其不甘"愚不肖"、"贱恶"之名，而何为偏以此赠女子？卖汝痴，卖汝呆，女子其售之哉？

女子之能力有几何？曰此不可以胜言也。就吾已有者而扩张之，苟伸长吾力线，则种种之形学，随我意匠而成。夫世运日亟，则求才亦日亟。时乎时乎，我同胞，我女子，有能骞裙逐马，以上二十世纪之舞台乎？茄鼓初鸣，旌旗一闪，吾知五洲之人，必注目而观，拍手而叹，且低头而崇拜之曰：勿谓秦无人，"黄色难"之言将验矣。咄！咄！！咄！！！"妇女尚如此，男子那可逢?"

第五节　女子教育之方法

入其国而观其国民之人格，则教育可知矣。英吉利人之言曰："他国之学校，可以教成无数博士、学士，英国之学校，只教成一自尊自立之人。"吾悲其言。

使自尊自立之人格，而为英吉利人生，是使独也，则英吉利人，真天之骄子。若中国，若无论何国，惟有恭维拜服，一任天之使为直接之奴隶，为间接双料之奴隶于人，社屋矣，种渐矣，河流山色，衰草斜阳。大好亚陆，吾群动物，圈此以为笠，居此以为园，何所为而求教育哉? 否否，不其然!

然则中国之教育如何，吾敢直言而不讳之曰"奴隶"。呜呼! 吾今而知奴星之运，照吾支那民族也，三千年来矣；奴根之树，蟠植吾东亚大陆也，亦三千年来矣。六经三史，尽让仆之文；诸子百家，乃僅约之事。其他所谓人师、女宗、名臣、列女，无非颖士之才奴、康成之诗婢。奴于财，奴于衣食住，奴于玩好，奴于社会种种风俗，奴于登科及第、升官发财、诰封勅命，奴于君，奴于相，奴于圣贤、英雄、豪杰，大儿文、周、孔，小儿张、程、朱，以及其他野蛮时代《点鬼簿》上之人物。奴界不一，要皆自不自尊自立之教育而来。吾言之，吾益信中国其无望。

女子者，奴之奴也，并奴隶之教育而亦不得闻。然其普通之自称则曰"奴"矣，是谓不成文法之奴隶。吾今无暇言他，请仍言女子。

"处女子于万重压制之下，养成其奴隶根性既深，则全国民皆奴隶之分子而已。大抵女权不昌之国，其邻于亡也近。"嘻! 此何人之言哉? 是即有自尊自立人格之英国，当十八世纪，傅尊纱德夫人之言也。然则十八世纪英国女子之奴隶根性，不弱于中国；其有今日，夫人之赐也。夫人其女界之明星，奴界之救世主乎? 呜呼! 吾今热心锐志，欲救中国女子于奴隶世界，下放奴之令。今日容吾身为男子，则愿为加生利（美国人，专设报馆议蓄奴之事）；明日转吾身为女子，则誓为批茶；后日举吾身为帝王，则私淑林肯其人也。救奴隶之方法如何? 曰惟教育。

语曰："万物并育而不相害。"又曰："逸居而无教，则近于禽兽。"

恫哉无教育之民，与禽兽万物何以异也！恫哉无教育之中国女子，丁此世界，生天居人先，而成佛居人后也！苟不速自振拔于奴隶世界，则真万劫不复矣。夫人惟不自尊自立，而后奴隶之教育至；不自为奴隶，而后自尊自立之教育可以设，断断然也。

教育者，造国民之器械也。女子与男子，各居国民之半部分，是教育当普及。吾未闻有偏枯之教育，而国不受其病者也。身体亦然，其左部不仁，则右部亦随而废。教育者，又精神之库也。无精神之教育，是禁人之食谷麦，而杂堆雀鼠以为粮者也。呜呼！吾教育界盖荒焉已。

近见日本铃木力之《活青年》，开卷第一页，即言丈夫、女子之特性，悖谬恶劣，有足为女界之大罪人者。节录其语如次：

> 丈夫属阳，女子属阴；丈夫尚骨、尚体、尚武、尚质、尚直、尚刚、尚断、尚气、尚纲、尚庄，女子以肉、以用、以文、以虚、以曲、以柔、以略、以才、以目、以美。一为主我的，一为受动的；一为自发的，一为赖他的。故人卓立于万象之上，劈开天关，踏破天机，独发独行，定事物之基础，创立规模者，丈夫之责任也。而从容于既定之组织内，踏规矩，由准绳，运用从本体出，而享受大用者，女子之本分也。凌海外之风波，孤身万里，建百世之勋业，大名千秋，丈夫之本务也，非调和阃内事也。若夫彷徨斡旋，钟情于一局；忸怩恻隐，市德于一人者，女子之责任也。故良相必不可无将质，良将要必不有相质。凡将军之职，皆男子所尽之本务也。（孔子曰："女子与小人为难养也"云云，必有指实。然载笔者不体味而为此言，厥罪不尠。）

此言也，无论其对待、比附，种种出入，不合于论理之言，而其蔑视女权，亦可谓开罪于国民之半部矣。虽然，此亦足以代表日本女子之教育与特性，觇国者亦宜加意。若其言男子则是也，吾中国步铃木力之后尘者，则铃木之所谓"死青年"也，曷先自活矣？

欧美女子之教育可惊哉！科学如此其邃也，思想如此其发达也，人格如此其尊且贵。吾不暇赘述矣，吾且举二事以例其余，推而上之可思也。荷兰者，欧洲今日之退化国也。寻常女子六岁未有不入学，十五岁而未有不毕业于高等者；且其普通社会，女子不通英、法、德何国之语言文字，则谓之"无教育之民"。今吾中国民其自思，以男子而能通无论何国之语文者几何人哉？日人某，数年前游学德国，以民家为居停。居停之老妪，暇时与之谈，则能知德国与日本海岸线之长短与比例，如数家珍。今吾国民其又自思，以老师宿儒，能知本国海岸线之长短者几何人哉？夫吾为此言，非以老师宿儒之所不能者强女子以绝脰，然而新旧国民之程度，抑亦不可以作正比例矣。《女中华》者，粤垣人之所作也。其言曰："今中华之男子，皆须眉而巾帼矣。中华巾帼，且耻鬃眉而不为乎？吾知今后中华非须眉之中华，而巾帼之中华，中华舍二百兆之巾帼其谁归乎？吾爱鬃眉，吾尤爱新造中华资格之巾帼。"夫巾帼而欲含有新造中华之资格，舍教育其仍无由。

母仪、阃范、女宗，三者非独式裙钗而表巾帼，乃皆含有人师之资格者也。故今日设女子师范学校，诚为第一要义。法以二十以上、三十以下之女子，有勤勉之志趣，聪秀之质性，三年卒业，而界以相当之职任；其有愿游学欧美者，合同志资遣之。今先列三年课程如下表：

第一学年	第二学年	第三学年
文法	国文	国文历史地理
初级历史	中等本国历史地理	论理学
初级地理	初级外国历史地理	心理学
数学	几何与形学	理化与博物
初级理化	伦理学	哲学大意
英文	心理学	经济学大意
唱歌	中等理化	法律学大意
体操	英文	测绘
	图画	英文①
	唱歌	唱歌
	体操	体操

观者疑吾言乎，不然，家政何以不与也？夫家政之为学，单纯而简捷，口讲手画，不三日而毕矣。且吾中国家族主义，二千年前已大发达。如吾向所崇拜之普救主、女豪杰缇萦、庞娥、木兰诸人，非真有爱国救世之诚，发于琼思瑶想，乃亦因家族之刺激逼桠，不得已而出于此途，吾不敢讳言也。无论诸人，即东汉时代之初之女国民海曲吕母，啸集亡命，倾产数百万，酿醇酒，买刀剑衣服以赠少年，一若有俄国虚无党员之风，究其志愿，不过杀一琅玡宰，报其子之仇，相与入海，如是而已。又况漆女悲吟，伤人忧国，而痛惜乃不出乎园葵，岂不可悯哉？

---

① 初版"英文"后尚有"美术学"。——编者注

故吾宁以经济、法律、哲学导其理想，而以理化、测绘致诸实行。若夫伦理者，实含有家政者也；历史、地理、算学者，普通之必要也；心理者，备教育之用也。夫教育其尤为女子之天职哉！今复言其学成之用如次：

一、蒙学教员

二、幼稚园保姆

三、管理学校

四、游学欧美

女子学成之用，其殆终于此而已乎？女子者，富于感情、富于思想者也，优于致密沉细美妙之心，而绌于坚忍强毅冒险之力者也。吾复草女子应办之事如左：

甲、女子教育会

乙、妇人谈话会

丙、实业试验会

丁、美术学会

戊、女子运动会

己、女学生同盟会

庚、预备议政会

方今中国女权女学之发达，有重门铁锁，最不可打破之一关，则应否交友之大问题也。乃如以上所述之协会，不过女子单简之求学；而至于内外男女之大防，则正腐儒所悬为厉禁者也。吾今得断言之曰：使中国男子而如今日之奴隶鹿豕，蠢蠢无智识，则虽有交通之资格，吾犹将设更严更峻之大防，据名教以叱之；苟不然而有新道德与文明之思想，诚求交换，则吾敢以百身保其无他。彼腐儒者，固不知"道德"为何物，其胸中直横亘"玩好"、"殖民"四字，欲垄断之而以为利者也。夫男女之间，同此形气，同此智识，从容论道，慷慨抵掌，上下五千年，纵横一万里，奇文共欣赏，疑义相与析，交友之益也。束带衿庄，以礼自卫，何嫌何疑，又安有所谓"隔墙花影"、"临去秋波"、不道德、不名誉之称谓哉？夫名誉、道德之养成，亦惟于教育上加之意而已。

虽然，以上所言，皆交友之暂也。至于共学之常，泰东西教育家之所论，是非亦不一。是之者之言曰："男女混合而施适当之教育，故男子感化于女子，则生温和之风；女子刺激于男子，则生自恃之念。大凡男子好深难之学问，女子爱平易之技术，苟不混合，则有偏向之弊。共学之法，不可不用。"非之者之说曰："女子之性质习惯，以处世之事，素不与男子同，则其教育之方法，亦必与男子不同。不然，不惟伤害品性，且于康健上大有弊病也。（案：当指运动用力之事。）据日本现行之法令，则于寻常小学校同学年之女子数，足为一学级者，则该学年之男女学级，当为分别；（第一、二学年，则非在此限者。）于高等小学校全校女子之数，足为一学级，则男女学级，尤当分别。所以然者，盖有鉴于男女共学之利弊也。"而日本山高几之丞论之曰："夫于寻常小学校男女混合而教授，毫不见其有害。然进而入于高等小学校，则渐显其特性矣。且员数悬隔异常，势不得不为合一之教授，然利弊相半，势所不免。集女子而编制一学级，于训育上虽遥优于混合教授，然其相互之间，发生不良之情感，有碍于行共同之训练。此关于女子之教育，所尤当注意者也。"

虽然，吾于共学之问题，有可以一言解释者：盖共学与否，以高等小学卒业之年限为断。夫共学之感情，有非寻常所可得而比；且其德性未养成，而于学问或有时而阻害，诚不可以不别白也。

言至此，而吾于教育之方法其将终乎？虽然，吾犹欲出一言以贡于吾同胞之前，则此教育之重心点固何在也。夫管夷吾、越王勾践，急于生聚，招女间而纵奇觌，而齐越之间多淫风。魏武慕汉末气节之盛，引进通脱无耻之士，流为风尚，至东晋而五胡乱华。明太祖起匹夫，欲长保天下，以八股柔士气，国亡莫救，民服异种之胯，至今淹淹其如死。西乡隆盛，不悦维新媚外之政，开鹿儿私塾，以精神教育子弟，不数年而万五千健儿，一呼而起革命，卒以同死。德皇维廉第一欲报法雠，乃以数州之地，人尽为兵，崇尚武育，遂以挫奥蹶法，至今陆军冠地球。是故教育与社会，常有时而搀和杂糅，不可分别，以成后日之效果。教育者，第二之社会也。今吾欲教育女子之方法，其道如下：

一、教成高尚纯洁、完全天赋之人；

二、教成摆脱压制、自由自在之人；

三、教成思想发达、具有男性之人；

四、教成改造风气、女界先觉之人；

五、教成体质强壮、诞育健儿之人；

六、教成德性纯粹、模范国民之人；

七、教成热心公德、悲悯众生之人；

八、教成坚贞激烈、提倡革命之人。

虽然，希望如此，我女子其可行乎？吾知其必可行也。以少数之人之立志，而多数者随而风靡，此又普通女子之恒性也。是在先觉哉！是在先觉哉！吾馨香祝之矣。"藐姑射之山，有神人"，听者必河汉之；非河汉也，褰裳从之。告以我中国女子之奴隶，彼亦曰河汉也。

第六节　女子之权利

十八、十九世纪之世界，为君权革命之时代；二十世纪之世界，为女权革命之时代。悲哉女子！今以其身入于革命之风潮，利剑入卿手，黄袍加卿身，洪水淹卿足，枪花弹雨落卿顶，而犹不知耶？欲避不得避，则惟有挺身以为战。战云密，战鼓鸣，战旗开，两大革命之来龙，交义以入于中国，中国女子其犹不知耶？吾知之，吾能勿呼？

法兰西之革命也，有以少数子女，投身其中者，夫彼为君权之革命而来，非为女权之革命而起也。俄罗斯之革命也，有以多数女子，投身其中者，夫彼亦为君权之革命而出，非为女权之革命而奋也。夫彼岂以革命为游戏，为运动之必要哉？血雨洒地，腥风扑人，暗杀恐怖，幽不见天日，断头之台，西伯利亚之戍，吾至今言之而色为变，股为慄。夫彼亦岂有乐乎此也？其出乎此，是必有更大之目的在。目的惟何？曰权利。

国之亡也，权利为之先；种之奴也，权利为之兆。人而能牺牲其一身之权利，则去奴隶、禽兽不远矣。故《罗马法》视奴隶，与禽兽等，非过分也。英之亡印度也，先以英金七万磅之东印度公司，夺其权利，而印人不拒，乃一举而亡之。英与法之墟埃及也，先以一亿万元，代开苏彝士河，以绐其权利，而埃人不拒，乃一蹴而墟之。英之困美也，先以糖、茶、印纸等税，苛待十三州以犯其权利，而十三州抗之，于是美利坚民主共和国出现于世界也。虽然，此犹有形之权利也。若夫无形之权利，则以爱尔兰之属于英，值英女皇维多利亚即位后六十庆典，以太阳常照国旗之大不列颠国，普天同庆，而爱人独黑旗蔽地，以志国恤，英人不敢问也。匈牙利之属于奥，奥人时时欲蹂躏其《金牛宪章》，以赫赫炎炎飞鸟不落、列国君主莫敢仰视之奥国大宰相梅特涅，千摧万挫，而卒不能夺其累世相传所谓"执干戈以抗政府"之权利；至法兰西第三声之革命起，民贼梅特涅，仅以其身窜死英国也。至于黄帝子孙、中华贵族之属于满洲，满洲人以一纸诏书，下薙发之令，而乃锐颠重尾，恬然不以为丑，自是世世子孙为奴隶，且使西洋民族，入而用间接之手段，令与重僰为伍也。是故自放弃其权利者，乃无形之自杀也。呜呼！我中国民之厌世而不欲生焉盖久矣。

权利者，快乐之物也。而快乐有时而不可得，则不得不以苦痛助之。非独国际国权，其于个人之私法，尤为切要。自财产、婚姻至于起居、服食，皆有权利与之密附。故权利者，又第二之卫生也。法律之所不能保护，而我自保护之；算数之所不能解释，而我自解释之。苟欲侵犯我分寸之权利，则必竭吾一身之力以战斗之。故为权利而出于苦痛，虽谓之"苦痛之快乐"可也。夫天下何物而可以授诸人，而况乎至亲至爱至宝贵之权利！念及此，而我国民之至今其犹不革命者真可怜。

中国今日民权之剥削，吾以恕道之眼待人，则以为尽人皆知矣。至于女权之剥削，则半自野蛮时代圣贤之垂训，半由专制世界君主之立法使然，然而终不可以向圣贤君主之手乞而得焉。自出手腕，并死力以争已失之利权，不得则宁牺牲平和，以进于激烈之现象。试观一奴隶之废，掷南北花旗一百五十万将士之头颅而不值，卒以大统领林肯之血继之，而后告成功焉。其他庄丁、田地、工作、教徒种种自由之历史，试一披读，则知其为战斗剧恶、烦劳惨淡之图也。今女子而欲恢复营卫保安此权利，其道将何由？

权利何以争？夫权利之于人，犹空气之于天地。我苟戕生绝气，断呼吸之门，人断不三揖三让，留此数百立方尺之新空气，以为某君所遗之记念，而永永不呼吸也。然则我之所谓"不权利"，正他人扩张其权利之力线，膨胀以入吾之圈限也。既入矣，而欲其退，理势之所难。久而久之，则专制也。呜呼！天盖高而敢不跼？地盖厚而敢不蹐〔蹐〕？畏首畏尾，而身余几？权利之剥削既尽，乃存此块然无用之人。中国女子，视此何如？

"人苦不知足，既得陇复望蜀。"权利思想之既发达，如汽机之速率，日增而不可以制。夫欧洲女子之权利，较诸吾国女子，殆十百千倍也。然目的既达，则议政之问题，抑又起矣。欲求平权而不得，则先以强权为实行，故曰"二十世纪女权革命之时代也"。夫欲求平和之权利，是欲诞育佳儿，而避分娩拆副之苦痛也，可乎哉？

吾言至此，而女子之芳魂其碎矣乎？夫吾言或不免于惊人，然其言则非吾一人之臆说也。质而言之，则权利者，主权之谓也。反主则为奴，奴者我女子之所不认也。古希腊有正义神，一手执衡，以示较量其权利重轻之意；一手提剑，以示实行其权利之意。故有剑无衡，则为虎狼之力；有衡无剑，则权利亦终无效。剑衡相需，无所偏废，法律真相，乃得完成。意者，我中国女子之权利，得之犹非其难也；其于欧洲女子之希望，程度固远不及也。然终无有云璈自奏，青鸟衔书，一旦赍此权利以从天而下降也，其急图之！

今日女子应当恢复之权利如下：

一、入学之权利　以不悦学之中国人，或视读书入学为夺权利中尤苦痛之事。然不读书则无智识，无智识则不能办事，所谓"相夫"，所谓"内助"，皆虚言也。且权利思想之发达，乃借读书以养成，筐箧之内无权利也。此开宗明义之第一着也。

一、交友之权利　权利思想之发达，半由内界之生长，半由外界之刺激。隐几而卧，仰天而嘻，嗒然似丧其偶，此代表无交友之苦痛也。相彼鸟矣，犹求友生，而况于人，可以幽囚索居为哉？且欲求读书入学之助力模型器，交友其尤要乎！

一、营业之权利　无权利故不能营业，不能营业故依赖而无独立性，依赖而无独立性，故分利不生利，公私内外，交受其害，两失计也。今日欧洲女子之营业，有骎骎蚀男子之势，其发达亦可惊也。夫权利之侵蚀，虽夫妇之相爱亦有时而不得避，而况乎关于普通之两部分也。且女子其无难色，此事之行于女子亦甚有益也。

一、掌握财产之权利　中国女子，有掌握财权之大能力。或乾纲不振，或当户独居，谈笑纵横，有时显其特性，不得谓之非权利也。然而非法律上所公许也，偶然之变例。虽女主有时而临朝，亦不足以为正当之法式矣。

一、出入自由之权利　与我自由乎？不与我自由，其与我以死乎？从古侵人自由之事，不于其生命财产上着手，乃先于其一投手一举足而饧试之。珠帘绣阁，望之如云里帝城，而其实乃狴犴之不若也。相思之鸟，囚于雕笼；女贞之木，生于棘阰。夫出入而不能自由，天下安有他自由之权利哉？

一、婚姻自由之权利　婚姻之自由，我中国无此出产之自由花也，男女皆然。然而男子犹有爱好别择之权利，若女子则非独禁制于言，抑且防杜于色也。以人天之幸福，述之如鹑奔鹊疆之不可道。以春和日暖优美之感情，乃冷云蒙蔽，而终不可以一见也。夫妇之道，苦无权利之谓耶？夫权利亡，而天下不如意事十居八九矣。

以上六者之权利，我女子得之其无难乎！此可以如立宪之要求，而无革命之苦痛矣。吾意女子而诚渴望此区区之权利，其可必得无疑也；苟不得，则愿取正义神之衡，一权度其轻重，而以剑继之，虽沙打伦神之生啖其儿，吾犹赞成焉（沙打伦神事见《权利竞争论》）。

权利与法律，相依相保而相安者也。无法律而求权利，则中国女子，操纵其男子之怪现象也。河东之狮，胭脂之虎，夫谁使以狮虎不名誉之徽号，而加于女子，无亦错认其权利，而用之又不得其道哉？夫名誉亦权利之一。名誉去而权利存，此我中国之人格，所以至于今日也。

权利者，伴自由而生者也。凡饕慕自由者，必以其群为爱好之目的。吾未闻个人之自由完，而一群之自由不发达者也。思想自由，议论自由，出版自由三者，个人之权利也；而集会自由，则一群之权利也。夫集会之宗旨，吾向者已条其要，此诚为我同胞夺自由之橄矣。我同胞其举集会之式乎，吾愿贡文明之花圈，张独立、自由、平等三色之徽帜，以祝我中国女权之万岁也。而如有独夫民贼欲施其压制解散之手段，则吾将提摆伦（英诗人，助希腊独立战死。余别有传。）、乐欢脱（法公爵，尚侠义。年二十，闻美利坚独立，直提剑往助。）之剑，为同胞一效其死力也。兔〔兔〕死狐悲，物伤其类。吾亦失权利受压制之人，为知己死，所不辞也！

选举代议之权利，吾梦中其犹欲望之，吾尤欲望吾同胞之有议政之权利之一日也。虽然，此贫子之说金耳，然吾以为天下事特患无实行之资格。有奴隶之资格，而后奴隶成；有帝王之资格，而后帝王成；有立宪之资格，而后立宪成；有革命之资格，而后革命成；有议政之资格，则议政亦可以成矣。资格者，非一朝夕之效，乃亦有所豫备者也。回眄同胞，万笒如栉，年年压线，昔昔依人。风雨鸣鸡，听凄其而如诉；江山灿锦，看破碎其可怜。夫安忍以天赋之权利，长供牺牲于民贼独夫之手也？儿女英雄，提携互誓，相与勉之而已。

私法之成立，于公法有何妨害与冲突？此殆不知民权昌而后君权荣，国权固，不涉目于政法学界者类如此也，然亦问吾民权利思想之发达，果为一私人之利便与否也。国者积人而成。国权之受苦痛，乃与吾身有直接之关系。夫今全地球一草木，一土石，无不有主人翁者，插标画界，以为之管领；独吾国民，反赘瘤悬旌，不知异日将为张氏奴、抑李氏妾也！彼独夫民贼，昔昔摧锄震荡我国民之廉耻，使沉秾猛烈之权利思想，日冷而日缩，日冲而日淡，非独为蹂躏私法，绥夺主权计，盖亦便其呼叱奔走，或抵押移赠于人，而吾民其不之毒也。今正义之神，已入于国民之梦。"何以获食，非流汗不得；何以获名，非竞争不克。"其私法再造祖伊耶陵之言乎！竞争、流汗，则莫如收回国民之权利。战民贼，战外虏，虽一军皆墨，而我同胞之气不稍衰；虽四面楚歌，而我同胞之气不稍淰〔渫〕。苟不得此权利，则虽酿四万万同胞男女之脑血心血颈血以购之，所不辞也！而不然者，爱妾可以换马，邯郸才人嫁为厮养卒，索虏有何人心？彼偷一日之生，我受千年之辱。诚恐落花浮萍，一堕落，再堕落，而此权利乃真深深埋玉于千年古冢之中，永永其不复诞甦也。吾欲使我女子苦战于私法之庭，乃欲使我国民血战于公法国际法之野也。吾苦心其谁谅之？谅之者惟最敬最爱之同胞女子。其静听欧洲女权第一革命之声以兴乎来！

第七节　女子参预政治

二十世纪女权之问题，议政之问题也。议政者，肩有监督政府与组织政府之两大职任者也。以国会不开、政党不立、选举不行、代议不出之中国二百兆多数男子，方为政府之催眠歌，抑扬宛转，酣睡于恩科、特科之中，狂呓大魇而不醒；而吾反以此事提倡女子，吾其太早计。夫方步而言趋，方趋而言走，人之常也。若不步而言飞，其速之殆耶？吾其择易行者而奏记于妆阁之前，卑之无高论。

一国之民气，视乎其国之政体为转移。大抵民权愈昌之国，其女权之发达愈速，不尽关于智识与学问也。德意志女学之隆盛，优胜于法国；而俄罗斯民党男女平权之风，初不下于美利坚。然而法与美则民主共和政治也，故国民之智识与学问，在乎养成，而民希望，则在乎政体。然则立宪君主国之女权，其发达必后于民主共和政治。而使法兰西、美利坚国，文明窈窕之花，移植于黑暗凄凉之中国，亦不过感时溅泪，萎蕤零落，徒呼负负而已。今吾中国女子其致力于求学之问题，且无言议政。

中国者君主专制之国也。凡欧洲国家社会种种不平等之难题，皆纷集于中国，直至今而无一得解释。然谓我横目之民，决不许谈温室之树，而惟璎珞拜跪之徒，得专其利，则吾国民其将叱之矣。夫男女平权，我国民向者既已公认，岂有五雀六燕，女子犹处于偏轻之一端？且正惟专制恶劣，故前途之目的与方法，乃将弦诵播而歌谣传，使妇孺咸知之，所谓"教育之普及"也。然则虽国会、政党、选举、代议之不行，我同胞其不可不预备。

女子议政之问题，正欧洲各国政府困难之极致也。大抵权利之自然而来，不为政界所重，犹天生之儿，必见弃于社会也。而政府之习惯，亦宁可使一二枭雄，巧取豪夺，借寇兵而赍盗粮，大扰乱其平和之秩序，而终不肯坦然相授，烛照而预计之也。非独政府，即世界最有力之政治哲学家，亦多深闭固拒，反对其说。其女权事件，虽以十九世纪国学泰斗伯伦知理，犹且不然其说；非有弥勒约翰、斯宾塞之雷霆冰雪，廊〔廓〕清扫荡，则女界至今其犹晦雾也。以文明自由之花，既以出现于世界，扬芬舒彩，而犹欲阻阏之，焚琴煮鹤之况味，流毒若是其孔长也！吾且述反对议政权之说如次：

一、男子治外，女子治内。天生妇女，使司家政，非欲使之执国政也。若使妇女干涉国事，与男子颉颃折冲于政界，则夫贞操之德，温良之质，凡所贵于妇女者，由是忽焉。是不惟家之不幸，抑亦国之祸也。

二、国家者，不羁特立、自行其事者也，故不可不握十分之主权。要言之，国家者，有男性之精神者也。世有立女主，委大政，是谓变例，未闻女主之胜于男主也。英、澳、俄三国女主在位，而国富兵强，盖由贤相良辅之功，委托而不疑者也。

三、女子天性多感，常为情之所胜。若使之预政事，则政党轧轹，门户纷争，激昂之极，必并行政、立法上之利害而不顾，从其感情之所向而去耳。今男子议员，犹有此弊。果尔则宗教必逞其势，至于政教混一，而国家不复振矣。

四、方今天下，苟以文明自居，无不重正义，尊道德。然而独不予于妇人者，必有确乎不可易之理，而非出于偏颇压抑。是故妇女无公民权，欧洲各国所公认也。

又据德国大儒伯伦知理之《国家学·论民人》章，言无公民权者有五：

甲、妇女

乙、幼弱

丙、异教人

丁、无教育者

戊、奴隶贫民

虽然，吾有言也：彼之说，皆就过去与现在之事实以立论者也。夫

吾辈之手段，在乎能造未来之新国民，安能向残碑荒殿中而求人格，且
以破烂之陈史，纂法典、编教科书哉？吾耻之，吾反对之！

吾今融合唱女权者之略说，而以己意判定之，具驳义如左：

其一曰：谓女子与小儿同权，此无识之言也。夫徒观其为国之政府
所善治，其形式未尝不同，然而多数之男子，亦尝为其政府所治矣。且
小儿者，人能不全，感情、希望、知觉、观念皆不具，总总叫掷、涕
笑、睡眠、饮食，皆为初民时代之缩影，国家亦何尝有法律以治之哉？
治之者惟女子。夫以初民治初民，不知今日世界，何以脱野蛮之俗也。
徒见其小儿之日以进化，渐长而执参政之权；而身为女子，永永不脱于
专制之辖界，谓之文明国得乎？

其二曰：公私不同之制度不改良，而女子之权乃堕地。女子之私
权，虽若为夫之一守护兵，而犹有管理其财产之权也。至于公权，则收
女子之税，而作践其一切之权利，是出代价而无报偿之一日也。共和国
民有恒言曰："赋税者，人民之保险金也。"又曰："赋税者，制造幸福
之原料也。"夫纳赋而不求权利，一任政府之娄索，敲骨吸髓之既尽，
乃以不可思议之鬻爵彩票继之，而终不问其归结，此惟支那人为然，而
欧洲则无是国也。然而苟不得议政之女子以纳税之责，吾谓之曰"干
没"可也，谥之曰"盗府"亦可也。

其三曰：女子无议政之才，有其才而不能过男子。则吾未见普天下
之男子，而皆鸿博魁磊、睿聪特达之士也，吾又未见普天下之女子，而
尽纤微委琐、蠢愚陋劣之人也。女中岂无豪杰，而可濡染大笔，奋焉以
抹杀之乎？且女子亦有时而具隐权，露半面于政界之内。如拿破仑夫人
坐约隐，俾斯默夫人耶亨，时操纵其怪杰木强之夫婿，使为顾问，而宛
转维持之，此亦足显其占优胜矣。且男女两类之权，必一一以才智为
量，吾恐虽有量才之玉尺，无若是之不爽累黍也。

其四曰：谓女子以温良柔淑为贵，而恐其以感情易男性。则吾试问
温良柔淑者为美德乎，为恶德乎？如恶德也，何以不可以治外，而可以
治内乎？且此议政事件，乃权利的问题，而非心理的问题也。若谓其有
感情也，而夺公民之权，则公权之普及，乃以有感情与否为断，感情若
是其多秒也。且或者自言政党轧轹，男子犹不免于倾向，则曷不并男子
之权而亦褫之，是可复其独立不羁、圆满成熟之专制政治矣。总之今日
世界，虽近于共和，而专制女子之毒痛，犹未艾也。

其五曰：使缮国家政治之历史，而女子永永不得参预政治，我女子

其又何望？所尤可怪诧者，则禁一切普通女子，不得出现于政界之上，而偏有一二女子踞其政治之巅，而称之曰"女皇"是也。自罗马帝赫刘加把鲁，许其母入议院为议员，是为女子得政权之朕，自后女主之名屡见于史。若英伦，若奥地利，若俄罗斯，若西班牙，若葡萄牙，虽其政府之造法各不同，而既莫不有"女皇"之称号矣。至若近今维多里亚，且以大名高寿，执世界盟主之牛耳也。何物老妪享此幸福，既不许世界女子，参预其国中之高等职务，而独可一跃而为王？是集女子之视线于一人之身，吾知异日世界之觊觎神器者，不在须眉，而为红粉峨峨之女子也。使专制女魔加陀厘而生于今日乎，彼虚无党女员，其尤奋迅矣。

总之女子议政之问题，在今日世界，已不可得而避矣。自法皇路易十四，唱君权天赋之说，而武良街上布衣褴褛、英姿飒爽之卢梭，从天而降，持其逐犬之杖，一举而掊击之。夫既非天赋，则安有不可以参预也？彼弥勒约翰、斯宾塞、拉蒲勒（法儒）、卑卑尔（德儒）、克累通（瑞士）诚热心女权之人；然苟无此数子，吾知女子其犹必发达也。女界风潮，盘涡东下。身无彩凤，突飞有期；心有灵犀，真宰上诉。女子乎，其好规画，其自拥护，勉为新国民！

吾读《社会党史》，而知其实行男女同权之主义，吾倾倒，吾爱慕，吾表同情。千八百九十一年，开谈话会于比利时京城布吕碎勒，以同意宣其会议之大纲如下：

> 今日此会，请通世界之社会主义党人，定男女同等之细目：凡我会员，皆公认女人与男人，有同等之人民权，及政治权。尽力以废除世界各国所有不与女人以同等权则〔利〕之法律。

吾言至此，欧洲女子政权之说备于是矣。其如我中国女子，今日为幼稚之时代也，萌芽之时代也。吾言之而吾自快意。阳春白雪，听和者其终稀；残月晓风，问酒醒其何处？夫亦作镜中花影，海上蜃楼，徒摄印于国民之脑，如是而已乎？虽然，吾乌敢！吾有必行之志望在。

女子亦知中国为专制君主之国乎？夫专制之国无女权，女子所隐恫也。然二十世纪无专制国，抑亦女子所饫闻也。夫议政者，固肩有监督政府与组织政府之两大职任者也。然而希监督政府而不得，则何妨退而为要求；愿组织政府而无才，则不妨先之以破坏。要求而绍介，则吾男子应尽之义务也；破坏而建设，乃吾男子与女子共和之义务也。其要求也，绞以脑，卷以舌，达以笔，脑涸、舌敝、笔秃而溅以泪，泪尽而进以血，血溢而助以剑，剑穷而持赠以爆裂丸与低列毒炮，则破坏之事也。且女子其无惊，此为我同胞争权利、夺自由之灵咒也。十八世纪英国傅尊纱德夫人之言曰："罹此暴刑，我英吉利人死过半矣。"又其演说之言曰："英吉利女人，皆禽兽牛马不若。"夫并禽兽牛马而不若也，则不如自经沟渎之为愈矣！

使中国而为女子参政之国，理想国也。理想者，含有哲学与小说之两部分。中国小说，其腐败矣，然而理想有极高者。夫不见有锦心绣口，而对策于殿庭者乎？夫不见有绛唇玉貌，而出将以入相者乎？夫不见有双刀匹马，汗血疆场，以显祖国之荣誉者乎？夫不见有青裙素服，怀刃宫禁，以雪父夫之雠毒者乎？此正吾同胞所思之烂熟者也。彼亦犹是人，我亦犹是人。监督与组织，要求与破坏，总之二十世纪新中国新政府，不握于女子之手，吾死不瞑！愿吾同胞亦死不瞑！

预备议政必有会。吾向者所条述，犹离之言也；合之则吾国民必公立一议政会，无论男女，皆可以为会员，皆可以选举事务员，及评议员、调查员，且皆可以任会长。其员数男女不对待，对待则犹分男女之界域，如满汉之主客，至今不泯灭。其内容则含有欧洲社会、虚无两党之资格，而以革命为实行，以共和为目的。其章程吾异日当别议，今非所及也。

异哉！中国普通人民，有一种之特性，吾可执此以证女界之必发达者，非他，则女性是也。法兰西之历史家有言曰："自法以北之民族，盖杂女子性于女性国民中，故妇女独得显著之地位。"女性者，文学之优美，哲理之深秘，技术之高尚，宗教之翕合，姿势之纤美，语言之柔和，疾病之阴郁，恋爱之附着，皆是也。向者吾国民常得女性之良，今者得其劣。综合而观之，则皆女性也。观其濡染于女性之深，而知女子之感化力之大，则异日女子，必立于显著之地位，盖无可疑也。女子而参预政治乎，是可决矣。吾祝吾女子之得为议员，吾尤愿异日中国海军、陆军、大藏、参谋、外务省，皆有吾女子之足迹也。吾更愿异日中国女子，积其道德、学问、名誉、资格，而得举大统领之职也。夫功德圆满，女子之荣亦极矣。

世界何以造？造于人之心。国家何以成？成于人之愿。心曰大心，愿曰宏愿，是故平等共和，十八世纪以前之怪物，而今则神圣不可侵犯矣。谁造之？非天造之也。吾欲造女子世界，则凭乎吾之心与愿，所谓"不普渡众生，誓不成佛"也。在《易》之《坤》，谶纬之书，唱抑阴之邪说者也。而曰"含章可贞，或从王事"，则女子出现于政界之兆也；

曰"龙战于野,其血玄黄",则争权利,夺自由,乃必不可避之势也;而终之曰"用六,利永贞",注之者曰"阴柔不能固守,变而为阳","遇此卦而六爻俱变",则女子登极,而实行大统领之主义矣。善哉善哉!吾欲置维多利亚于美利坚,举威尔明邦(荷兰女主)于瑞士,犹《易》之意也。"群龙无首",我中国必有此一日,谁与吾言为反对者乎!四圣皇皇,动色相戒。造因于三千年以前,而使我女子今日而获其果,吾罪也与哉!

第八节　婚姻进化论

有天地然后有万物,有万物然后有男女,有男女然后有夫妇。夫妇之际,人道之大经也。而人道何以久?非婚姻,婚姻其仪式也;仪式之中有精神,是名曰爱。神圣哉此爱!洁净哉此爱!

爱力之于世界大矣。一切诸天、行星、地球、生物、无机物、有机物,所运行、所簸荡、所生灭,而结集构造、而胚胎、而孳乳、而成立,而悲欢离合,而贪嗔痴爱,而猜忌、争夺、斗杀、恐怖、畏惧,谁使之?皆爱之力使之也。"地球虽灭,而爱之花尚开。"佛林玛利安之言,真爱之天使哉!虽然,爱矣,有演绎,有归纳。归纳惟何?曰婚姻。

婚姻者,世界最神圣最洁净的爱力之烧点也。凡物理上异性有相吸相感之力,而心理上同类有至恳至热之情。爱力之原质,则一点烟土拔里纯,然爇摩擦而化。语笺浩育,佛说因缘,虽精粗不同,而皆释爱之正义。范而铸之,规而则之,而婚姻之名词,诞育于世界,则文明之初点也。吾既言婚姻之原理矣,请言婚姻之历史。

婚姻者,文明时代之发现物也。若野蛮原人,有不可以概论者。吾述婚姻以前之历史,大要可分为三时代:

第一掠夺时代　初民其愚乎,一切智识未发现,而肉欲之感,乃随饮食以俱起。是时虽一区之隔,亦各自为部落,两相斗则两相劫。身为女子,直与牲畜、辎重,同为贵重之掠夺品。得之则酋长择其尤而垄断之,余乃支配于其部下,失之则复掠夺他部落之妻女以为偿。今世俗有劫婚之风,乃其遗传之一部分。是谓第一期。

第二督制时代　女子之材勇,在初民时代,未必逊于男子。既经掠夺之后,或不肯含垢茹辱,不免起而抗战,于是不得不用强权之手段以压制之。前代所谓"乐籍"，满洲律所谓"发披甲人为奴"，盖一经摧蹂践踏，而永永不复能振拔矣。是谓第二期。

第三供给时代　督制主义为治人治法，供给主义为役人役法。盖至是而女子稍降服，男子亦稍宽待，乃有分功之事。如其夫战猎于外，则其妇炊纫于内是也。惟一切劳力，仍无所不至，糇粮、甲胄，皆责之于其身。今其残余躯壳，犹有遗蜕于社会者，阿非利加人，初见力作之牛，而以为白人之妻，更无论矣。是为第三期。

以上三时代，皆初民之阶级也。以区区一男女之名分，递嬗递变，至此而仅端倪一夫妇之名词，历史若是其赜也。其于婚姻之进化，去之犹甚远也。吾且复分以后之历史为两大时代：

第一混合统系时代　婚姻者，合二姓之好，以传一祖之血胤者也。而血胤有时而搀杂，此其原因不一端，总之皆野蛮之质性，自作自受。然其气运直至于今未尝衰也，吾不得不先述之。

甲、鬻妻　野蛮之人，本视其妻与金银皮币等，故金银皮币穷，则以妻为代价。此与夫今日输博进而覆孤注者同也。然种姓之传，或由甲而转于乙，所不免也。

乙、外妇　日本之俗有外妇焉，吾闻而骇之。经商在外，游学他邦，羁旅寂寞，则有贡外妇之说者，闻之令人呕。夫赵璧不完，而荆州可惜。笑一身其如寄，时改弦而更张。以数十金之微利，至自乱其血统而不恤，同于艺妓之为，是果何值哉！

丙、再醮妇　一夫一妻之制未行，古圣王不以再醮为厉禁，理之至平者也。欧洲上等社会，至今不以醮妇为异。然而中国于此等之人，直唾弃而不列于方面，此亦我完全高尚之点，独优于世界者矣。

丁、一妻多夫　一妻多夫之俗，为世界之最污点乎？然平心而论之，则亦有原理也。其原理分为三：（1）游牧部落，转战千里，移徙辎重，挈带眷属，类多不便。不得已而执共妻主义者，殆亦通时达变之才也。（2）弱小之群，被人掠夺，既欲急于蕃殖，而妇女已占少数。互相约契，而有共妻之风，是亦补弊救偏之道也。（3）女子亦有枭雄，或凭借其前夫之威力，指挥大众，骄恣淫欲，间择数夫以供使令。野蛮时代女子之反动，亦所恒有也。此皆一妻数夫之历史，大抵苗、猺、獞、猓及澳、非两洲之土蛮，此风必犹有未沫者。夫希腊大儒栢拉图，常持共妻之言，此亦贤者好奇之过也。

戊、一夫数妻　野蛮时代男子之威权无上哉！《书》"降二女"，

《礼》言"九嫔",谬俗流传,至于今日,彼直以女子为玩好之具,而以灿列为荣。岂知以一男子而兼数女,天下之鳏者必多矣。夫一夫数妻,一夫数妾,此为广嗣续之计,而于统系固无混也。不知数妻而共一夫,此为不名誉之事,则舍不名誉之女子其谁膻附之哉?至于妾者,本无良好之种,讴者下婢,品性卑污,偶学夫人,终嫌不肖。良由吾中国视婚姻一途,不为神圣洁净,而以为神通游戏之事。名为崇祖先之教,其于血胤,实未尝留意。艾豭娄猪之诮,实于此类者为多也。

如是原因,故婚姻之于教化,寔进寸而退尺也。且此原因之中,有非野蛮时代之出产物,而造成于千年数百年之内也。

第二同姓结婚时代 "男女同姓,其生不蕃。"春秋时代亦有之。吾观近世欧洲社会,往往习见此俗。若问我中国何时而改革,则吾不敢断言也。惟观加籐博士之《天则百诂〔话〕》有题曰:"我辈九百九十年前之祖宗"。法以父母为两,父之父母,母之父母为四。如是以级数递推,逐渐增加,至不可思议。试以三十年为一代计之,积三十三代,九百九十年,列表如下:

父母　二

祖父母　　四

曾祖父母　　八

高祖父母　十六

第五祖　　三十二

第六祖　　六十四

第七祖　　百二十八

第八祖　　二百五十六

第九祖　　五百十二

第十祖　　千零二十四

以上凡三百年,应有千零二十四人。

第十一祖　二千零四十八

第十二祖　四千零九十六

第十三祖　八千百九十二

第十四祖　一万六千三百八十四

第十五祖　三万二千七百六十八

第十六祖　六万五千五百三十六

第十七祖　十三万千零七十二

第十八祖　二十六万二千百四十四

第十九祖　五十二万四千二百八十八

第二十祖　百零四万八千五百七十六

以上凡六百年，有一百零四万八千五百七十六人。

第二十一祖　二百零九万七千百五十二

第二十二祖　四百十九万四千三百〇四

第二十三祖　八百三十八万八千六百零八

第二十四祖　千六百七十七万七千二百十六

第二十五祖　三千三百五十五万四千四百三十二

第二十六祖　六千七百十万八千八百六十四

第二十七祖　一亿三千零三十一万七千七百二十八

第二十八祖　二亿六千八百四十三万五千四百五十六

第二十九祖　五亿三千六百八十七万〇九百十二

第三十祖　　十亿七千三百七十四万千八百二十四

以上凡九百年，应有十万万零七千三百七十四万千八百二十四人。

第三十一祖　二十一亿四千七百四十八万三千六百四十八

第三十二祖　四十二亿九千四百九十六万七千二百九十六

第三十三祖　八十五亿八千九百九十三万四千五百九十二

以上九百九十年，应有八十五万万八千九百九十三万四千五百九十二人。

以上法而观，使我中国皆异姓而结婚乎，则吾以父母之姓为一，父之父母、母之父母之姓为二，如上法以折半递推，亦积九百九十年，则吾一人之外，应有四十二万万九千四百九十六万七千二百九十六姓。而复以四百兆人如吾法推演之，则取一百七十一垓七千九百八十六兆九千一百八十四亿折半之数，乃中国之史姓。即交互重出，或不尽如吾所言，亦断不止寥寥数百姓已也。然则我中国民族，膨胀至四百兆，乃自破除同姓结婚之制而后始也。今满洲民族，自入关以来，二百六十余年，炙手可热，而涵淹孳息，仅增五培〔倍〕，回顾汉族，则骤增至二十倍。吾求其故而不得，今乃知驻防寥落，异姓不多，血统接合，遂成劣弱，时为天演所淘汰，不久其将渐以尽也。夫同姓结婚之历史，其寿命若是孔长也。

观以上婚姻过去之历史，而回视今日之世界如何乎？天晴日暖，鸟语花香，乔牢颂平等之词，琴瑟享自由之乐。人天幸福，无以加此，其进化哉！虽然，欧洲之进化，而非吾中国之进化也。吾中国今日婚姻之时代何时代？曰媒妁时代，曰卜筮时代，曰金权时代。

媒妁时代者何也？媒妁者，救时之良法也。古者恫婚姻之流弊，于是设为媒妁以限制之，所谓"伐柯如之何，非斧不克；取妻如之何，非媒不得"也。媒妁者，即今之证人也。通两家之驿骑，而较量其才智品德之高下，使无有怨诽，媒妁实具有支配人道之能，而为第二之造世主也。然支配不得当，较量者不在男女之才智品德，而在一己之锱铢，当抑而扬，心毁而口誉，则媒妁之毒流社会矣。世尝以婚姻不自由，责父母之专制，吾未尝不极口而为之呼冤。夫谁使媒妁之于婚姻，具有贵族之专制，所谓"蒙蔽耳目，上下其手"者，非异人任也。鸠鸟为媒，屈子所以浩叹也。

卜筮时代者何也？媒妁之权操之人，卜筮之权操于鬼神。以鬼神而操婚姻之权，鬼神之力亦大矣。夫天作之合，犹西人归功救主之词，此不足据为典要。使鬼神而能主婚姻，则河伯可以娶妇，丹朱亦能冯身，不祥莫大焉。夫年月日时，乃吾诞降适然之会，然则命宫磨蝎，身世当永定鳏鱼，何以龟策有灵，不我退沮？问其言必曰吉祥福利，觇其后动多摧折睽离，此非无妄之灾，而实卜筮之为也。嘉偶曰妃，怨耦曰仇，妃偶〔仇〕之间，其无置鬼神于其侧哉！

金权时代者何也？此今日婚姻之间一大问题也。大抵世界贫弱之国，其国民人人有崇拜黄金之心。己则褴缕，而羡人之锦绣；己则藜藿，而妒人之膏粱〔粱〕。艳羡攫取而不得，则以其子女之婚嫁为之缘：娶妻觊奁赠之丰，嫁女问制产之簿。苟或不得，则因而反目者有焉矣，因而离异者有焉矣；而如或得之，则虽老夫枯杨，牙郎卖绢，屈体以从，亦所不顾。其间非无志趣高尚之子女，求人天之幸福，不愿草草以终其身。而为父母者，必痛加诃斥，甚至聘金娶索，几如炫玉求售之为。斯亦婚姻时代之劫数矣。夫个人竞争之弊害日增，而家庭日不治，社会日退落，教育日衰替，道德日分裂，人种日不改良。问以效果之何以至于如此？曰金权。

"妾发初覆额，折花门前剧。郎骑竹马来，绕床弄青梅。同居长干里，两小无嫌猜。"异哉！我中国平权自由之风，已胎孕于千年以前矣，吾不知至今何以若是其堕落也。吾以上所言，皆婚姻不自由之原质也。夫二十世纪专制国之民，无日不以夺自由为目的。曾是区区婚姻之自由而不能夺，而乃对万众以言革命，吾知其必无成。大抵婚姻之不自由，原于束缚压制。而势力上之束缚压制犹可脱，惟理想上之束缚压制，乃如癣疥之暗附于身，心非不知平权自由之乐，欲求之而不敢说，犹知其痛痒而不敢示人以求疗也。吾今敢昌言以告我女子曰：

"婚姻自由！"

婚姻何也？人道之发轫也。伦理之上，父子、兄弟、朋友，莫不以素所熟习而生敬爱之情。道德之相合，品性之相符，学问之相等，才技之相敌，臭味之相和，而后感情生焉。况于夫妇之交，种幸福于帷房之内，所谓"天然佳偶"者，非金追玉琢，乃其兰蕙之芳，水乳之味，所因袭融浃而成者也。今流俗之视婚姻，亦以为珍秘庄严之事。岂知昨日陌路，今日衾裯，正使行路之人，岸然立于所天之地位，欲求尊贵其女子之品格，而适使其为卑贱之行矣。夫雀屏倖中，或有巧合之时。惟不幸而妍丑各殊，蠢灵异禀；魔鬼之生涯已送，情天之缺憾难弥。古来破镜之占，离魂之剧，谁使？婚姻之不自由使之也。诗曰："美人已属沙吒利，义士今无古押衙。"又曰："无双死适王仙客，一妹去随李药师。"谁使？亦婚姻之不自由使之也。夫燕婉静好之美趣，不赠于其友，而属于其雠，天下事之支离灭裂，孰有过于此也？异乎吾所闻。

中国人之言爱，异乎欧洲人之言爱。中国人之言爱也，其意轻，其义亲而不尊。是故防其爱之流于荡，入于亵，设为仪式以模范之。然而仪式者，实野蛮时代之习惯也。凡属鞠躬、拜跪、抱腰、接吻，皆原人状态之表著。惟中国则以战余之威赫为荣，而欧人则以交情之恋著为幸，此其相异之点也。中国婚姻一事，吾百思而不得其解。居恒渺不相涉之人，犹可得而平视，或加以品评嘲笑，恬不为怪；及至红丝一系，隐然藥砧，一旦迎面而来，则狂奔绝叫，如逢怪魔。至于男子亲迎之夕，东阶三揖，西阶三让，拜跪起立，如环无端，宾相喃喃，疑诵番咒，一人呆立，万夫揶揄。而为女子者，红巾被面，无颜见人，不病而扶，当笑而哭，闭目入定，如是三日，洗手入厨，而羹汤之大事来矣。凡此吾皆无说以处之。至于欧洲结婚之事，虽尊亲如父母，不能分毫干涉。居恒选择，必于同学之生，相交之友，才智品德，蠢灵妍丑，较量适当。熟习数年，爱情翕合，坦然约契，交换指环。结褵之夕，偕赴会堂，长老作证，亲知欢悦。同车并辔，握手归家，参姑嫜于堂前，开舞蹈之大会。夫如是其风流而快意也。此连理之木，共命之禽，所以生于西方，而不产于中国也。吾欲移此鸟此木于亚洲之大陆，使四千万方里，化为乐土，四百兆同胞，齐享幸福，则必自婚姻自由始矣。"愿天下有情人都成眷属。"吾愿大矣，抑我同胞亦好自为之！

自由与平权，为孪生之儿，自由特早一时而生者也。是故自由起而后平权立，平权立而后一夫一妻之制行，则君子之道，造端乎夫妇也。从古禽兽无耻之行，皆圣贤帝王，本身而自造之。所谓"《关雎》《螽斯》，不忌之德，周姥撰诗，当无此矣"（谢太傅刘夫人事见《妒记》）。夫婚姻交合，既由两人之契约而成，则契约之中，决不容有第三位者插足之地，犹之两国密约，不能受他国之离间也。曾是夫妻之间，而可以合纵连横之术处之哉？今行尸走肉，类多蓄妾之风，斗宠争怜，交嘲互讦。初则疲于奔命，终必左右为难，八国要求，竞索公敌，蜷缩鼠伏。而为妻妾者，终亦将扩张其治外法权，以立于均沾之地位。吾见不鲜矣，神圣洁净之谓何！我同胞欲实行其社会主义，必以一夫一妻为之基础。红袖添香，乌丝写韵；朝倚公园之树，夕竞自由之车；商量祖国之前途，诞育佳儿其革命。婚姻之好果，孰有逾于此者哉！我瞻西方，吾眼将花，吾心醉矣。美人赠我青琅玕，何以报之？自由平权。

嗟乎！江天如梦，月明疑是珠生；风雨不情，春老先闻花落。我同胞，我女子，其听吾之言而猛省哉！行则新国民，不行则奴隶而死耳。吾言尽此，忧劳如何！

第九节　结论

金一曰：吾言辽哉！吾放眼观中国女子之社会，现状既如斯矣；吾回眼观中国男子之社会，其现状又如斯矣。呜呼！吾言之而谁与听也？吾唱之而谁与和也？吾言辽哉！《下里》《巴人》，和者数千，《折杨》《皇考》，则嗑然而笑。吾其为人所笑矣。王嫱、西施，天下之美者也，鱼见之而深藏，鸟见之而高飞，麋鹿见之而抵触。吾其为人所抵触哉！女子行之，尤为人所抵触哉！虽然，吾之身，劫余之身也，吾之言，则历劫不磨之言也。今日中国革命之烈火，星星其燎；瓜分之祸水，汪汪其溢。政府千钧压制之石，沉沉其重；国民十万横磨之剑，霍霍其扬。登希玛拉雅峰头，望法兰西伊符之塔，亭亭其立；航太平洋而渡彼岸，闻美利坚自由之钟，喤喤其响。东睨长白山巅，鸭绿江畔，妖魔奇怪朱鸟之翼，跕跕其堕；西寻桥山弓剑，鼎湖龙髯，我神圣祖宗黄帝之灵，呜呜其哭。因而发明齐桓〔襄〕九世之仇，汹汹其剧；加以大书宾王讨墨之檄，昌昌其鸣。呜呼！流此祸者女子，则救此世界者亦女子；卖此国者女子，则爱此国者亦女子。我女子而不急起乎！霹雳一声，天翻地覆；神号鬼哭，拔山折木；豺虎入邑，龙蛇起陆；伶仃弱细，宛转觳觫。悲哉！革命之剧惨剧也，亡国之剧亦惨剧也，奴隶之剧尤惨剧也；京津旅顺之剧惨剧也，扬州十日、嘉定三屠之剧尤惨剧也。俘于韦毳，淫于湩酪，臣于异种，妾于膻族，悲哉！吾观文姬归汉，昭君出塞之事，女界污点，倾五大洋之水，不能湔之矣。呜呼！"商女不知亡国恨，隔江犹唱《后庭花》。"奴有奴之荣，婢有婢之乐，其荣与乐，非吾所知也，悲哉！而如其急起也，爱自由，尊平权，男女共和，以制造新国民为起点，以组织新政府为终局。善女子，誓为缇萦，誓为木兰，誓为聂姊、庞娥，誓为海曲吕母，誓为冯嫽，誓为荀瓘〔灌〕、虞母、梁夫人、秦良玉，誓为越女、红线、聂隐娘。善女子，誓为批茶，誓为娜丁格尔，誓为傅萼纱德夫人、苏秦〔泰〕流夫人，誓为马尼他、玛利侬、贞德、韦露、苏菲亚。此皆我女子之师也。善女子，汝之眼慧眼也，汝之腕敏腕也，汝之情热情也；汝之心肠，悲悯之心肠也；汝之舌，粲花之舌也；汝之身，天赋人权、完全高尚、神圣不可侵犯之身也；汝之价值，千金之价值也；汝之地位，国民之母之地位也。吾国民望之久矣。禽名精卫，终填海其有时；虹号美人，看冲天而一起：则吾言或不虚发也。不普渡众生，誓不成佛。普渡女子，乃普度中国也。善女子，我愿弃诸身若毛发，若肝脑，若头目，而贡献于女子之前。我虽化身横尽虚空，竖尽来劫，秋风吹来，飞为尘沙，一一沙中有一一身，身中一一舌，舌中一一音，而以警醒我女子不能尽也；复化诸身，竖尽来劫，横尽虚空，春风吹来，吐为奇花，一一花中有一一身，身中一一舌，舌中一一音，而以赞美我女子不能尽也。女权万岁！同胞万岁！中国亦万岁！

少年击剑更吹箫，剑气箫心一例销。谁分苍凉归棹后，万千哀怨属明朝。

抛却河山一笛秋，人间无地署无愁。忽闻海水茫茫绿，自拜南东小子侯。[1]

---

[1]　再版本无此二诗，据初版录。——编者注

后 叙

右《女界钟》一卷，都数万言，我同志金君所撰述者也。金君自教育会归，伤政党之憔悴，痛女界之沦胥，侘傺无聊，代舌以笔，竭四星期之力，既卒业，以稿属为跋，且告之曰：“春眠潦倒，妖梦惺忪，我中国女界之现象也。将以此为欲觉之晨钟，其可行乎?”又曰：“中国女子，通文艺者犹尠。此书内容，实含有 Revolution 之思想。欲使笃婉有味，芳恻耐人，自不能过为平直，以与女子充分直接。尚望以间接之力助之。”受读终篇，掩卷四顾，怅然而叹曰：中国女权之萌芽，其摧折践蹈也久矣。强权暴肆，公理沦亡，谬种流传，暗无天日。而鲰生狗曲，复鼓吹种种不平等之学说，以训诂为绳，理想为剑，束缚禁制于灵魂之界，使不得逞。曰“扶阳抑阴”也，曰“夫为妻纲”也，曰“三从七出”也，曰“无才是德”也，吾闻其言，未尝不怒发冲冠，至于千丈也。恨吾身生于千载以后，不能举千载以前造言作俑之人，执而杀之，传其首于五大洲，以正文明公敌之罪也。虽然，吾女子之特质，抑有于社会为独优者矣。中国男子，薄于种族观念，习于奴隶教育，自永历以还，胡尘马足，蹴蹈中原，汉官威仪，扫地以尽。独我神明之女胄，犹然保其高尚之服饰，不与男子为伍，所谓“男降女不降”之谣谚，至今尚流传于闾巷焉。吾意当日必为英烈绝世之女丈夫，施其慧剑敏腕，揞拄无形之半壁残垒，使胡虏慑服，永留记念于今日。此亦皇汉民族之功臣，惜乎其名泯灭而不彰也。近者庚子之变，联军八国，翩然入京，顺民之旗，户户高悬。洎其退也，德政之牌，署衔千百，演此丑剧，为世界笑。独女子之不甘屈辱，拚螓首，掷微躯，力抗而死者尚不可胜数也。此亦吾女界固有之粹，以养成多少无名之女杰，回视须眉而犹多惭色矣。夫浮云蔽天，终见白日；平权大义，道不终穷。今者弥勒约翰、斯宾塞尔之学说，方渡太平洋而东来，西方空气，不自觉而将渗入于珠簾绣阁之中。掬甘露以洒自由之苗，捧乐土以培文明之树，女界桎梏，亦稍脱矣。铜山西崩，洛钟东应。金君此钟，乃应时而响，不十年后，吾知若安、玛利侬、苏菲亚、韦拉之徒，必接踵于中国，无可疑也。金君之书，其女界黑暗狱之光线乎！其女界革命军之前驱乎！其女界爆裂丸之引电乎！嗟嗟！吾读《女界钟》，彩丝之绣，岂必平原？团扇之画，岂必放翁？愿书万本诵万遍，岂必昌黎之《平淮西碑》？我二万万同胞，其有投袂而兴起者乎？请三薰三沐以祝之。癸卯闰五月，中国少年之少年柳人权。

（光绪二十九年（1903）八月上海爱国女学校初版，

光绪三十年（1904）五月再版）

《女子世界》发刊词

二十世纪之中国，有文明之花也，婵媛其姿，芬芳其味，瑰玮其质，美妙其心。欧风吹之而不落，美雨袭之而不零，太平洋之潮流，漫淫灌溉而适以涵濡滋润助其发达也。玉井之莲，望之而心折；罗浮之梅，对之而色变；富士山之樱，见之而将羞死也。然而花不自知其美，乃闭其彩，幽其芬，摧折其蓓蕾。而吾乃焚香缥笔，问花之神，祝花之魂，愿花常好，以为二十世纪女国民。

虽然，二十世纪之中国，亡矣弱矣。半部分之男子，如眠如醉又如死矣，吾何望女子哉？是不然。女子者，国民之母也。欲新中国，必新女子；欲强中国，必强女子；欲文明中国，必先文明我女子；欲普救中国，必先普救我女子，无可疑也。闻者亦知中国前者之所以强乎？屈指而数，案籍而稽，彼圣贤帝王，英雄侠义，皆有贤母贤妻以为左右也。其尤特立独行，则班昭、伏女、左芬、谢韫之文章，卫恒〔铄〕、若兰、薛媛、蔡琰之灵秀，缇萦、聂姊、庞娥、红线之义侠，冯嫽、木兰、荀瓘〔灌〕、梁夫人、秦良玉之干济。此皆足表馨逸于陈编，播荣誉于彤史；须眉却步，冠剑低头。不此之崇拜，而顾曰言罗兰、若安、苏菲亚、娜玎格尔，以为不可及，不可及，所谓"国有颜子而不知"，"目见千里而不自见其睫"也。自女权不昌，而后民权堕落，国权沦丧，四千万方里，四百兆同胞，乃有今日絮果兰因，可按而迹也。则吾今日为中国计，舍振兴女学、提倡女权之外，其何以哉？谓二十世纪中国之世界，女子之世界，亦何不可！

吾今乃正襟危坐，以告我男子曰：自今以后，无轻视女子。女子者，文明之母也。复敛衽屏气，以告我女子曰：从今以后，其无自轻视。无纤其足，奴其颜，蓬其心，轻其躯，委身任化，卑之无高论；而当奋起淬厉，以为新国民。藐姑射之山有神人，尘垢秕糠，陶铸尧舜，女子其知之乎？湘妃之泪，足苏虞帝之魂；女娲之炉，乃补共工之缺，女子其知之乎？知之其必兴起矣！有舌如莲，有女如仙，女子世界出现于二十世纪最初之年，医吾中国，庶有瘳焉！

（原载《女子世界》第 1 期，1904 年 1 月）

吕碧城卷

论提倡女学之宗旨

女学之倡，其宗旨总不外普助国家之公益，激发个人之权利二端。国家之公益者，合群也；个人之权利者，独立也。然非具独立之气，无以收合群之效；非借合群之力，无以保独立之权。其意似离而实合也，因分别详言以解明之。

有世界必有竞争，有竞争而智慧之机发焉，优劣之种判焉，强弱之国别焉。竞争之道，惟合群乃能取胜，盖万事莫不成于合群，而败于解体也。上智之士，合群力以争于全球；下焉者，积私力以争于同族；而顽谬之鄙夫，则以一身之力，争于同室焉。今顽谬之鄙夫，闻兴女学、倡女权、破夫纲等说，必蹙额而相告曰："是殆欲放荡驰跞，脱我之羁轭，而争我之权利也。"殊不知女权之兴，归宿爱国，非释放于礼法之范围，实欲释放其幽囚束缚之虐权。且非欲其势力胜过男子，实欲使平等自由，得与男子同趋于文明教化之途，同习有用之学，同具强毅之气。使四百兆人合为一大群，合力以争于列强，合力以保全我四百兆之种族，合力以保全我二万里之疆土。使四百兆人，无一非完全之人。合完全之人，以成完全之家；合完全之家，以成完全之国。其志固在与全球争也，非与同族同室之男子争也。或曰：中国之自强，在二百兆之男子足矣，奚用女子为？而不知国之有男女，犹人体之有左右臂也，虽一切举动操作，右臂之力居多，然苟将左臂束缚之，斫断之，尚得为活泼之躯乎？尚得为完全之体乎？假使此一臂之人，穴居野处，与人无争，虽缺一臂之力，尚可勉强支持；若驱之入人群竞争之场，其有不颠而踣者鲜矣。在昔日以半强半弱之国众，闭关自守，尚不至骤形其颓坏。今则门户洞辟，万国往来，以半强半弱之国，与彼男女均强之国敌，其败也，不待智者而知。近日日本盲哑儿童之入学者，约万余人；英国妇人复有聋瞽学堂之设。彼本残疾之人，尚不舍为弃材，岂中国二百兆完体之人，反舍之为弃材乎？中国自嬴秦立专制之政，行愚弱黔首之术，但以民为供其奴隶之用，孰知竟造成萎靡不振之国，转而受异族之压制，且至国势岌岌，存亡莫保。吁！可畏哉！而男之于女也，复行专制之权，愚弱之术，但以女为供其玩弄之具，其家道之不克振兴也可知矣。夫君之于民，男之于女，有如辅车唇齿之相依。君之愚弱其民，即以自弱其国也；男之愚弱其女，即以自弱其家也。自剪其爪牙，自断其羽翼，故强者虎视眈眈，欲肆其擒搏手段焉。国势至此，再不觉悟，更待何时？惟愿此后合君民男女，皆发深省，协力以图自强。自强之道，须以开女智、兴女权为根本。盖欲强国者，必以教育人材为首务。岂知生材之权，实握乎女子之手乎？缘儿童教育之入手，必以母教为基。若女学不兴，虽通国遍立学堂，如无根之木，卒鲜实效。故外国婴儿学塾，多以妇人为师也。欲求强种者，必讲求体育，中国女子，不惟不知体育为何事，且紧缠其足，生性戕伐，气血枯衰，安望其育强健之儿？固无怪我中国民种之以劣闻也。由是观之，女学之兴，有协力合群之效，有强国强种之益，有助于国家，无损于男子。故近世豁达之士，每发其爱力，倾其热诚，以提倡之。其不明此理者，则每以分己权利、脱己羁轭为忧。吾闻李文忠对德相毕司麦，自夸其平粤寇之功，毕司麦犹以杀戮同种讥之。今男子以本国女子受己压制为荣，岂不大谬乎？既无权术压制敌国，徒施其野蛮手段，压制同室无能为力之人，存一己之私见，忘国家之公益，吾故目之为顽谬鄙夫也！

右论国家之公益

今欲激发个人之权利，姑先从个人之形体上论起。夫此身者，为天所赋，完全自由之身也。与以支体，使能运动；与以耳目，使能见闻；与以唇舌，使能语言；与以精神，使能发思想，运智机。天之生人，未尝不各与一完全之形体也。既得形体以生于世间，犹未得求生之道，必待大圣鸿哲出而为之筹画，使各遂其生。故上古之民茹毛饮血，穴居野处，乃有有巢氏出，教民架木为屋，以蔽风雨；神农氏教民稼穑，以养其身；黄帝元妃教民蚕桑，以暖其体。为日愈久，而筹画愈精，乃得成一雍容和煦之世界，俾人民优游其间，各遂其生焉。故圣王之治天下，不令一夫失所；欲不令一夫失所，必不夺个人之权利。权利者，遂其生之要素也，视己之资格能为何等之人，即为何等之人；视己之才干能为何等之业，即为何等之业。士农工商种种生业，随己之所欲而趋之，此即应有之权，无甚羁勒之苦也。乃中国之民，同生于公众之世界，同具个人之形体，忽严划为两界。男子得享人类之权利，女子则否，只为男子之附庸，抑之制之，为玩弄之具，为奴隶之用。荀奉倩曰，"女子以色为主"；太史公曰："女为悦己者容。"是指为玩弄之具明矣。《诗》曰："乃生女子，载寝之地。"又曰："惟酒食是议。"则甫出母胎，便寝地以卑之，以酒食为责任，是指为奴隶之用明矣。造其驯伏之性，夺其自主之权。权者，人身运动之大机关也。无权，则身为木偶，虽有支体以资运动，然压制之，排叱之，即不得运动；虽有耳目以资见闻，然幽闭之不许出户，即不得见闻；虽有精神以利思想，然不许读书以开心智，即难发思想。是天赋之形体，已不能为己有焉。夫奴隶乞丐，虽无一长物，而一身尚可为己有，女子乃竟奴隶乞丐之不若，更何言乎女学？更何言乎女权？至于事业，为官为吏，固不可得矣。以至于为士不能，为农不能，为工不能，为商不能。下至欲为奴隶，亦不克自主。只有仰面求人给衣食，幽闭深闺如囚犯而已。囚犯犹有开赦之日，此则老死无释放之期。嗟嗟！是何乾坤，而有此惨澹昏黑之地狱耶？昔白傅诗云："为人莫作妇人身，百年苦乐由他人。"盖古人已知其隐痛矣。然今试举一女子问之曰："尔苦耶乐耶？"必曰："吾乐也，无所苦也。"此皆由性质之腐败，思想之壅塞，脑力之消亡，奴隶之性造成习惯，不以为苦，只求得衣食之资，花粉之费，便相安而自足矣。"哀莫大于心死。"吾二万万同胞，诚可谓身未亡而心已死之人也。呜呼！一枕黑甜，沉沉千载，哀我同胞，何日是鸡鸣兴起时耶？惟愿此后，各唤醒酣梦，振刷精神，讲求学问，开通心智，以复自主之权利，完天赋之原理而后已。夫夺人自主之权，即阻人运动之机；阻人运动之机，即断人求生之道。人生于世，孰不求生？今日之言自主，乃环球最当之公理，绝无可讳者也。凡我同志，其慎重以图之，勿畏难而退败，则幸甚。

右论个人之权利

结论 民者，国之本也；女者，家之本也。凡人娶妇以成家，即积家以成国。故欲固其本，宜先树个人独立之权，然后振合群之力。盖无量境界，无量思想，无量事业，莫不由此一身而造，此身为合群之原质。若此身无独立之气，虽使合群，设遇攻敌，终不免有解散败坏之虞。故独立者，犹根核也；合群者，犹枝叶也。有根核方能发其枝叶，借枝叶以庇其根核。二者固有密接之关系，而其间复有标、本之判别，窃冀览者毋河汉焉。

（原载 1904 年 5 月 20、21 日《大公报》）

敬告中国女同胞

　　凡我女子之生于中国，不克与男子平等，且卑屈凌辱，置于人类之外者，固为万世一定不移之例矣。盖中国以好古遵圣为癖，以因循守旧为法，于所谓圣贤之书，古人之语，一字不敢疑，一言不敢议。虽明知其理之不合于公，其言之不适于用，亦必守之护之，遵之行之。至一切教育、法律、风俗，明知其弊有损于世，明知其腐无补于今，亦不肯改革，曰古法也，曰旧章也。传曰："惟女子与小人为难养也。"乃竟侪女子于小人矣。孟子曰："必敬必戒，毋违夫子。以顺为正者，妾妇之道也。"《诗》曰："乃生女子，载寝之地。"因而有"夫纲"之说，因而有"三从"之义。设种种之范围，置层层之束缚，后世遂奉为金科玉律，一若神呵鬼护之不可移易者矣。只此"好古遵圣，因循守旧"八字，遂使我二万万之女子，永永沉沦，万劫不复矣。今欲超拔我二万万沉沦之女子，必须破此一定不移之旧例；欲破此一定不移之旧例，必须辟其好古遵圣、因循守旧之积习。否则闻导女子之自由，倡个人之权利者，必群起鼓噪之，排抑之。愚不敏，请呈浅言以辟其积习。夫圣贤者，虽有过人之卓识，盖世之圣德，恐终不免有缺陷处。且时势变迁，人情移易，古法虽精，恐不合于今世，况未必能垂之久远而无弊也。缘世事莫不贵乎变通，法律以日改而日平，教育以日讲而日善，学术以日究而日精，智慧以日斗而日辟。变通不已，真理乃见。故泰西常曰古不如今，世道日进故也；中国则曰今不如古，世道日退故也。今人之病痛，谓除古人之耳目外，即无耳目；除圣贤之思想外，即无思想。故无论有弊无弊，惟敬谨守之而已。法国大学家笛卡儿之学说曰："若但以古人之耳目为耳目，以古人之心思为心思，则吾之在世界不成赘疣乎？番如是也，则天但生古人可矣，而复生此千百万亿无耳目无心思之人，以蠕缘蠹蚀，此世界将安取之?"故笛氏之言，最能破学界之奴性，实获我心。
吾常语人曰：无论古圣大贤之所说，苟其不合乎公理，不洽乎人情，吾
不敢屈从之。无论旧例之所沿习，众人之所相安，苟且有流弊，有屈
枉，吾不敢不抉摘之。非尽违圣贤之议论，尽废古人之成说，不过择其
善者而从之，不善则改之耳。如此，然后可与言进化，可与言变通，可
与言改革。且教育者，随世界而转移者也。况立此颓败之国，生此竞争
之时，为风潮之所驱，不自立则不可以自存者乎！此吾率土同胞所当打
破迷团，力图自立，拔出黑暗而登于光明；上以雪既往众女子之奇冤，
下以造未来众女子之幸福，使之男女平等，无偏无颇；解其幽囚束缚之
苦，御其凌虐蹂躏之残；复个人自主之权，遂造物仁爱之旨，以协力自
强，立于人群竞争间。此吾之所馨香祷祝，以盼于重造世界之英雄也。
吾同胞，吾同胞，盍一奋然兴起乎？

（原载 1904 年 5 月 24 日《大公报》）

兴女权贵有坚忍之志

登山者，不可畏路径之崎岖；涉海者，不可畏风波之险恶；创伟业者，不可畏事体之艰难。窃维中国人心涣散，志气不坚，发一言辄模棱，举一事类团沙。或空言无补，或有始无终，或事已垂成，往往因顽固之阻挠，而意兴颓败，致使功废半途，为后世之遗憾。我女子不幸而生于支那，憔悴于压制之下，呻吟于桎梏之中，久无复生人趣。岂知物极则反，忽而有男女平权之倡，此又不幸中之大幸也。夫女权一事，在外国则为旧例，在中国则属创举；外国则视为公理，中国则视为背逆。盖彼顽固之辈，据惟我独尊之见，已深印入脑筋，牢不可破，讵能以二三书之笔墨争哉！虽然，刚刃可折，不可使曲；匹夫可杀，志不可夺。彼强权者，亦视吾有牛马驯伏之性，故被以羁轭耳。若我有自立之性质，彼虽有极强之压力，适足以激吾自立之志气，增吾自立之进步，亦何虑乎？夫以二万万之生灵，五千年之冤狱，虽必待彼苍降一绝世伟人，大声疾呼，特立独行，为之倡率；终须我女子之痛除旧习，各自维新，人人有独立之思想，人人有自主之魄力，然后可以众志成城，虽无尺寸之柄，自能奏奇功于无形，获最后之战胜。但今之兴女权者，较创国家、夺疆土为尤难。创国业者，犹众人之所共闻也，历史之所共见也。若女权，则我中国闭关自守，数千年来从无一人发此问题，为众人耳所未闻，目所未见。男子闻之，固叱为怪异矣；即女子受压制之教育，既成习惯，乍语以此二字，亦必茫然不解。是必须先为之易旧脑筋，造新魄力，然后再为之出暗世界，辟新乾坤，岂非较之创国尤难乎？而女权之兴，虽较创国为难，若告厥成功之日，则其功较创国独伟，其利益较皇祚独重，其幸福且将永久享受而无穷。自丁酉、戊戌以来，女学始萌芽于上海，骎骎乎颇有进步。迨至今日，则女学校立矣，女学会开矣，女报馆设矣，女子游学之风行矣。此不过草创伊始，为日未久，故尚待改良，徐图精进。然行之日久，我女子岂不能实收回其固有权利乎？今欲求持久，则力有不足，且顽固诸辈，复压制阻扰之，其何以能成此宏功，偿此大愿哉？则曰"贵有坚忍之志"而已。使吾二万万同胞，各具百折不挠之定见，则阻力愈大，进步愈速。处此黑暗世界，野蛮之辈甚多，迂腐之习未改，訾诋谤诽，自所不免。而事之有益于众生，无害于国家者，我女流必人人皆视为应尽之责任，宁冒万死而不辞。虽能糜其身，而不能夺其志；虽能阻其事，而不能缄其口；虽能毁其名，而不能馁其气。竭力为之，今日不成，明日为之；明日不成，后日为之，鞠躬尽瘁，死而后已。果能如此，而终不获与男子同趋于文明教化之途，为平等自由之人者，则余未之信也。若有其志而不思达其愿，勤厥始而不免怠厥终者，则贻同志之羞，与顽固以口实。所谓'胜则王侯，败则贼寇'，遭后世之唾骂，反不若今日之不兴此女学、不倡此女权之为妙也。与其蜷伏哀鸣，何如登高痛哭？近世哲学家曰，二十世纪为女权发达之时代。是为二百兆女子祸福转移之大关键。时哉不可失，海内同志诸君子，其共勉之哉！

（原载 1904 年 6 月 13 日《大公报》）

教育为立国之本

今日之世界，竞争之世界也。物相竞争，优胜劣败，固天演之公例。而我中国不克优胜于世界者，其故何在？愚弱而已。何以愚？不学则愚也；何以弱？不智则弱也。既愚弱，自危亡；欲救危亡，非学不可。故竞争风潮剧烈之时代，即学术发达之时代。近日欧美之日臻于富强，互争雄于二十世纪者，亦由学校之盛而已。故学校者，教育之地，人才所出之渊薮也。凡国家欲求存立，必以兴学校、隆教育为根本。吾中国自迭经甲午、庚子之难，朝野上下竞言变法，以求达于富强之目的。今日甲献一策曰理财，明日乙献一策曰练兵，诸如此类，不可枚举。虽曰理财为养民之本，练兵为保国之本，然国之本果以财为可恃乎？果以兵为可恃乎？此吾之所以不能已于言者也。当今时代固为战争之世界，风潮冲突，声撼天地，其所争者有三：曰兵，曰商，曰学术。若以兵战为可恃，则亚历山、拿波伦辈，当其盛也，威震全欧，然一败之后，则武略亦随之而灭矣；若以商战为可恃，则上古埃及、波斯等国，工艺懋迁等事未尝不精，而至今竟散为流亡之种族矣。于世界中所被最广、久而弥彰者，其惟学术一道乎？如培根、笛卡儿、孟德斯鸠、卢梭诸人，皆握转移世界之大权，为十九世纪文明之原动力，其关系于世界，岂浅鲜哉？故欲立国者，必以兴学校、隆教育为当今之急务。教育者，国家之基础，社会之枢纽也。先明教育，然后内政外交，文修武备，工艺商业诸端，始能运转自由，操纵如意。若教育一日不讲，则民智一日不开；民智不开，则冥顽愚蠢，是非不辨，利害不知。所知者，独自私自利而已。以不辨是非，不知利害，但知自私之人，而从事于所谓理财、练兵、工艺、商业诸端，其不北辙南辕舍本逐末者几希。古语谓“工欲善其事，必先利其器”，而教育者，所以培植甄陶此种种人材也。不然者，以中国之地大物博，富甲全球，然自己不能理其财，自己不能享其利，如几上之肉，只供外人之攘取争夺，纷纷扰扰，狼视鹰集，分之不匀，且迁怒于我。故国有利源而无教育，如室有资财而无主人，徒启群盗之争端，为致乱取亡之捷径。至于练兵，若不从教育入手，则无爱国之精神，无军人之资格。平日奴颜婢膝，不过畏我之威，利其数金月饷耳。倘使威势一败，则转而奔走，为敌人之爪牙矣。至若专制学堂，时人谓之为制造奴隶厂，以其志趣，不过借为富贵利禄之阶梯，而毫无国家思想，绝少爱群公心。往往借通几句洋语，反挟外人势力而鱼肉同种，殊堪痛恨。故立国之道，在有完全美善之教育以培植根本。不然，虽有财而不能为我享，虽有人而不能为我用，尚安望争雄于各国，竞存于世界乎？故今日中国者，欲求富强之根本，非兴学校、为普通强迫教育不可。或曰：中国当此阽危万状、迫不及待之时，方整军经武之不遑，何暇为此迂腐缓图乎？答之曰：孟子不云乎，"七年之病，求三年之艾，苟为不蓄，终身不得"，则今日中国之教育是也。

（原载 1904 年 6 月 18 日《大公报》）

论某督札幼稚园公文

学堂者，培养人材之地，赖以强种保国者也。故有国家者，无不以学堂为立国之根本。国者，合男女众民而成也，则男女之学务，必当并重，不可偏废。此为东西各国所公认，无待赘述者也。倘非丧心病狂，冥顽不灵者，必无敢从而非之，从而阻之者。顾其事如此重要，必学识高超，品行纯粹者，方可掌办理之权，立身学界之内。而逢迎附会，惟利是图者，只可夤缘于腐败官场，奔走于纷杂市井之间；犹之蛆虫，只能蠕蚀于粪壤之内也。今我国学界之腐败，不惟任用之非人，且时有出而阻挠者。以群小而乱要务，为目击者所痛心。兹不料此辈鬼蜮蟊贼，复混迹入我高尚芳洁之女学界中而挠乱之。嗟乎！天胡不吊，使支那学界之多事哉？

予常语人曰：今之兴女学者，每以立母教，助夫训子为义务。虽然，女子者，国民之母也，安敢辞教之责任？若谓除此之外，则女子之义务为已尽，则失之过甚矣。殊不知女子亦国家之一分子，即当尽国民义务，担国家之责任，具政治之思想，享公共之权利。盖中国者，非尽男子之中国，亦女子之中国也。兹某督札文谓女子入学，只令其讲习为乳媪及保姆，以保育幼儿之事。噫嘻！试问我高尚独立之女国民，肯甘心为服役幼儿之乳媪、保姆乎？某督者，何轻人太甚！诚可谓之目盲心死矣。且为奴隶则亦已耳，何必建一学堂，使入学习，方出为奴隶耶？向来各省之男学堂，被人呼为奴隶学堂，今不料复出有乳媪学堂，无独有偶，耗矣哀哉！何我中国人民，不分男女，皆学为奴隶？奴隶之原因，已先兆于此恐我四百兆种族，终不免为外人奴隶之一日矣。

又云：聚集妇女至六七十人之多，诚恐习染纷歧，流弊滋多云云。若谓女学堂为不应设乎？则虽仅聚集六七人亦不可也；若谓女学堂为应设乎，则虽聚集六七千人亦无妨也。若聚众则滋流弊，然则彼督抚署中及各局、厂、关卡等处，其上下贪黩，朋比为奸，而病民误国者，奚止六七十人？乃不防之于彼，独防之于向学之女学生，何其舍近而逐远也！总之凡事只在教育有道，办理得法，自免流弊。若畏其聚众，而解散之，殊乖合群之义。如一国之内，男女聚集者，必万亿兆人，亦将解散之使为流民，以杜弊端乎？

又云：挑选粗通文理之节妇一百名，并挑选略能识字之乳媪一百名，建一讲堂，讲习保育幼儿之事。以备将来绅富之家，延充女师之选；以备将来绅富之家，雇用乳媪之选云云。呜呼！在培养国民之学堂，则虽六七十人亦以为多；在制造奴隶之学堂，则虽二百名亦不以为多。是不在数之多寡，只在为如何之用耳，其意显然。且欲挑选略能识字通文者，中国大家妇女，亦多目不识丁；于节妇中选之，已属不易；况于贫贱为乳媪者选之，其可得乎？果能于乳媪中选出百名识字者，是亦中国之一大异事，大快事，而中国女学之盛，已达极点矣。其故作此言耶？抑不解事耶？疆臣大吏，于土俗民情，尚瞢然不知，遑言其他。

然其宗旨，无论为保姆，为乳媪，总不出备绅富家之用一语；则此学堂为绅富设而已，与绅富有益而已，非为国家设也，与平民无益也。而绅富占国中之少数，平民占国中之多数。以少数为重乎？以多数为重乎？不见本年五月间之上谕乎，谓朝廷之置大小官吏，皆为人民所设。然则朝廷亦未尝不重平民。乃某督竟公然舍平民而重绅富，鄙俗之心，见诸公文矣。绅富所用仆役，乃至劳堂堂总督，为之设学堂制造以供其选。嗟夫！今而后吾知绅富之可贵矣。势利熏心，满身铜臭。以铜臭之人，办乳臭之学堂，谁曰不宜！

（原载《女子世界》第 9 期，1904 年 9 月）

论上海宜设女学报及女学调查会

凡一国革新之际，必头绪纷纭，万端待理，然其第一切要之事，则莫如教育。盖教育者，国民再造之机关，国家命脉之所存系也。吾国自变法以来，举国以兴学为急务，固得其要领矣。识时之士，更为探本穷源之策，而提倡女学。是以近数年间，凡通都要埠，莫不逐渐开办女学堂，而女学生之出洋者，亦以日多。上海一邑，尤为女学会萃之区。姑毋论其内容如何，即表面观之，亦勃然灿然，一文明之现象矣。然窃尚有所戚戚于怀而不能自已者，则以吾国女学，当此幼稚时代，纷歧复杂，未能统一。宗旨既殊，门径各异，少相关之情，无调查之会，一任其自消自长于冥漠之中。欲求其改良进化，速发达而无堕落，以臻于完美之境，亦大难矣。且沪上人物殷繁，风气奢靡，虽日接文明之气，然岂无一二恶风劣俗，混入其间？是又须吾女学界诸君，有抉择力，有淘汰力，有消化力，然后方能受其益而祛其弊。然此等识力，求于青年之女学生，实非易易。然则补救之术将何如哉？或谓若统归国家摄理，划定规制，编定教科，提纲挈领，而一事权，则不致散漫无稽，冥行而盲进。然而为此说者，亦非吾所敢闻也。何则？无论此说之于现时事势不可行，即能行矣，而不观今日之男学校乎？风潮冲突，层见叠出，官府兴学之宗旨，恒与国民教育主义相反对。男子尚如此，其待女子，更可知矣。夫由前之说，放任之弊也；由后之说，干涉之弊也：是均未能尽善也。然则究何以维持而匡正之乎？无已，其仍求之我国民自治之道。自治之道奈何？曰是在我国人之有真心实力者，出其毅力，固立团体。创一机关，以互相稽察，为互相监督，则我女学界之前途，庶有豸乎！

报纸者，近人所谓社会之监督，国民之向导也。且凡读书者，莫不阅报纸，即莫不受其感化。故报纸恒握操纵学界之权，而适能于学校之外，补教育之不足。故近年以来，各种之科学，皆有专门之报，以助其发达；独我女学，尚付阙如。虽偶出一二种，其体例亦未称完善，一似女界之杂志，并非专讲女学者。且多尚浮华虚饰之辞，而无精当确实之理。故其于女学界之势力也亦甚微。今宜创一女学丛报，月出二册，专讲女学，以纯正之宗旨，透辟之识力，主持清议。凡教育之原理，女学之讲义，皆不厌其详。凡学堂之优劣，学课之高下，学制之变更，亦潜心探访，随时登录，褒之贬之，俾知所劝戒，则劣者有惕励，而勤者益奋勉矣。

其外宜设立女学调查会，东西洋各种事业，皆重调查。一业有一业之调查，一地有一地之调查，随时报告，以通声息，故能察其消长，悉其利弊，辨其得失，因得从此以改良。夫办事之方，必出以理想，加以参考，经以实验，方知有所去取也。吾国女学，草创之始，一切未从实地经验。兼之师范乏人，教授、管理之方法，未免失宜。加以各各分立，声息隔阂：甲处有所经验而改革，乙处固未知也，且将率而行之；乙处既已经验而心得，丙处犹未知也，更无从仿而效之。辗转遗误，暗中摸索，其稽延时日，可胜道哉；今若实力调查，详明揭示，俾令办学务者，于得失利弊，了如指掌，则有所抉择，不惮改革。且为各女学互通声息，互相联络之机关，果能行之如法，吾知女学进化之速，当可翘足待也。近者闻苏州设立私塾改良会，以热心教育之士，行其实行主义，以改良各私塾，其影响于我国前途者颇大。彼蒙、小学之学生，何其幸也。惟我女学，尚未闻有经营筹画，谋所以改良之者。其故何耶？夫强国之道，固以兴学为本源。而女学尤为根本之根本，源头之源头。本之不固，其枝不荣；源之不清，其流必浊；其理固莫易也。然则今日女学改良一事，乌得目为缓图而恝置之也哉？

按：中国女学，诚为当务之急。记者每思有所贡献，只以未得暇晷，尚未如愿。兹得吕女士来稿，以女士而谈女学，其中肯明切，自不待言矣。然窃更有所进者。女学之当团结、当划一固也，而尤当注意实业。何则？一草木之荣也，始有种，继有本，而后乃有花叶；一人一国之发达也，始于开通，继以实力，而后乃放文明之光华。未开通而用实力，其实力未能当也；无实力而仿文明，其文明不过忽现之花而已，无益于事也。今者男学生之求学，渐知由空谈而入实业矣，我谓女界其尤急。（录《时报》）

（原载《教育杂志》第 12 期，1905 年 9 月 13 日）

参观北京豫教女学堂演说

敝人孤陋无学，窃闻京师为首善之区，且女学渐次兴立，亟欲一游以观其盛。兹乘新年休学之暇，前来参观于豫教女学堂。时值皇后千秋令节，学堂中循例举行庆典，借伸爱国之忱。是时师生咸集，约数十人，其秩序之整齐，规条之严肃，令人见之钦羡无已。此诚为女界文明之现象，亦中国前途之幸福也。敝人厕身学界，敢不敬献数言，为女界贺，并为中国前途贺？夫女学之关系最大。凡世界文化之消长，国家之强弱，种族之优劣，社会之隆污，莫不视女学盛衰为比例。不见今日所称文明中心点之美利坚乎？据千八百九十九年调查，大学以次及各专门学校女生，约在四万人以上。若东洋崛起之国，以蕞尔三岛之地，其高等女校亦不下数十区，寻常小学校无处无之，其盛兴如此。若女学不昌之国，如中国、朝鲜、印度、波斯、土耳其是已。而反观其国势为何如耶？吾国妇女之势力，只能行之于家庭，不能行之于社会。惟其不能直接行之于社会也，故反能以间接之力为社会生恶魔、造恶因焉。请详其说。吾国人数号四百兆，女学不兴，已废其半。不宁唯是，彼二百兆之男子，被家室牵累，颓丧其志，相率沦于困苦之境，而迫成卑鄙苟且之行为者，莫不因以一人而兼养数人之故也。孟子曰："民无恒产，斯无恒心。苟无恒心，放辟邪侈，救死不赡，奚暇礼义？"管子曰："仓廪实而知礼节，衣食足而知荣辱。"岂不然哉？今再进一说，则人知成立者，胥赖家庭教育定其基也。西方之谚曰："摇篮所学，入墓方休。"诚以儿童幼时血气未定，有所习染，壮大难移，所谓"少成若天性"也。苟为母者不明道德，曷以教子？就此四百兆之民而论，其已长成者居其半，其尚未成人者亦居其半。此半部分之国民，孰不由妇人之手熏陶而养育之？则女学之兴顾可缓哉？吾更为女学生贡其词曰：君等赖人以生，其困苦者无论矣；即荣贵者亦何尝不仰人鼻息，岂少家庭之隐痛哉？今欲脱此苦境，舍求学末由矣。若西国女子，多学问优长，故能各执其业，与男子分道扬镳。若美国之的沙丁省，有一女子之煤油公司，其间总办、佣役出入交涉，无一不以女子任之，且皆未嫁之女，有夫者亦不许入，更无论男子也。其他工厂执役，学校教师，报馆主笔，女子操其业者以数十万计。其自立之能力如此，更何有幽囚束缚之苦哉？不惟此也，方今学校日多，男子必人人获受教育。男女之学问既分高下，资格亦因之有优劣之别。交际之间，家庭之内，相形见绌，自不能致亲爱和平之幸福。乌乎！诸君能不早为之计哉？今吾国女学已有勃然发动之机，诸君果能从此立志求学，猛进文明，则岂独让彼东西女子专美于前？行见二十世纪东亚之舞台上，必英俊之女子与豪侠之男儿互相辉映，并驾齐驱。此敝人所夙兴夜寐，馨香而祷祝之者也。

（原载《中华报》第 412 册，1906 年 2 月 12 日）

兴女学议

绪 论

今日中国女学之当兴，有识者固类能言之，无俟敷陈矣。然而教育之道，至繁且赜。况女子教育，尤为吾国前此未有之创举，若骤欲举而措之，有如望洋不辨涯涘，其难于着手也必矣。盖当此新旧递嬗时代，复杂烦乱，言不一致，是贵乎斟酌损益，而出以权衡审慎之心。苟属吾之所长，则必培植而拥护之，使其得完全之发育；属吾之所短，则必采撷而补缀之，俾得随时代而进化。是以教育必于个人、家族、社会、国际各方面上着想，而使之圆满无缺，然后成为一国之教育。总括之则不外内察特性，外对世界，以确立教育之鹄，相其缓急，循序渐进而已。兹特觕缕陈之。

甲 宗旨

凡立国者，必保其固有之特性，以为基本，所谓精神是也。故教育之道，亦必就其固有之特性而扩充之。然而察吾国女子之特性，固猥琐陋劣，汶汶汩汩，无一长之可取。其思想之锢蔽，器量之狭隘，才力之短绌，行为之贪鄙，几无一点可以副个人之天职。其灵敏、坚忍、勤劳、慈爱诸美德，皆汨没而不彰。呜呼！世或谓女子之特性固如是乎？殆数千年之政教风俗，有以致之，而养成此第二之天性耳。今欲复其天然之美质，则必先铲除其种种习染之劣点始。吾国女子之教育，为驱策服役而设，小之起于威仪容止，大之极于心身性命，充其量之所极，不过由个人而进为家族主义，绝无对群体之观念，故其所及也狭。欧美女子之教育，为生存竞争而设，凡一切道德、智识，无不使与男子受同等之学业。故其思想之发达，亦与男子齐驱竞进，是由个人主义而进为国家主义，故其所及也广。然当此时势，立此世界，有教育之责者，于此二种主义，孰去孰取乎？必有所了然矣。故以为今日女子之教育，必授以世界普通知识，使对于家不失为完全之个人，对于国不失为完全之国民而已。

乙　办法

女学为今日创举之事，必以讲求办法为最要。倘办理失宜，虽有极纯正之宗旨，极完备之学科，而亦不能达其目的，收其效果，徒托空谈而已。甚且内则冲突丛脞，自相纷扰；外则抵间投隙，诋毁纷来。成绩未收，事体已解。吾人有兴学之责者，能不审顾周详，慎之于始乎？兹撮其要端如左：

一、管理

学校有公立、私立、官立之别，故其职员之组织，亦各不同，兹不具论。然而学校与国家同为有机体之物。机体者，如五官百骸之属于脑筋，可以联络贯通，互相为用，故治一校如治一国焉。推治理之意义，实包括一切组织实施、监督护理等事。而总言之，女学校事务繁琐，过于男学校，故管理之关系尤重。现时我国女校，有用男子为管理者，有用女子为管理者。然就现时女子之程度而论，其学识、能力，实多逊于男子，是宜用男子管理，始克整齐。就事体论，则管理者校长之职也，教授者教师之职也。然而教授之与管理，固互相联络，不可须臾离者，则教师之与校长，固同兼训练、管理之职矣。盖校长保其秩序，行其法令，属于形式上之作用；教师则监视其心志，限制其嗜欲，涵养其性质，属于精神上之作用。世或有以管理为校长之专职，而抑制教师之权者，则教师于训练上必多掣肘，只得敷衍故事，以塞其责，所谓"精神之教育"者，杳乎不可得矣。且一校之务，必校长总其纲，教师理其绪，方能指臂相应，期于全体改进。日本清水直义所著《实验学校行政法》，谓"学校行政机关，校长属第一阶级，教师属第二阶级，若职事员则责任较轻矣。故教师不特有教授训练之责，凡学校内外事件，均责无旁贷"云云。噫！是殆深明教育之机关者矣。

二、法律

法律为维持社会之要素。一学校一小社会也，故以法律精严为第一义。或曰：法律属形式上之作用，何与乎精神之教育也？殊不知一校之中，修业无定时，器什无定位，言笑无常度，其学业之荒废，不问可知矣。若入其校舍，形式肃然，条理井然，其内容之完善，亦不问可知矣。盖形式者精神之表著也。形式不具，精神何托？世或谓宜弃形式而取精神者，特矫枉过正之辞耳。是以抱实行之主义者，凡举一事，必以厘定法则始。况女子者素无对社会之公德，最不知维持秩序、循守法律者也。骤聚数什百不教之人于一堂，必起争诟心、嫉妒心、非笑心、猜疑心，纷然并作。苟无法律以范围之，必移其向日勃谿于家庭之习惯，而诟谇于学舍矣，不至冲突解散而不止。故必须设严密之法律，以扶持维系于其间。然而女子者素安于逸居无教之习，骤施以过严之法律，必不乐于服从，转蹈知法犯法之弊。是宜于平时教育之中，为讲晰法律之理。司法者先自守法，躬行倡率，引掖诱导，以养成爱护法律之精神，且为他日入社会之基础，斯为得矣。

三、教师之选聘

吾国今日教师之选，亦大难矣，而女师为尤难。虽资格不求过高，然必须品性纯正、年力富强、学问通顺者，方可备用。鄙陋寡德之流，固不堪为人表率，即老弱之辈，亦何能胜教育之任？盖今日教育至为繁难，体力衰弱，于讲演训练上，必失其精神，师生之间，亦不能性情融洽，致〈失〉亲爱之情，于学业之进步，大为阻碍。至其学问，只以明达通顺为及格，而尤在能阅心理学等书，方能得教育之要领。虽然，犹有一切近问题，则校中宜用女师或男师，亦今日所应研究者也。就事体论，女校而用女师，最为适宜。且女子者人类天然之师保也，其慈爱勤劳，无微不至，与儿童之性质最能禽合；其训练诱导乃固有之习惯，使任教育颇得其宜。美国女子充小学校教师者，得百分之九十四五。英国女学校教师，皆以女子为之，日本则有以男子为女学校之教师者。惟男学与女学之发达，既先后不同，故女子于高等学理，尚逊于男子。欧美且然，况吾国乎？虽吾国女学初兴，课程简易，各处卒业之女生，未尝不能胜任，然而为数已寡，有应接不暇之势。风气未开之地，恐因浮议而生阻力，且学者多顾忌不前，固不得不用女师；若风气已开之处，终以用男师为宜。

四、学生之资格

学生之资质，以身体健全、年龄少小为合格。若其体已衰，其脑已旧，其劣根性已成，虽无论如何淘炼，终难见其效果。盖人之所以成为人者，由天赋、人力二者相合而成。天赋者固有之特性也；人力者教育之功也。当其未成人格之时，天赋之性未定，则可全以人力转移而铸造之。由其脑质纯洁，若素丝之受染，施以朱则朱，施以墨则墨也。若年齿已长，则习染已深，则性质已定，教育之功，不过裁〔栽〕培之，灌溉之，发达其不足，以至于圆满而已。此就学之年龄，宜为厘定者也。然而学生有特别之性质者，尤当注意。因一校之中，必有一校之习尚，所谓"校风"是也。若天性恶劣，其才复足以济其恶者，每传染同侪而颓堕校风，且召外界之阻力。此必剔去之，以免病群，亦去害马、除莨莠之法也。特宜出以审慎，不可轻率为之耳。

丙　德育

德育者为学界中可进不可退之要点，而又为近世学界中之最难进化、最易堕落者也。盖人之智慧辟则谲诈愈多，而天真愈失。每见荒僻乡隅，其民情醇朴，繁盛都会，必风气浇漓，此其明证也。故凡儿童入学之初，虽教以种种科学，以发达其智识，而尤须引掖诱导，养成道德之心，以定其立身之基础。否则各种学业虽极发达，而如无舵之舟，飘流靡定，所有智慧，适足以济其恶、败其德而已。顾近世教育家，讵不解注重此点？然以其难于着手，非若他项实学其成绩易见也，故每从而忽略之，而惟致力于智育。殊不知近世学者，其眼光所注射，心力所经营，已专着意于智识矣。盖世尚竞争，人趋利益。智之所竞，则钩心斗角；利之所在，或舍命忘身。此所以日汲汲于艺术智识之途，体力之疲乏，尚不暇计及，更遑恤道德之堕落哉！况青年之女学生，学识浅薄，志操不坚，易于摇惑。其真具文明之资格者，固不乏人；其弁髦道德、踰闲荡检、授顽固以口实者，尤比比然也。盖物质上之智识相积，道德上之观念即与之相消。苟欲矫正此弊，则女〔必〕以研究精神之教育而后可。

道德者人类所公共而有者也。世每别之曰"女德"，推其意义，盖视女子为男子之附属物。其教育之道，只求就男子之便利为目的，而不知一室之中，夫夫妇妇，自应各尽其道，无所谓"男德"、"女德"也。泰西伦理分四大纲，曰对一己之伦理，对家庭之伦理，对社会之伦理，对国家之伦理，而未闻偏限于一部分也。立此优胜劣败之世界，既欲以教育为强国之本者，而教以不完全之道德乌乎可？

一、自修

凡人之讲道德，必自修养其私德始。私德者何？即对一己之伦理也。而吾国之论女德者，曰温顺，曰贞节，此外无可称者。夫温顺贞节固优美矣，而其丧德败品，隐然而潜伏者，殆百什倍于此也。盖女子不事生业，嗷然待哺于人，一生之苦乐，胥视一人之好恶，故一切卑屈诐媚、嫉妒阴险、寡廉丧耻之事，势不得免。寖久遂成固有之物性，且以之传染其子女。故吾国民格之卑鄙者，未始非母教有以胎之也。今苟欲养成道德之国民，则必自培养女子私德始；培养女子私德，必授以实业，使得自养始。管子曰："仓廪实而知礼节，衣食足而知荣辱。"孔子曰："富而后教之。"旨哉言乎！盖私德者立身之本也。必能自养，而后能自立；能自立，而后能讲立身之道。

二、实践

道德者，能在实行而不徒取其理论也。夫行之维艰，古有明训。任教育者，苟不着意于实践，终难收其效果。吾女子素无与于外事，则以对待家族为道德实践之始。如孝父母，和昆弟，养舅姑，助良人，御婢仆，睦乡党，皆尽其情理，守其秩序，俾家族之间，日益昌盛，此女子之专职也。然而女学不兴，则乏家族之教育。养于深闺，习于骄情，詈鸡骂犬，谇帚阋墙，戚友以细故而生隙，骨肉因谗构而乖离。颓风恶俗，其流毒于社会者匪浅，此家政学所宜急讲也。其次则入学交友，为入社会之始。学校者聚数什百乡里不同、面貌不同、性情不同之人于一堂，朝夕相处，此最亲密团结之社会也，故必须守法律，维秩序，以公益为怀。凡有骄傲谄媚、煽惑欺诈等情，教师必随处默察，一有所知，必立即纠正，而晓以忠恕之大义。此等关系最巨，不可视为课外之事而忽略之也。盖人群公共之处，倘有违犯而遭斥责者，则自知此等行为，不容于社会，势不得不改过而迁善，久之则自养成纯良之性质矣。

三、涵养德性之法

教育者，贵能矫正其偏诐之性情，而发扬其固有之美德，复授以各种学术，俾熏陶濡染，积久而与之俱化，则教育之功达矣。吾国女子，本有独立自治之能力，勤劳慈爱之美德，就外表之形质论，吾后起之女学生，虽不逮欧美女子之气象，而其一种挺然独立之姿，已非彼邻国之女子所得比肩。受数千年足不出户之束缚，一旦开禁，则以孑然弱质，游学于数万里之外者，踵相接，非富于独立之性，曷能臻此？其他若勤俭、慈爱等事，尤出于天性。其所缺者特国家思想耳。若能因势而扩充之，必能养成最优之民族。前此之所以猥琐狭隘，见识种种偏谬者，概因幽囚束缚所致，故必急去其锢蔽旧俗、而开展其胸襟为最要。

属于道德之学科者，则修身、文学、哲学、历史、传记、音乐、诗歌是也。修身为各科之首，课本固须完善，而尤在教师讲学之得法与否，能动人感情与否。文学、哲学，为研究一切学理之本，以养其高尚之思想。历史、传记，载历代兴亡及圣贤豪杰之遗事，是宜取其最有兴会之文，以激刺其脑筋，俾想象当年之状态，而发爱国之忱。若讲演失其精神，或取陈腐无味者研究之，则徒病学生脑力，殊不得其益。至音乐、诗歌，尤为陶冶性情之要件。盖女子天生富于感情，若观剧及披阅小说，每流连感叹，不能自已。若使聆清妙之音，美感之歌，必悠然神往，与之俱化。苟于其中寓教育之意，其胜于教科书之讲解者多矣。移风易俗，莫善于乐，岂不然哉？

学课之外，寄宿舍之事件，尤须留意养其勤俭慈爱之德。凡一切洗濯洒扫，须令各自操作，毋使长骄惰之习。学课用品须俭省爱惜，毋得纸墨狼藉，任意涂抹。至起居饮食、休息温课等事，必立有定时，有条不紊，以为自治之习惯。若同学之间，尤贵敬长慈幼，互相资助，以联爱情。凡此诸端，皆女子实习之地，不可轻忽视之。盖寄宿舍者学校中之家庭也。留心于寄宿舍之整肃，即所以补家庭教育之不足。故监舍之人，是在有完足之精神，而富有教育之思想者。

丁 智育

人类之所以异于动物者，曰智识而已。盖智识为万事之原。苟精神上之智识圆满，则颖悟敏捷，而长于推理，道德之思想，于以发达，而社会成焉，此对于人事之知识也。明万物体质之构造，及其化合变迁之理，以供吾人之作用，此对于天然物之知识也。之二者，为人类生存之道，非此则无以立身；不随天演而渐灭，即为人力所欺侮。故吾女子道德之不讲，曰无知识故；体质之疲茶，曰无知识故；权利之沦丧，曰无知识故。今欲复其个人之天职，舍智育末由矣。顾世之俗论，曰使女子有知识，必于妇德有损；或曰女子之脑劣于男子，于知识上必不能发达。呜呼！是何所见之谬欤？殊不知知识者（谓精神之知识），所以辅道德之进化者也。彼愚蠢之妇，犹如鹿豕，事理不明，道德何有？至于脑质，则历经泰东西学者之考验，而迄无定论，安可以是等揣度之辞而阻之也？美国女子教育之盛，冠绝全球，其科学之深邃，思想之发达，人格之高尚，为世界所倾倒。以吾国不学之男子与之较，其程度相去，不啻天壤。故人之知识，当以受教育与否为断。昔吾国有康爱德及石美玉二女士者，游学美国，入墨尔斯根之大学，学中之学生，以数千计。卒业之期，二女士俱领得头等文凭，观者数千人，无不拍手咂舌，震动内外。当时总教习宣言于众曰："此后慎勿轻视支那人也！彼之才力，迥非我国所及。若此二女士者，与吾美之女作比例，愧无地矣。"呜呼！美国女学之盛如彼，吾国女子学于美者如此，其可以奋然兴矣。

一、普通学

欲造人格，必扩充其本性，而发达其全体，固不限于一方面而已也，故普通学尚焉。必具普通之知识，而后成为完全之人格。无论其日后治何职业，皆有根柢，而能自辟新理，以改良进化，不致故见自封也。世或疑以一人而兼习各种学业者，殆欲养成博士之誉乎？而不解普通之意旨，在取各种知识，合一炉而治之，融化贯通，互相为用，虽无论施之何事，皆非不学无术之可比矣。普通之科目，已略见前"德育"

中，兹更述其属于智育中之必修者如下：曰算数。算术之要旨，近之能熟习日常之计算，为经济上之关键；远之于世界事事物物，得统系之精神，为智育中至重之科。妇女治理家事，算术尤为生计之急需，虽不必求其高深，而必须便捷适用。若笔算、珠算、数学，宜审情酌势，择要而教之可耳。曰理科。世间一切物类，能察其现象，审其体质，则至于用者无穷，即治实业之基本也。且理科之价值，能养成精密之观察，以发育其天然之爱心，故须有形模标本，以备实验。其程度高者，更为讲析传声、生电、发光之理，及一切生物营养之原，使妇女能悉其涯略，自能破除种种荒谬迷信之见，不为习俗所囿矣。曰美术。学校中涵养优美感情及高尚资质者，美术实占其一大部分。而吾国女子于美术上天然适宜。当海禁未开以前，女界最为黑暗，然若班昭之文，卫铄之书，蔡琰之琴，管夫人之图画，薛灵芝〔芸〕之针黹，无不各擅绝技，前后媲美。沿至近代，尤指不胜屈。惜乎视为玩技，而无美术之理想耳。今若因势而利导之，收效最速，工艺亦借以发达矣。曰地理。研究地球体质形状及其运动之理，以及地面之水陆、区域、气候、动植、矿物之配置，人类职业、宗教、政治、文野之程度，及本国之大势，居何等地位，此为国民教育中之不可缺者也。我国女子，无国家思想，又无从涉及国际之事，则不得不于地理上，发育其爱国之心。爱国心者，爱家心之所以拓展也。故地理之学，必由本乡而本国而世界，俾于循序以进。其教之之法，虽发挥讲演及考验仪图，而须偏重于绘图。其区划都会交通之式，必熟于手而存于心，如一己之田亩产业，然后保护爱惜之心生焉。曰方言。处今日万国交通、智识竞化之时代，则各国方言，亦势所必需矣。但学者必须先通本国之文字，用笔以条达畅适、能发挥意致为及格，然后再择一二方言而习之，以为他日入专门之基础。若就国民程度而论，固不必急事于此，然当此崇尚欧化主义之时，则不可不先于女子着手，因女子最具转移社会之潜势力。女子而尚方言，是促社会之速于竞化也。惟沪滨一带，每尚洋文而轻国文，未免忘本，是在有教育之责者，急为矫正而已。

二、实业

吾国女子，于高等教育，固不暇言矣，即普通教育，亦多有谓不应授者。其言曰："女子只应治理家政，不宜与外事，故只授以应用之技艺可矣。"殊不知施教育者，国家之责任也；受教育者，国民之天职也；乌可以佣人及求佣之心为定计哉？若专以佣人为怀，则教育之极诣，不过造成高等奴隶斯已耳。或又曰："女子入学之志，求自立耳。只须授以工艺实业，使得自养。自养斯自立矣，安用习其他之科学为哉？"呜呼！女子之所急者，在具普通之知识，造成完全之人格。然后取其性之所近、材所特长者，授以专门之实业，因势利导，则无扞格不入之弊，学得其用矣。若知识未开，人格未成，而徒授以实业，是犹执喑哑聋瞽之人，而教以工艺，即足谓为完全教育，足以强吾国者乎？若吾国之工商，虽具种种勤勉耐劳之美德，一与欧美角逐于市场，而卒瞠乎其后。论者或归咎于国家无保护之力，或谓工艺之有保守而无竞进，或谓商情之涣散而无团体，未尝不言之有理，然而吾敢一言以断之，曰未受普通之国民教育故也。盖精神上之知识，发达未足，物质上智识，断不能臻于精密圆满之境。于男子尚如此，况女子乎？故吾谓女子自立之道，以实业为基；实业之学，以普通教育为始。

戊 体育

国家者个人之集合体也。若体育不讲，其害于国家、害于种族者，可胜言哉？况女子为国民之母，对国家有传种改良之义务。昔斯巴达有言曰："惟斯巴达妇人，能产育健儿。"虽为一时壮语，其妇人具特别倔强之体质，亦可想见；其武功烘照于历史者，有由来矣。就个人论，精神与体质，固互相关系也。譬之草木焉，必根柢结实，而后英华芬馥也；人必体质健壮，而后精神焕发也。卢梭氏曰："身体弱者心灵亦弱。"若是乎则乌可不注重于体育，以为智育之基础哉？但女子经数千年缠足穿耳之陋习，肢体戕贼，血气颓衰，积弱相传，身体素劣，稍事操劳，则脑痛心跳之疾，纷然并作。予见女学生如是者多矣，此予夙夜疚心而为抱憾者也。盖女子竞胜之心，实急切于男子，每用脑过度，不自休养。为女教师及为父兄者，复欲速见功效，而愈加驱策，不惜其体力，虽勇进于一时，而终致最后之失败。西医谓儿童智识早开，缘其脑早熟之故，是谓瘵病质。若以其智慧而奖励之，愈非儿童之幸福也。夫人为万物之灵，于智识上有天然之发达力，且为风潮之所驱，利禄之所迫，如火就燥，如水趋湿，不待鞭策，已相率直指其途而进矣。为教师者，正宜审其情势，而加以限制，乌可以揠苗助长之手段，而碍其天然之发育哉？虽然，学生受病之源，固不独此，其属于卫生之事件尤多，请述其要端如下：

一、卫生

教室之中，几椅高低之不适度，空气、光线配付之不当，休息、受业时间不均，皆有害于身体之发育。其尤要之点，则饮食是也。饮食不精，即无以滋养。然公众之所，司厨者每蹈中饱之弊，只求樽盘之仪式，不问其能下咽与否。故学堂之风潮，起于饮食者多矣。管理人反责学生以入学为求学计，非为哺馂计。噫！诚不通之甚矣。至房舍之内，住宿者多，炭气最重，必常开窗户，使之疏通。呼吸唾咳尤应留意。学校中生徒众多，难保无肺病痨疾者。若使多人共一唾盂，且不洗涤，则微生物随呼吸而传染，为害最甚。至于精神上卫生，则以树木清旷之地，为学生敖游嬉戏之所，以导其活泼快乐之天机。女子性多忧郁，最能伤身。欲救此病，莫善于此，一以发身心之愉快，一以使学生视学校为快乐之公家，而生其爱恋之情也。

二、体操

吾国闺秀，非伏案读书，则垂头刺绣，以致腰脊屈曲如弯弧状。无论其害于身体，即仪表上亦不雅观。若与彼白色人种，挺胸直干相较，无不自惭形秽。岂昔所谓"女德"中之"妇容"者，必须此文弱之态欤？今欲矫正其体态，则非体操不为功。体操者矫正其体态，使之活泼健全也。不宁惟是，尤在养成守秩序、尚公同之习惯，进退起伏，悉从一致，不得以一人而破群体，他日对社会之公德，准于此矣。欧美体操多先由医师验其体格，察其年岁，分类编列，以适宜者教之。吾国女学初习体操，正宜仿此，不得为过激之运动，而转以致伤也。美国女子有习兵操者，上海某女校亦曾效之，虽取尚武之精神，而究为躐等。

结　论

以上诸端，于教育之浅理，已言之略备矣。然更有一最后之问题，则教者欲教成何等之人，学者将来之义务何在是也。若曰欲教成完全自立之人，于国于家两有裨益，是说也，未尝不善。然吾闻之，欲一国臻于全盛之境，必人人有国民之资格，国民有统一之精神而后可。吾国逮至女学遍立、教育普及之时，不知迂缓至何日也。若曰："吾之见屈于男子者，由不能自立耳。苟能习成艺术，治实业以自养，自养斯自立矣。"此志也亦未尝不正。然而创女学者，提倡经营，不辞劳瘁，其所责望于学者何在？而学者所以偿之者，亦何在也？于是吾得而言之曰：今日之教育，播种而待结实者也，非分株而栽植也。教一人而待为大多数之用，非仅为个人之用也。顾欲令学者尽教育义务于将来，则必培植初级师范之材于现在。凡学校于三、四学年卒业之后，普通学已略具根柢，即加入教育学一门，且于本校之内，附设小学一区，令生徒教授而实习之，以养成初级之师范，此今日之急需也。方今女学有自然发达之机，不患其不兴，所患无师范之材耳。且教员在世界之位置，不甚荣显，职务又极劳瘁，乐就此职者甚鲜，故不得不预为培养其教育之心。果卒业者皆出而任教育之事，则十年之后，教育真普及矣。远识之君子，曷于此加之意焉？

（原载 1906 年 2 月 18—21、23—24、26—27 日《大公报》）

为郑教习开追悼会之演说

今日此会，系因北洋高等女学堂总教习郑夫人，勤劳教育，体质亏弱，因染病逝世。鄙人忝属同群，特开会追悼之。乃承诸君光临，敢不致谢。其开会宗旨，可分为二条，特敬陈如下。

（一）表学界之同情，并示此后合群之道。

方今有志之士，皆呃呃提倡女学，其热心毅力，良堪钦佩。顾世事非个人独立所能成者，是则合群之道，宜急讲矣。夫学校事体，与家庭不同。家庭中有血统之关系，具天然亲爱之性质，最易结合者也。而不善处家者，且骨肉冰炭，同室操戈。况以家族不同，性情面貌不同，语言习惯不同之大多数人，使终日相聚一堂哉！如各省男学堂，叠起风潮，酿破坏之结果。虽原因复杂，而不能合群，实为其通病。甚愿吾女界，毋再蹈此辙，自窒其进化之机。虽然，吾今以合群倡于女界，诸君必以为老生常谈而厌闻之，且訾吾拾人牙慧，而作此无谓之语也。然而究发于至诚，非寻常泛泛之口头禅可比，请诸君细审之。

据现在女学之势力言之，与男学实不能同日语。何则？男学已骎骎日盛，有颠扑不灭之势，女学则才苗芽耳，根基未坚固也，以办理法言之，男学易而女学难。女学在中国，为不习见之创举，动辄掣肘。加以女子向受锢蔽，识量狭隘，少团结社会之能力，多破坏社会之性质，古人所谓"谋及妇人，其事必败"是也。据是观之，女学将来为发达、为堕落，尚不可知。然吾疑将来设或不幸，其因必起于内。盖物腐虫生，必内界互相妒忌，互相排挤，卒至两败俱伤，而外界之阻力遝之。女学破坏，女界全体悉被其影响，所谓"覆巢之下无完卵，漏舟之中无完人"也。苟吾女学界诸君，和衷共济，则学课不完善，可徐图改作之，管理不合法，可徐图整饬之，必有达完美之一日，但恐不能相群，则变相百出，全体瓦解耳。今日之会悼郑教习也，然既已逝矣，安用絮絮作悼语哉？吾请以痛郑教习之心，移而痛女学界之前途可乎？近者各处女学，风潮叠起。常州粹化女学校，因请教习事，被两江学务处斥为不顾嫌疑，毫无忌惮，札府饬县，将教习撤换。松江清华女学校，因起谣诼，致经官集讯。而浙江乐清明强女学校，乃至被县官武断，吏役骚扰，几兴革命大狱。事既愈出而愈奇，势亦愈变而愈险。其详情亦不必言，但愿后此急讲合群之道，共求教育之改良进化，弭外患于无形，保女学之长立。毋使后人过女学之地址，如经古战场，女学之名词，成为中国历史上之陈迹，而睹此至不幸之事也。吾之为此言者非他，盖对于女学爱之深，则虑之切；虑之切，则不觉其言之沉痛耳。

（二）论凡人当尽义务于社会，宁死于社会，勿死于家庭。

昔者女子不与外事，故事业扩张之范围至狭。今丁此过渡时代，新感情，新思想，缤纷交触于脑，俯拾即是。而居中者至歧路彷徨，应接不暇，终自堕入困难纷扰之境而已，与社会固无所裨益也。夫女子居全国人数之半，举凡人种之淘汰与否，家教之隆污与否，皆身当其任，无可推诿。据大者言，过去之女子，为现在世界之母；现在之女子，为未来世界之母。其关系至重，故须抱一定之宗旨，毋徒追逐风气已也。如近时有志女士，或奔走国事，或提倡女权，其志愿之伟，令人惊叹，然大率终年碌碌，一无所成。盖事业与权利，皆随个人之资格而为进退者也。人格未成，且不能救己，遑言救国哉？为今之计，惟有极力求学。学成而后，展其经纶，偿其志愿，斯可耳。即对于女同胞之义务亦然。与其徒劳奔走为无意识之运动，何如讲求家庭教育外，兼研究社会教育之为得乎？

虽然，为社会尽力而勤劳以死，如郑教习者，有几人哉？浅识之人，观郑教习旅亡于外之惨状，且怀戒心，将来女学界聘教习之事尤难。盖今之充女教习者，多南北奔驰，辞家就聘，意外之虞在所难免。如家姊受电车之伤，几濒于死。苟深藏绣阁，乌有此事？况人之护惜生命，趋利避害，固生物之天性，无可讳亦不必讳也。而吾倡言为社会作牺牲者，讵矫情哉？然其中有区别焉。智者对于利益，舍小取大，舍短取长，在抉择之力耳。如人人莫不欲寿命之长，而至长百年，亦不过三万六千五百昼夜，此可消灭矣。惟智者能延长于世界，其法维何？则此身之外，更有世界也。有现在之世界，有未来之世界；有精神之世界，有理想之世界。现在之世界者，生存时之世界也；未来之世界者，死后之世界也。如此，郑教习已死，而我辈之聚会为郑教习也，则今日仍可称为郑教习之世界耳。精神世界者，形质亡而精神不灭。如孔子，如释迦，如耶稣，谢世已若干年矣，其道力深入人心，其精神常贯注世界。今日之世界，称为孔氏之世界可也，称为释氏之世界亦可也，称为耶氏之世界亦无不可也。理想之世界者，凡有特别思想之人，必有特别之希望，常于此身之外，别有一理想构成之世界于脑中。如郑教习平时以女学发达为希望，死后而女学盛兴，与其平时想象之光景正合，则其灵魂游行于此理想构成之世界是也。若凡庸之人，但有生存时之世界，与梦寐中之世界，身死则与草木同腐，不若前所言有不死者存也。吾此番言论，得毋近于宗教家之观念乎？然稍解哲理者定悟此旨，不尽以为荒谬。要而言之，作社会之牺牲，仍属利己主义。但庸俗之眼光，不及此耳。

更以至近理譬之。旧社会之妇女，因勃谿之苦，仳离之悲，而自戕者，不知凡几。昔曾调查自戕人数，女子恒多男子二倍。与其坎坷抑郁茹痛以亡，何如为社会勤劳而死？苟郑教习死而有知，地下相见，能不为若辈呼冤耶？吾以平时种种感情，发为是论，匪独于教育为然，愿吾人于所当尽之务，皆作如是观可也。

（原载《直隶教育杂志》第 2 年第 21 期，1907 年 1 月 14 日）

女子宜急结团体论

　　自欧美自由之风潮，掠太平洋而东也，于是我女同胞如梦方觉，知前此之种种压制束缚，无以副个人之原理，乃群起而竞言自立，竞言合群。或腾诸笔墨，或宣之演说，或远出游历，无不以自立合群为宗旨。纷纷纭纭，其热肠侠骨、真心爱群者固不乏人，而乘此风潮，以图炫耀于一时者，亦比比皆是。其从事笔墨者，则如荼如锦，一纸风行；其清辞善辩者，则灿花妙舌，娓娓动听；其远出游历者，则又以博望浮槎，顾盼以自豪。一时风起水涌，英雄女杰，层见叠出，不可谓非我女界之一线光明也。然而获名誉则弃义务矣，因私见则忘公益矣，其略能搦管为诗文论说者，既傲然自恃；而目能辨蟹行书，或手治专门学者，又若惟我独尊。平心而论，自立云云，私心希冀，不过如此，固然其无足怪。然吾窃异彼终日以合群为言，而必位置较我不相上下，性情与我颇相融洽，方引为同志。否则甲诋乙之无学，乙轻甲之无名，互相忌嫉，互相攻诋，欲合反离，各成孤立。小小之群不能合，遑言能达其目的，而获其益乎？嗟嗟！吾非谓我同胞人格之不高也，志趣之不壮也，吾寝食中、梦寐中，所崇拜、所希望、所亲爱之女同胞，吾焉肯訾议之？实以平日期望之者甚切，故责备之者甚深耳。或谓人之才能，各有不同，门户亦复互异，岂能强为联合？若第责其无爱国之心可矣，责以互相攻击可乎？盖有团体必有抵排，愈抵排而愈成团体。假令以汉文自负者，专结一研究汉文之团体，以洋文自负者，专结一研究洋文之团体，以科学自负者，专结一研究科学之团体，各立门户，分道而驰，以达其爱国之目的，亦何不可？故只当问其有爱国心与否，而不当徒以互相攻击责之也。斯言也，（某君在大同学校演说，盖为回护某女士之辞。然一语之微，影响甚大，不得不为矫正之。）予大不谓然。大凡人之所以攻触

〔击〕排抵者，为宗旨不同耳。若同具爱国心，则宗旨既同矣。而犹肆攻击抵排，是直忌人之技能，妒人之名誉，乌乎可也？何也？譬之人身，手足耳目鼻舌，所用各各不同，而各尽其能，彼此互用，聚成一体，未见其自相冲突，自相戕贼也。即使有之，亦必醉癫之狂汉，乌可以我女界而有此魔障也？夫好胜之心，自利之心，固为人之天性，无可讳言。但须熟为计算，舍短取长，舍小取大，斯为得耳。若舍大取小，舍长取短，于同群之中，各各竞争，冀以排倒他人而独立，相倾相轧，同室操戈，自相摧灭，一旦外患乘之，终至国亡家破，而身亦随之为奴隶，为牛马。呜呼！身且不保，遑计身外之利益哉！是何如结为团体，捍卫一国，而协力排倒他国，小则牺牲个人之利益，以图公共之利益，己身可借之以存立；大则如法兰西之革命，美之脱英而自立，流几多之颈血，掷几多之头颅，而得收今日之效果之为愈乎？而不然者，覆巢之下无完卵，漏舟之中无完人，我同胞且勿思幸免也。然此对于国家言之也。若于男女间论之，则不结团体，女权必不能兴，女权不兴，终必复受家庭压制。诸君以为今日已脱男子之羁轭，登自由之新世界乎？盖犹未也，不过才见影响，才苗根芽。若不合力培植，设或一旦倾覆，彼时压力，必益加重，非我女子所能任受。拟其祸害之止境，必匪仅今日自由之乐，名誉之荣，灭如泡影，且恐贻为将来之口实焉。语云"同舟遇风，则吴越人相救如左右手"。况我同胞既同在学界，又同一宗旨，吾辈而不能合群，更何望他辈之能合？此时而不能合群，更何望他时之能合？故吾深望同胞，急结成一完备坚固之大团体，一人倡而千百人附，如栽花焉，一粒种发为千丈树果，其根柢深厚，生机活泼，则同根之树，必无此枝荣彼枝悴之理。吾女同胞，特患狃于故态，不能结大团体耳，何患不收花簇文明之效果哉！而非然者，子矛子盾，自相抵触，吾窃有所不取矣。

（原载《中国女报》第 2 期，1907 年 3 月）

致篠骥君书

　　城不学无术之人耳，顾生性狷介，不甘泯然，侪于流俗，乃立志委身学界。虽然，吾国教育，尚在幼稚时代，男学且不易言，矧女学乎？方今通都大邑，固已私塾林立，弦诵相闻。然求其一定之主义、方针，则渺乎而不可得。或专教以家庭妇职，或杂进以各种技艺，以为女子教育范围，止于此矣。殊不知家族之间，相夫教子之道，不仅于织纴尸饔〔饔〕已也；以间接之力，扶翼社会之风教者，亦非区区物质上之智识而有裨也。欲造成一般为理想之国民，必先造一般理想之女子，必授女子以完全精神上之智识而后可。今之主持教育者，既欲启之，又欲遏之，狼跋〔顾〕狐疑，进退失据。盖以为民智开，则民权之思想生；女智开，则女权之思想生。且每谓女子不应与男子受同等之学业，故为此不完全之教育，以为预防之策。然而民权也，女权也，苟不出道德之范围，亦复何害？彼为害为乱者，正坐智识不熟之故耳。王阳明有言：知者百行之母。知识成熟，即为道德。梭革拉底氏亦持知行合一之说，尝曰：人之舍善而惟恶是趋者，由其知识不足，不善别择故也。中西哲言，若合符节，固无疑义矣。尊论谓中国于女子教育，持狭义之范围，必不足达完全之目的。唯有社会之观念者，乃能横纵古今，弥宇宙之缺陷。此亟为鄙人所拜服而感叹无已者也。顾吾国教育界，泯泯纷纷，迷其涯涘，更安得如左右之孤怀宏识，远瞩将来者哉？前者曾拟《女子教育会章程》稿，登诸《时报》，而绵力薄弱，应者殆寡。兹特录呈尊鉴。倘蒙志士，慨允赞助员之任，匡其不逮，是则鄙人为女界前途，所馨香祷颂者也。

（原载《中国新女界杂志》第2期，1907年3月）

秋瑾卷

致湖南第一女学堂书

诸姊妹青鉴：

君居乡间，妹游海国，觌面无从，想思日切。久欲上书，因无闲暇。今闻贵学堂遭顽固杜本崇破坏，然我诸姊妹切勿因此一挫，自颓其志，而永永沉埋男子压制之下。欲脱男子之范围，非自立不可；欲〈自〉立，非求学艺不可，非合群不可。东洋女学之兴，日见其盛，人人皆执一艺以谋身，上可以捊〔帮〕助父母，又可以助夫教子，使男女无坐食之人，其国焉能不强也？我诸姊妹如有此志，非游学日本不可。如愿来，妹处俱可照拂一切。妹欲结二万万女子之团体、学问，故继兴共爱会，名之曰实行共爱会。公举陈撷芬，而妹任招待。寄呈章程三十张，望不妥处删改，并为推广，如何？望赐复函为荷。匆草复达。一则无暇，二则友人行期大促，不及细呈，容后再续。敬请

学安！乞恕不恭。

妹璿卿秋瑾顿白

（据秋瑾手迹，约写于 1904 年 10 月）

敬告中国二万万女同胞

哎！世界上最不平的事，就是我们二万万女同胞了。从小生下来，遇着好老子，还说得过；遇着皮〔脾〕气杂冒、不讲情理的，满嘴连说："秽〔晦〕气，又是一个没用的。"恨不得拿起来摔死。总抱着"将来是别人家的人"这句话，冷一眼、白一眼的看待。没到几岁，也不问好歹，就把一只雪白粉嫩的天足脚，用白布缠着，连睡觉的时候，也不许放松一点。到了后来肉也烂尽了，骨也折断了，不过讨亲戚、朋友、邻居们一声"某人家姑娘脚小"罢了。这还不说，到了择亲的时光，只凭着两个不要脸的媒人的话，只要男家有钱有势，不问身家清白，男人的性情好坏、学问高低，就不知不觉应了。到了过门的时候，用一顶红红绿绿的花轿，坐在里面，连气也不能出。到了那边，要是遇着男人虽不怎么样，却还安分，这就算前生有福今生受了。遇着不好的，总不是说"前生作了孽"，就是说"运气不好"。要是说一二句抱怨的话，或是劝男人几句，反了腔，就打骂俱下；别人听见还要说："不贤惠，不晓得妇道呢！"诸位听听，这不是有冤没处诉吗？还有一桩不公的事：男子死了，女子就要带三年孝，不许二嫁。女子死了，男人只带几根篮〔蓝〕辫线；有嫌难看的，连带也不带。人死还没三天，就出去偷鸡摸狗；七还未尽，新娘子早已进门了。上天生人，男女原没有分别。试问天下没有女人，就生出这些人来么？为甚么这样不公道呢？那些男子，天天说"心是公的，待人是要和平的"，又为甚么把女子当作非洲的黑奴一样看待，不公不平，直到这步田地呢？诸位你要知道天下事靠人是不行的，总要求己为是。当初那些腐儒说甚么"男尊女卑"，"女子无才便是德"，"夫为妻纲"，这些胡说，我们女子要是有志气的，就应当号召同志与他反对。陈后主兴了这缠足的例子，我们要是有羞耻心的，就应当兴师问罪；即不然，难道他捆着我的腿，我不会不缠的么？男子怕我们有知识、有学问、爬上他们的头，不准我们求学，我们难道不会和他分辨，就应了么？这总是我们女子自己放弃责任，样样事体一见男子做了，自己就乐得偷懒，图安乐。男子说我没用，我就没用；说我不行，只要保着眼前舒服，就作奴隶也不问了。自己又看看无功受禄，恐怕行不长久，一听见男子喜欢脚小，说〔就〕急急忙忙把他缠了，使男人看见喜欢，庶可以借此吃白饭。至于不叫我们读书、习字，这更是求之不得的，有什么不赞成呢？诸位想想，天下有享现成福的么？自然是有学问、有见识、出力做事的男人得了权利，我们作他的奴隶了。既作了他的奴隶，怎么不压制呢？自作自受，又怎么怨得人呢？这些事情，题起来，我也觉得难过。诸位想想总是个中人，亦不必用我细说。但是从此以后，我还望我们姐妹们，把从前事情，一概搁开，把以后事情，尽力作去，譬如从前死了，现在又转世为人了。老的呢，不要说"老而无用"，遇见丈夫好的，要开学堂，不要阻他；儿子好的，要出洋留学，不要阻他。中年作媳妇的，总不要拖着丈夫的腿，使他气短志颓，功不成、名不就；生了儿子，就要送他进学堂，女儿也是如此，千万不要替他缠足。幼年姑娘的呢，若能够进学堂更好；就不进学堂，在家里也要常看书、习字。有钱作官的呢，就要劝丈夫开学堂、兴工厂，作那些与百姓有益的事情。无钱的呢，就要掁〔帮〕着丈夫苦作，不要偷懒吃闲饭。这就是我的望头了。诸位晓得国是要亡的了，男人自己也不保，我们还想靠他么？我们自己要不振作，到国亡的时候，那就迟了。诸位！诸位！须不可以打断我的念头才好呢！

（原载《白话》第 2 期，1904 年 10 月）

警告我同胞

我于今有一大段感情，说与列位听听。我昨天到横滨去看朋友，在路上听见好热闹的军乐，又看见男男女女、老老小小都手执小国旗，像发狂的一样，喊万岁，几千声，几万声，合成一声，嘈嘈杂杂，烟雾冲天。我不知做什么事，有这等热闹。后来一打听，那晓得送出征的军人，就同俄国争我们的东三省地方，到那里打伏〔仗〕去的。俄国，我们叫他做俄罗斯，日本叫他做露西亚，这就叫征露的军人，所以日本人都以为荣耀，成群结队的来送他。最奇怪的就是我中国的商人，不知羞耻，也随着他们放爆竹，喊万岁。我见了又是羡慕，又是气愤，又是羞恼，又是惭愧：心中实在难过，不知要怎样才好。只觉得中国样样的事，色色的人，都不如他们。却好我也坐这次火车走的，一路同走，只见那送军人的人越聚越多，"万岁"、"万岁"、"帝国万岁"、"陆海军万岁"，闹个不清爽。到了停车站，拥挤得了不得。那军人因为送他的人太多，却高砧〔站〕在长橙①上，辞谢众人。送的人团团绕住，一层层的围了一个大圈子。一片人声、炮竹声夹杂，也办〔辨〕别不清。只见许多人执小国旗，手舞足踏〔蹈〕，几多的高兴。直等到火车开了，众人才散。每到一个停车场，都有男女老幼、奏军乐的、举国旗的迎送。最可羡是那班小孩子，大的大，小的小，都砧〔站〕在路旁，举手的举手，喊万岁的喊万岁，你说看了可爱不可爱？真正令人羡慕死了。不晓得我中国何日才有这一日呢？哎！列位，你看日本的人，这样齐心，把军人看得如此贵重，怎么叫他不舍坐〔生〕忘死去打仗呢？所以都怀了一个不怕死的心，以为我们如果不能得胜，回国就无脸去见众人。人人

---

① 橙，同"凳"。——编者注

都存了这个念头，所以回回打仗都是拼命攻打，不避炮火。前头的死了，后头的又上去。今日饿〔俄〕国这么大的国，被小小三岛的日本，败到这个样子，大约就是这个缘故呢。并且当军人的家眷，都有恤费。这家人如有丈夫、儿子、兄弟出征，就算这家人家很荣耀的；若是做贸易的人家，门前就挂了"出征军人"的牌子。各处旅馆、酒馆、照相馆及买卖各铺店，都大书特书的，写道"陆海军御用品"，"军人优待半额"。明明是一百钱的东西，军人去买，只要半价。可怜我们中国的兵，每月得了克扣下来的畿〔几〕钱口粮，又要顾家，又要顾己，够得甚么呢？见了营官统领，就是老鼠见了猫的一样。当差稍不如意，就骂就打。有点声名的人，见了兵勇，把他当做是什么贱奴一样，坐都不愿意同他坐在一处。富贵的人家，自己尊得了不得，锦衣玉食，把自己看得同天神一样，把兵卒轻视得同甚么贱人都不如。及等得有战事起来，又要他去打伏〔仗〕，不管餐风宿露，忍饿受寒的辛苦，只叫他舍死忘生的去打仗，你说能够做得到做不到呢？纵然打了胜伏〔仗〕，那些锦衣王〔玉〕食的营官、统领来得功，兵的身子上并没有好处；而且那官并没有到过战场，不费丝毫力气，反占了功劳，得了保举，你说怎么叫人家心服呢！怪不得这些兵勇要贪生怕死，见了敌人，就一溜烟跑了。中国如今一说起这些兵丁，都说是没有受过教育，所以如此。一提起俄〔我〕们中国人没有受过教育的害处，千【万】言万语，我也叙不完，三天两日，我也说不尽。众同胞们不要性急，待我下回再仔细说给你们听听罢。

　　唉，就是受了教育，也要那些做官有钱的人，把良心摸一摸才好。我说这个话，人家必定要驳我的。说兵丁有了教育，那些官吏一定也有教育，自然都文明了，待人也平等，断不是从前这样野蛮的。这话驳得何常①不是？但我想起来，我们中国今日不是俄人占了东三省么？那日本人不是为争东三省，同俄人打仗么？虽然今日日本胜了，也是日本占去的，那肯归还中国？并且还想占福建呢！德国也想占山东，英国也想长江，法国也想广西，就是素守扪罗主义的美国，亦想来占些地方。其余欧洲的那些小国，也都要分点肥儿。列位想想，我们中国地方虽大，那里禁得各国的分瓜剖豆手段，你一块他一块地来抢么？这眼前就要亡国了，那等得到教育普及呢！万来不及的。只有趁如今尚未亡的时候，

---

① 常，通"尝"。——编者注

大家想个主意，挽同〔回〕过来，免得做那亡国的贱奴才好。但是这个事情，却不是一个人做得出来的，须要大家丢了自私自利的意见，结个团体，方能做得到。唉！这个结团体的话，也不知有多少人说过了的，到如今尚是这样，可见是狠①难的事情了。但是依我想起来，却没有什么难处。列位只把那亡国后的惨状想一想，那时财产都归乌有了，无分妻子姊妹弟兄，或做人牌〔婢〕妾，或为人奴隶，而且自己的身子，也不知是死于枪炮、死于刀斧。就是外国人不将我当时弄死，把我去受种种凌虐，也不过多做几天亡国的贱奴，多受些苦楚，究竟有什么好处吸〔呢〕？还落了一个骂名千载。倘是都同俄国虐待那东三省的人样子，尽把你们往水中一赶，任你有千万贯家财，却不能带了去嚄！即或侥幸不死，你还能妄享富贵么？那外国人抢了你们的财产，又恐怕你们这些人，后来生复仇的思想，必不准你读书，必不准你管事，必不准你说本国的话。恐怕你们有了智识，又要开会提议，生出那报仇的事与那独立的事来。到这个地位，不怕你子子孙孙不永世当他的奴隶。你看那些印度人，头上包了几人长的红布，跕在街上，不是做奴隶的样子么？并且还要想出毒法子，使这异他的种族，慢慢的灭亡呢！等到种已灭了，根已除了，报仇的人，是再没有了。土地是外国的了，从此"中国"的名字，及中国的人，再不能在地球上出现了。列位想想，可惨不可惨呢！如今大家还不趁早好好想个法子，救救自己的中国，将来懊悔也来不及了。所以奉劝列位，切不可学我们从前懵懵懂懂在世界上混，到如今晓得了，忍不住的要痛哭流涕了。列位如不甘心做那亡国的贱奴，不如真真的大大的结起一个极坚固的团体来。有钱的出钱，有力的出力，大家都存个毁家拼命的念头，同外人去争去打。若是胜了，我中国就强起来。就是不胜，也不过是一死。轰轰烈烈死了，比受外人凌辱死了，有百倍的荣耀呢！后来编在战史上，中国也有大大的名誉。就使子孙不肖，愿做那亡国的贱奴，他念起祖宗的威名，也可以把他的志气激发起来的。"宁死不辱"，这是我中国的古话。于今能够个个都存个毁家拼命的念头，今日死一千，明日死一千，宁可将中国人死尽了，再把空旷地方与外国人。外国人得了空旷的地方，没有人替他当奴隶、做苦工，他也就不能安享的。况且我中国四万万人，人人都怀了这个念头，与他死斗，断没有不胜的道理。趁此一刻，舍着身子与他争，到后来子子孙孙

---

① 狠，同"很"。——编者注

享不尽的幸福呢！你说便宜不便宜？何苦白白的把这土地财帛，去送把外人，又讨不得外人好处。所以我劝列位醒醒罢！譬如日本人，他就怀的这个心思，宁可没有了人，断不肯没有了国的。所以如今强到这样地步，威震全球。走出来的日本人，随便到了那一国，人都欢迎他，说他是英雄豪杰。并且日本国随他什么人走出来，都是意气扬扬的。可怜各国把我们中国的人看得一钱不值，遇事讥诮，什么"拖猪尾巴的奴才"，"三等的奴隶"，"忘了自己汉人祖宗的贱奴"，"只晓得奉承满洲及外国人，无一毫自强独立性质的贱货"。种种的话，我们觉得羞愧得了不得。列位想想，如今就是这样。后来的情景，真是不堪设想了。唉！列位列位，趁这时候，尚来得及，大家组织起来，快快组织起来嘘！有钱的呢，把钱拿出来养兵，或做些兴学堂、开圹〔矿〕山、修铁路、造轮船的事，把自己国中的东西都保住了，免得外人得了去，一边练起雄赳赳的兵来。奉劝富家子弟、官宦儿郎，再不要自尊自贵了，与其日他〔他日〕做亡国的贱奴，反不如在今日做一个轰轰烈烈的丈夫。只要有当兵的标格，却不能论贫富的呢，实实在在练起来。这处兵的法子，也照各国的样子，把当兵的看得极尊重。如有出去打仗的，家眷须也立个抚恤的会，免得他再有家累。优待军人，这是第一要紧的事。就是军人也愿意拼命去打仗，这是一定的道理。学堂也是要紧的，因为养成国民的智识，教育后起的人才，都在学堂呢。铁路、轮船，是不必说了，就同那一个人身上的血脉一样的；如果让外国人得了去，就像断了血脉一样，可就不能免死的。并且是运送兵卒、东西，又快便，又灵通。今天要霸占这块地方，他的兵来了，列位还在梦中呢！我们若想做事，又不快捷，又不灵便，你说败不败呢？所以铁路、航路，归自己中国开通建筑，这是狠要紧的。圹〔矿〕是列位都知道的，我们中国不晓得有多少呢。金银铜铁锡煤各种，那一样是没有，那样不是要用的呢？为什么明明自己有这样好产业，不晓得用，反去送把外人？你就送他，他未必感你的情。用了我的钱，反来害我们，你说可恨不可恨呢？如今声声口口说中国穷，放着钱，白白的送把外国人，可惜不可惜呢？何不自己来受享受享的。只要拿一百万二百万的本钱出来，就可以开出无数的金银铜铁来。俗话说的，"一本万利"，这个还不上〔是〕一本万利么？处处都自己开起来，怕不做富翁么？随便办什么，都不必愁没有钱了。列位以为我的话是不是呢？劝列位样样办起来试试看，那时间家也富了，国也强了，岂不好么？若不肯毁家，不肯拼命，就是做一万年，都是不行的。列位请你细细把我说的活〔话〕想一想，看到底如何呢？

（原载《白话》第 3、4 期，1904 年 11、12 月）

《实践女学校附属清国女子师范工艺速成科略章》启事

　　顷者留日诸君组织速成师范女学校，凡我留学者，未尝不为我国女界幸，及将来之中国幸也。意自后我国姊妹苦经费之艰难、期间之短促、有志未逮者，咸得束轻便之行装，出幽密之闺房，乘快乐之汽船，吸自由之空气，络绎东渡，豫备修业。而毕业考试以后委身教育，或任教师，或任媒姆，灿祖国文明之花，为庄严之国民之母。家庭教育之改良，社会精神之演进，无量事业、无量幸福，安知不胚胎于今日少数之女子？此诸君成立速成师范之热心，而秋竞报告姊妹之希望也。然而近顷以来，我诸姊妹之航海而东者，又复寥寥。意内地之姊妹风气未开，或不知游学之利焉，或知其利而不知游学之可以速成焉；即知之，或以家族、经济种种之苦难，未克达其目的。是以秋竞不屑牺牲个人之学业，于前月顷，回国为我亲爱姊妹奔走呼号也。然而念二行省，吾不能家喻户晓也；即浙之东西，又苦交通之不便。我之奔走呼号于最亲爱之姊妹者，仅属之于笔墨之间接力，或诸姊妹量其苦衷，有表同情者，无论自费，或须筹费，请各抒高见，商榷办法，通函于绍城万安桥下明道女学堂。并祈开明籍贯，以便函商一切。秋竞雄启

　　　　（作于 1905 年夏；原载《秋瑾集》，上海古籍出版社 1979 年版）

致王时泽书

　　吾与君志相若也，而今则君与予异，何始同而终相背乎？虽然，其异也，适其所以同也。盖君之志则在于忍辱以成其学，而吾则义不受辱，以贻我祖国之羞。然诸君诚能忍辱以成其学者，则辱也其暂，而不辱也其常矣。吾素负气，不能如君等所为，然吾甚望诸君之无忘国耻也。吾归国后，亦当尽力筹画，以期光复旧物，与君相见于中原。成败虽未可知，然苟留此未死之余生，则吾志不敢一日息也。吾自庚子以来，已置吾生命于不顾，即不获成功而死，亦吾所不悔也。且光复之事，不可以一日缓。而男子之死于谋光复者，则自唐才常以后，若沈荩、史坚如、吴樾诸君子，不乏其人，而女子则无闻焉，亦吾女界之羞也。愿与诸君交勉之。

　　　　（写于 1905 年 12 月；原载《天义》第 5 卷，1907 年 8 月 10 日）

创办《中国女报》之草章及意旨广告

（一）本报之设，以开通风气，提倡女学，联感情，结团体，并为他日创设中国妇人协会之基础为宗旨。

（一）本报内容以论说、演坛、新闻、译编、调查、尺素、诗词、传记、小说为大纲。

（一）本报以中外各国古今女杰之肖像及名景胜迹、有关于女学者，按期印入首页，以供赏鉴。

（一）本报以中外各学校之章程、情形、服饰等类调查详细登录，以备采择。

（一）本报以洋装精印，月出一册。

（一）本报以文俗之笔墨并行，以便于不甚通文理者亦得浏览。

（一）本报志在扩充普及女界之智识，另编译各种有益女界之书文、小说印行，以供购阅。

（一）本报以从前有办报者，财力未充，遽行开办，往往有中止之弊，鄙人有鉴于此，欲募集股金万元为资本，先固基础，免有中止之虑。然如集有三四千金，即先行试办。

（一）本报以所募万金，分为五百股，以廿元为一股，祈同胞协助。

（一）本报开设沪上。执事除经理、撰述、调查、校对等员之外，又另设招待员一员。如有我同胞往东西洋游学，经过沪上者，及就学沪上者，人地生疏，殊多不便，当为尽一切招待之义务。

（一）本报除入股之外，如有热心志士，以资捐助，当推为名誉赞成员，与入股者诸志士大名同登诸报首，并按资助之多寡，敬赠书报。

（一）本报如有海内外同志以所著诗词、传记、小说及新闻等类见赠，当择尤登录。

（一）本报章程草创，诸未完善，后当由入股诸同志会议改良。

（一）本报收股处现因未租房屋，暂假定中国公学会计部代收，掣付收条。

（一）本报以期达完善美满之目的，各执员需人正多。如入股诸君及海内外热心诸君，愿担认事务员及撰述、访查诸员者，或义务，或延订，俱祈函达为荷。

（一）收股处：虹口北四川路厚德里九十一号蠡城学社。

（一）本报第一期纸科〔料〕太低，殊不雅观，因于第二期不惜重资，特求精美纸料印刷，以图爽洽人意，售价仍旧。待经费完足之后，必须更求改良，特此声明。

发起人秋瑾拜启

（原载《中国女报》第 2 期，1907 年 3 月）

《中国女报》发刊辞

世间有最凄惨、最危险之二字，曰黑暗。黑暗则无是非，无闻见，无一切人间世应有之思想、行为等等。黑暗界凄惨之状态，盖有万千不可思议之危险。危险而不知其危险，是乃真危险；危险而不知其危险，是乃大黑暗。黑暗也，处身其间者，亦思所以自救以救人欤？然而沉沉黑狱，万象不有；虽有慧者，莫措其手。吾若置身危险生涯，施大法力；吾毋宁脱身黑暗世界，放大光明。一盏神灯，导无量众生，尽登彼岸，不亦大慈悲耶？夫含生负气，孰不乐生而恶死，趋吉而避凶？而所以陷危险而不顾者，非不顾也，不之知也。苟醒其沉醉，使惊心万状之危险，则人自为计，宁不胜于我为人计耶？否则虽洒遍万斛杨枝水，吾知其不能尽度世也。然则曷一念我中国之黑暗何如？我中国前途之危险何如？我中国女界之黑暗更何如？我女界前途之危险更何如？予念及此，予悄然悲，予怃然起，予乃奔走呼号于我同胞诸姊妹，于是而有《中国女报》之设。夫今日女界之现象，固于四千年来黑暗世界中稍稍放一线光矣；然而茫茫长路，行将何之？吾闻之："其作始也简，其将毕也钜。"苟不确定方针，则毫厘之差，谬以千里。殷鉴不远，观数十年来我中国学生界之现状，可以知矣。当学堂不作，科举盛行时代，其有毅然舍高头讲章，稍稍习外国语言文字者，讵不曰"新少年，新少年"？然而大道不明，真理未出，求学者类皆无宗旨，无意识，其效果乃以数多〔多数〕聪颖子弟，养成潘译、买办之材料，不亦大可痛哉！十年来此风稍息，此论亦渐不闻；然而吾又见多数学生，以东瀛为终南捷径，以学堂为改良之科举矣。今且考试留学生，"某科举人"、"某科进士"之名称，又喧腾于耳矣。自兹以后，行见东瀛留学界，蒸蒸日盛矣。呜呼！此等现象进步欤？退步欤？吾不敢知。要之此等魔力，必不能混入我女子世界中，我女界前途，必不经此二阶级，是吾所敢决者。然而听晨钟之初动，宿醉未醒；睹东方之乍明，睡魔不远。人心薄弱，不克自立，扶得东来西又倒，于我女界为尤甚。苟无以鞭策之，纠绳之，吾恐无方针之行驶，将旋于巨浪盘涡中以沉溺也。然则具左右舆论之势力，担监督国民之责任者，非报纸而何？吾今欲结二万万大团体于一致，通全国女界声息于朝夕，为女界之总机关，使我女子生机活泼，精神奋飞，绝尘而奔，以速进于大光明之世界；为醒狮之前驱，为文明之先导，为迷津筏，为暗室灯，使我中国女界中放一光明灿烂之异彩，使全球人种，惊心夺目，拍手而欢呼。无量愿力，请以此报创。吾愿与同胞共勉之！

（原载《中国女报》第 1 期，1907 年 1 月）

敬告姊妹们

　　我的最亲爱的诸位姊姊妹妹呀，我虽是个没有大学问的人，却是个最热心、最爱国、爱同胞的人。如今中国不是说道，有四万万同胞吗？但是那二万万男子，已渐渐进了文明新世界了，智识也长了，见闻也广了，学问也高了，身名是一日一日进了；这都亏了从前书报的功效嚇。今日到了这地步，你说可羡不可羡呢？所以人说书报是最容易开通人的智识的呢。唉！二万万的男子是入了文明新世界，我的二万万女同胞，还依然黑暗沉沦在十八层地狱，一层也不想爬上来。足儿缠得小小的，头儿梳得光光的；花儿、朵儿札的、镶的戴着，绸儿、缎儿滚的、盘的穿着，粉儿白白、脂儿红红的搽抹着。一生只晓得依傍男子，穿的、吃的全靠着男子。身儿是柔柔顺顺的媚着，气虐儿是闷闷的受着，泪珠儿是常常的滴着，生活儿是巴巴结结的做着：一世的囚徒，半生的牛马。试问诸位姊妹，为人一世，可曾受着些自由自在的幸福未曾呢？还有那安富尊荣、家资广有的女同胞，一呼百诺，奴仆成群。一出门真个是前呼后拥，荣耀得了不得；在家时颐指气使，威阔得了不得。自己以为我的命好，前生修到，竟靠着好丈夫，有此尊享的日子。外人也就啧啧称羡，"某太太好命"、"某太太好福气"、"好荣耀"、"好尊贵"的赞美，却不晓得他在家里，何尝不是受气受苦的？这些花儿、朵儿，好比玉的锁、金的铷〔枷〕，那些绸缎，好比锦的绳、绣的带，将你束缚得紧紧的。那些奴仆，直是牢头、禁子看守着。那丈夫不必说，就是问官、狱吏了，凡百命令，皆要听他一人喜怒了。试问这些富贵的太太奶奶们，虽然安享，也没有一毫自主的权柄罢咧。总是男的占了主人的位子，女的处了奴隶的地位。为着要倚靠别人，自己没有一毫独立的性质。这个幽禁闺中的囚犯，也就自己都不觉得苦了。阿呀！诸位姊妹，天下这奴

隶的名儿，是全球万国，没有一个人肯受的，为什么我姊妹却受得恬不
为辱呢？诸姊妹必说，"我们女子不能自己挣钱，又没有本事，一生荣
辱，皆要靠之夫子，任受诸般苦恼，也就无可奈何，安之曰'命也'"，
这句没志气的话了。唉！但凡一个人，只怕自己没有志气；如有志气，
何尝不可求一个自立的基础，自活的艺业呢？如今女学堂也多了，女工
艺也兴了，但学得科学、工艺，做教习，开工厂，何尝不可自己养活自
己吗？也不致坐食，累及父兄、夫子了。一来呢，可使家业兴隆；二来
呢，可使男子敬重，洗了无用的名，收了自由的福。归来得家族的欢
迎，在外有朋友的教益；夫妻携手同游，姊妹联袂而语；反目口角的
事，都没有的。如再志趣高的，思想好的，或受高等的名誉，或为伟大
的功业，中外称扬，通国敬慕。这样美丽文明的世界，你说好不好？难
道我诸姊妹，真个安于牛马奴隶的生涯，不思自拔么？无非僻处深闺，
不能知道外事，又没有书报，足以开化智识、思想的。就是有个《女学
报》，只出了三四期，就因事停止了。如今虽然有个《女子世界》，然而
文法又太深了。我姊妹不懂文字又十居八九，若是粗浅的报，尚可同白
话的念念；若太深了，简直不能明白呢。所以我办这个《中国女报》，
就是有鉴于此。内中文字都是文俗并用的，以便姊妹的浏览，却也就算
为同胞的一片苦心了。惟是凡办一个报，如经费多的，自然是好办了；
如没有钱，未免就有种种为难。所以前头想集个万金股本（二十元做一
股），租座房子，置个机器，印报编书，请撰述、编辑、执事各员，像
像样样、长长久久的办一办；也不枉是《中国女报》，为二万万女同胞
生一生色；也算我们不落人后，自己也能立个基础，后来诸事要便利得
多呢。就将章程登了《中外日报》，并将另印的章程，分送各女学堂，
想诸位姊妹，必已有看过的了。然而日子是过得不少了，入股的除四五
人以外，连问都没人问起。我们女界的情形，也就可想而知了，想起来
实在痛心的呢！我说到这里，泪也来了，心也痛了，笔也写不下去了。
但这《中国女报》，【不】就是这样不办吗？却又不忍使我最亲爱的姊
妹，长埋在这样地狱中，只得勉强凑点经费，和血和泪的做点报出来，
供诸姊妹的赏阅。今日虽然出了首册，下期再勉力的做去，但是经费狼
〔狠〕为难呢。天下凡百事独力难成，众擎易举。如有热心的姊妹，肯
来协助，则《中国女报》幸甚！中国女界幸甚！

（原载《中国女报》第 1 期，1907 年 1 月）

［附录］大魂篇

黄公

斗室危坐，万籁无声；炉火既死，灯暗欲昏；漫漫长夜，神州陆沉；临风奠爵，何处招魂？望祖国之前途，予心碎矣，夫复何言！予有血而如沸，予有泪而不能哭。予惟绞我血泪，吮我秃笔，而成大魂之篇。

据五百余万方里之大陆，山林葱郁，河流纵横，宁不曰大好河山耶？然而中原铁血，大地腥膻，禹氏九州岛，已无复一寸干净土，为吾黄帝子孙立足地。甲国范围线，乙国势力圈；鲸吞者封豕长蛇，蚕食者朝削暮蹴。投骨于地，众犬狌狌，而一般同胞，正复沉沉熟睡。噫！能不悲哉？吾闻欧美之大陆，一土、一石、一草、一木、一禽、一兽，莫不有主人翁。吾欲问此大好河山，中原谁主？吾以之问一土、一石、一草、一木、一禽兽，土石草木禽兽不足问，吾还以问土石草木禽兽之主人翁，而主人翁正梦梦也。已矣殆哉！风雨如晦，鸡鸣不已，撞碎晨钟，谁其拔剑而起？

莽莽苍苍，漫延大陆，有受动而无自动，有形质而无生质，动之则动，阻之则止。宇宙间怪物，是为顽石。问顽石之所以顽，曰无生魂。郁郁葱葱，欣欣向荣，增长传生，惕于天演而竞争，草木之有生魂，固胜于顽石一等。然而不痛不痒，麻木不仁，泣秋风而待毙，无一术以自存。草木能力之不足，惟无觉魂。爪牙以足捍患，羽翼以善趋向，禽兽具觉魂，能力故超于草木。然而饱则酣嬉，饥则吞并，利害止于一身，强权施乎同种，能传种而不能保种，则亦仅供驱役，徒多杀戮耳。嗤禽兽之无知，曰无灵魂。然则驱之、役之、杀之、戮之，惟我所使，莫敢侮予，非我圆颅方趾，具生、觉、灵三魂者之权力乎？而我四万万同胞少年，非圆颅方趾之俦欤？而奈何吾见其为禽兽、为草木、为顽石之不若也，遑云驱使。噫嘻，悲哉！

群鬼环瞰，众矢一的，非我亚东大陆之一块土乎？而我同胞之感情则如何？熙熙皞皞，如醉如梦者有人矣；咨嗟太息，束手待毙者有人矣；掉头不顾，独善其身者，更有人矣；甚且牛马其骨，而奴隶其性，媚外以自固者，纷纷皆是也。呜乎！种族之思想，较禽兽果何如耶？

丑胡乱华，神人同愤，八公山上，草木皆兵，故晋室之不亡，实国魂之未死。而我中国之国魂则何如耶？联军拥至，则高举顺民之旗；使馆撤防，且竞呈德政之额。有觍面目，遂忘所生，以高贵神明血胄，乃下侪于犹太、三韩之列。相鼠有齿，人而无耻。呜乎同胞！曷一登八公之山乎？吾恐其草木之不若矣。

生公说法，顽石点头。今日有志之士，奔走号呼，焦舌秃笔以相警告者，至矣尽矣；而昏昏者固如故也，我同胞岂真顽石之不若耶？魂兮魂兮，果安在哉？我将登九华之峰以招之，我将遍五洲之境以觅之，我将碎我心身之力以得之。

国民者，国家之要素也；国魂者，国民之生源也。国丧其魂，则民气不生；民之不生，国将焉存？故今日志士，竞言招国魂，然曷一研究国魂之由来乎？以今日已死之民心，有可以拨死灰于复燃者，是曰国魂；有可以生国魂、为国魂之由来者，是曰大魂。大魂为何？厥惟女权。

吾闻之哲学家之言曰："效果不能超原因，原因之所无，效果不能有。"女界者，国民之先导也，国民资格之养成者，家庭教育之结果也。我中国之所以养成今日麻木不仁之民族者，实四千年来沉沉黑狱之女界之结果也。千重压力，积重难返。铸九州岛之铁，不足以成此一大错。嗟夫！往者已矣，不足言矣。往事之不臧，来事之师。鄙谚有之曰："种瓜得瓜，种豆得豆。"欲收他日之良果，必种今日之好因，唤起国魂，请自女界始。

居今日而言兴女界，亦七年之病，求三年之艾也。失此不为，疾将莫治；然而非易易也，治之不当，则反受其殃。德育也，体育也，智育也，何莫非当务之急？有志者不可不早定方针，为提纲挈领之布置也。夫三从四德，数千年来之古训，彼讵不曰，是女子之德育耶？以今日之醒眼观之，固不足当一噱。然而我数千年来之同胞姊妹，人人奉以为金科玉律，戕性害仁，务循其轨，无敢越雷池一步者。有背夫此，则群起而践之，直不齿于人类；而受之者，亦若自觉清夜扪心，有愧于俯仰者然。鸣乎！是岂谬种传留，人尽奴性耶？毋亦曰习非成是，漠不之察耳。然则古训之魔力，不可谓不大。政府压力可以抗，法律范围可以破，而同胞之恶习，乃不可以返。噫！岂不悲哉？此之不去，所志恶夫成？故今日女子德育，必先经破坏旧习，而后进于建筑新都。

吴宫好细腰，民间尽饿腹。缠腰之恶习，当时能言之，而何独重于腰而忽于足耶？二千余年来，因沿不改，此真百思而不能其解者。夫三从四德，尚以谬说是惑，此则并谬说亦无之。持此以问天下缠足女子，亦莫不曰习尚如是耳。嗟我同胞，何若是之无自立性耶？则亦无怪夫人之奴视也。故今日必有大愿力，普及我二万万同胞姊妹，人人尽复其天足，然后可以进而言体育。

"女子无才便是德"一语，遗毒万世，今日此邪说固稍稍不立足矣。然我更愿我同胞姊妹于所谓"智育"者，参释氏之上乘，毋以一二科学，遂沾沾自慰。智育进步，宏其愿，达其识，肩任立功，以与天下男子争着鞭，是乃所谓"上乘"，是乃所谓"大智"。虽然，岂易言哉？破坏也，建筑也，大愿力也，争着鞭也，皆非无权无力所能也。故振兴女界，万绪千端，挈领提纲，自争女权始。

观四千年来，沉沉黑狱女界之现象，曰三从四德也，培养奴隶之教育也；曰缠足也，摧毁奴隶之酷刑也；曰女子无才便是德也，防范奴隶之苛律也。试问，何以于奴隶之教育则化之，于奴隶之酷刑则受之，于奴隶之苛律则守之？此无他，无权故也。然则女子无权则于教育不足恃，而惟酷刑、苛律之是享。是亦可以警女权之珍重矣。若犹漫然曰："兴女学"，"兴女学"，而不谋所以巩固自立之基础，吾恐其教育之效果，不过养成多数高等之奴隶耳，于吾振兴夫何有？吾亦尝闻诸侈谈女学之言矣，彼固曰："中国女学不兴，故家庭腐败，嗟儿女之情长，使多少英雄气短。吾今将提倡女学，使能自立，无为我大好男儿累。"咄咄！女界之振兴，果尽于是耶？苟若此，则贤内助之资格，于彼男子诚利矣，于吾女界何？于吾祖国何？吾之所祝于同胞姊妹者，为我女子辟大世界，为我祖国发大光明，为我女界编大历史，争已失之女权于四千年，造已死之国魂于万万世。

争之若何？亦自为之而矣。幸福固非他人所能赐予者。不见夫社会之压力乎？彼资本家鲸吞虹吸，无有已时。社会党起而反抗，务联团体，以图抵制，今且着着进步，将披靡一世矣。夫资本家固非肯以利益予人者，而势之所逼，不得不让步以自完。然则我女界之阻力，较社会之压力如何？男子之专制，较资本家之把持为如何？我同胞之姊妹，何所虑而不争之耶？抑我主权昔之所以见夺者，以男子受教育，握社会之机关也，今则世进文明，略识之无，不足言学，百步五十，已立于同等之地位。彼欲保持固有之权利，自顾不暇，遑恤其他；即欲反侵，亦可为事。况恢复人类应得之权利，是则取我主权，已游刃有余。还以助男子，共争主权于异族，不亦我女子之天职乎？尽我天职，以效祖国。凡我女子志愿所及，即我女子权力所及，当仁不让，夫何吝于先着鞭？噫嘻！兴矣。近以挽狂澜于既倒，远以造国魂于将来。伟哉女权！伟哉大魂！魂兮归来，吾将见之，吾愿买丝以绣之，酬金以铸之。

（原载《中国女报》第 1 期，1907 年 1 月）

精卫石

序

　　余也处此过渡时代，趁文明一线之曙光，摆脱范围，稍具智识。每痛我女同胞处此黑暗之世界，如醉如梦，不识不知，虽有学堂，而能来入校者、求学者，寥寥无几。试问二万万之女子，呻吟踡伏于专制男子之下者，不知凡几。呜呼！尚日以搽脂抹粉，评头束足，饰满髻之金珠，衣周身之锦绣，胁肩谄笑，献媚于男子之前。呼牛亦应，呼马亦应，作男子之玩物、奴隶而不知耻，受万重之压制而不知痛，受凌虐折辱而不知羞。盲其双目，不识一个，懵懵然，恬恬然，安之曰：命也。奴颜婢膝，靦颜不以为耻辱。遇有兴设女学、工艺者，不思助我同胞，反从傍听其夫子而摧折之。亦有富室娇姿、贵家玉女，量珠盈斗，贮金满籯，甘事无知之偶像，斋僧施尼以祈福，见同样之女子陷于泥犁之地狱，而未闻一援手。呜呼！是何心哉？余惑不解，沉思久之，恍然大悟曰：吾女子中，何地无女英雄、及慈善家、及特别之人物乎？学界中，余不具论，因彼已受文明之熏陶也；仅就黑暗界中言之，岂随〔遂〕无英杰乎？苦于智识毫无，见闻未广，虽有各种书籍，苦文字不能索解者多。故余也补〔谱〕以弹词，写以俗语，欲使人人能解，由黑暗而登文明；逐层演出，并尽写女子社会之恶习及痛苦耻辱，欲使读者触目惊心，爽然自失，奋然自振，以为我女界之普放光明也。余日顶香拜祝女子之脱奴隶之范围，作自由舞台之女杰、女英雄、女豪杰，其速继罗兰、马尼他、苏菲亚、批茶、如安而兴起焉。余愿呕心滴血以拜求之，祈余二万万女同胞，无负此国民责任也。速振！速振!! 女界其速振!!!

改造汉宫春

极目伤心，叹中华祖国，黑暗沉沦。大好江山，忍归异族鲸吞？空有四万万后裔，奴隶根深。甘屈伏他人胯下，靦颜献媚争荣。幸得重生忠义士，从头收拾旧乾坤。

可怜女界无光彩，只恹恹待毙，恨海愁城。湮没木兰壮胆，红玉雄心。蓦地驰来，欧风美雨返精魂。脱范围奋然自拔，都成女杰雌英。飞上舞台新世界，天教红粉定神京。

精卫石目录

第一回　睡国昏昏妇女痛埋黑暗狱
觉天炯炯英雌齐下白云乡

爱国情深意欲痴，偶从灯下谱弹词。已教时局如斯急，无奈同胞懵不知。叹从前、几多志士抛生命；亦只欲、恢复江山死不辞。更有一班徒好虚名者，自命非凡妄骄侈。假肝胆、方见坛前夸义勇；真面目、已闻花下拥妖姬。保赏举人威赫赫，钦加主事笑嬉嬉。惟自利，但营私，博得身荣利亦随。作时髦、志士雄材称革命；趋大老、奴才走狗也遵依。众人诮骂何曾恤？三等奴衔任我为。不念祖宗同一脉，甘为虎伥戕连枝。徒劳志士心如火，可奈同胞蠢似豕！托迹扶桑空愤愤，挽营家国恨迟迟。算吾身、亦是国民壹分子，岂堪坐视责难辞。无奈是、志量徒雄生趣窄，然而亦、壮怀未肯让须眉。博浪有椎怀勇士，抟沙无计哭男儿。又苦是、我国素来称黑暗，侠女儿有志力难为。无可奈，且待时，执笔填成精卫词。以供有心诸姊妹，茶余灯下一评之。

却说东方有个华胥国，到如今也记不起有多少年数了，只晓得国王姓黄，尊为汉皇，是一统传下来的。从前的汉皇都是很英明的，谁知后来的子孙，生性好睡，弄到一代重一代，竟有常常睡着不晓得醒的；并且为〔会〕不知不觉的一睡死了的时候都有，龙位往往为外人偷去坐了，他国人尚不知道的。这是甚么缘故呢？却不知这朝内外的臣子都有个糊涂病，并且生一对极近的近视眼，所以外人篡了位去，尚是天天嗑①头，称皇上英明神武、深仁厚泽、食毛践土、天高地厚的话，摇尾献媚，并不知道朝上换了非我同族的人，天天凌虐我们同族的人民百姓，抽饷加税，图专制之尊享，以鱼肉小民，颐指官吏。官吏因有私利可图，顶戴可染，也就奉之惟勤，不惜杀同胞以媚异族了。若有心里不糊涂、眼光远的，看见异族篡夺土地，去告诉他们，这一班臣子吓得屁滚尿流，反说告诉的人大逆不道，拿去杀了。然而官吏中如有不糊涂、不近视的，一定不能安其位的。说也奇怪，明明的好好一个人，一入了宦途，不知如何，就会生出糊涂病及近视眼来。曾有人批评过的：实因利欲薰心，污臭入目，大概就生这两种毛病了。外人见他们自己这样糊

①　嗑，同"磕"。——编者注

涂，就人人来想他这个土地，这个这里割一块，那个那里分一处，个个霸占了去。君臣却全不要紧，天天的歌舞梨园，粉饰升平的快乐，还专只搜寻不糊涂、不近视的志士来杀。这就是华胥近日政府的情状了。并且数千〈年〉传下来一最不平等、最不自由的重男轻女之恶俗。这些男人专会想些野蛮书籍、礼法，行些野蛮压制手段来束缚女子，愚弄女子。设出"女子无才便是德"之话出来，欲使女子不读书，一无知识，男子便可自尊自大的起来，竟把女子看得如男子的奴隶、牛马一样。殊不知天生男女，四肢五官、才智见识、聪明勇力，俱是同的；天职权利，亦是同的。只因女子不读书，不出外阅历，不出头做事，惟晓得死守闺门，老死窗下，把自己能力放弃得一点都没有了，让男子占了优胜地位，一步一步的想法子来压制女子？你说可恨不可恨呢？

造言设法把人欺，却说道、天赋男尊女本卑。外事女儿何可道，家庭中、又须夫唱妇方随。闺门不出方为美，内言出阃众人讥。女子无才便是德，读者识字不相宜。只合中馈供饮食，搓麻织布与缝衣。三从自古牢为例，四德犹①来不可移。女儿守节须从一，男子无妨置众妻。亦有嫌妻刚烈者，诳言七出弃如遗。恍如撒下瞒天谎，无非要、女子无谋服彼低。更恐怕、阴谋妇女潜来听，所以道、下堂定欲佩声鸣。保姆相随无乱步，晚间行路必持灯。更遇昏庸李后主，荒唐作事太离经。一时间、好戏偶将妃足裹，束为新月步生金。此言一人狂夫耳，喜了欺凌妇女的人。诈言束足非凡美，方称袅袅与婷婷。此言一出人皆效，娶妻先以小为云。女子已成奴隶性，一身荣辱靠夫君。一闻喜小皆争裹，纤纤束缚日求新。纵然是、母亲爱惜如珍宝，缠足时、那管娇儿痛与疼。泪淋淋、哀告求饶全不听，宛然仇敌对头人。戕残骨肉何其忍，一似狴庭受刖刑②。痛女子、自小何辜受此罪，模糊血肉步伶仃。

唉！可怜，自从缠了双足，每日只能坐在房中，不能动作。往往有能做的事情，为了足不能行，亦不能做了，真正像个死了半截的人。面黄肌瘦，筋骨束小，终日枯坐，血脉不能流通，所以容易致成痨病。就不成痨病，也是四肢无力，一身骨节酸痛，若是那生气痛病的都是女子，你看万没有男子会生气痛病的。产难妇人视为畏

---

① 犹，通"由"。——编者注
② 形，通"刑"。——编者注

途，生死只争一刻。这都是缠足之害，使血脉不活、骨骼痹塞不灵之故。如是天足，常常运动，自由自在，谋自立之生业，我包你就没有这等病了。从来不听见东西洋各国有产难死了多少人的话，又不听见有那一个外国有气〈痛〉的毛病，惟有中国一国的女子才有这病，可见这缠足之害无穷了。我们女子为甚么甘心把性命、痛苦送在一双受痛、受疼、骨断筋缩的脚上？往往妇女的病百倍难治，岂真难治么？只怪自己把自己看得太不值钱，不去求自己生活的艺业、学问，只晓得靠男子，反死命的奉承巴结，谄谀男子，千方百计，想出法子去男子前讨好。听见喜欢小脚，就连自己性命都不顾，去紧紧的裹起来。缠了近丈的裹脚布，还要加扎带子，再加上紧箍箍的尖袜套、窄窄的鞋，弄到扶墙摸壁，一步三扭，一足挪不了半寸，惟有终日如残废的瘫子、泥塑来的美人，坐在房间。就搽了满脸脂粉，穿了周身的绫罗，能够使丈夫爱你，亦无非将你作玩具、花鸟般看待，何曾有点自主的权柄？况且亦未必丈夫就因你脚小，会打扮，真的始终爱你。如日久生厌了，男子就另娶他人，把妻子丢在一旁，不揪不采①，坐冷宫，闭长门，那就凄凉哭叹，挨日如年了。若抱怨了几句，丈夫就可打可骂，也没有人说他不应该的。如去告诉他人，反要说你是妒妇，拈酸吃醋，传为笑柄。并且把你关得紧紧，如幽囚犯人一样，有苦无门可诉。气死了，凌虐了，傍人也不能说句公平冤苦话。若又遇了恶的姑嫜，讨了一房媳妇，好似牢头增了一个罪囚，又似南美洲的人增了一口黑奴，种种虐待，务使你毫无生人之趣。儿子有罪，都归在媳妇身上，东西不见了，就说媳妇偷了，送娘家去了；儿子本不成材料的坏东西，反说我儿子本是好的，都是媳妇来了教坏了；家中或是生意折了本，或是死了人，有不顺遂之事，就是媳妇命不好的缘故。真是眼中钉、肉中刺一般，欲置之死地而后已。更挑唆儿子虐待妻子，磨折死了，横竖是别人的骨血，不心痛的。只往北邙山一送，媒人一请，不几时，居然有填死的新人进了房了。那男子已是将女子看成玩物、牛马之物，得新弃故，是其常情。生尚如此，死更可知。今日鼓盆初歌，明日便新人如玉，何曾有一点痛惜及夫妇之情？并且

① 不揪不采，同"不瞅不睬"。——编者注

有"三年不死老婆便是悔①气"的话呢！那童养媳是更不必说了，匪②刑毒打，也不知凌虐死了多少，直成了一个女子惨世界了。这都是女子不谋自己养活自己的学问、艺业，反去讲究缠脚妆扮去媚男子，一身惟知依靠男子，毫无自立的性质的缘故，所以受此惨苦。有一种女子得丈夫喜欢的，不曾受此苦楚，也就安富尊荣，以为无上的快乐，并不知同样女子有受此惨毒苦楚；即使有人对他说了，却以为别人的痛苦与我什么相干，我又没有受罪。殊不知天天去烧香拜菩萨的人，应〔因〕为菩萨能救苦救难。诸位太太奶奶们呀！你既不肯慈悲慈悲救救苦难，已大背菩萨的心了，还求得甚么福呢？若能够诸位有福的、有钱的太太奶奶们发个慈悲心，或助钱财，或助势力，开女工艺厂也好，开女学堂也好，使女子皆能自己学习学问、手艺，有了生业，就可养活自己，不致再受这样的惨苦。这样的功德，比烧香、念经、拜菩萨，要大几千倍、几万倍呢。我想后来这些多女子脱了苦海，记念感恩，朝拜这些太太奶奶们，比拜菩萨还要多呢。这真是千年万载的名誉，车量〔载〕斗载〔量〕的功德，为甚么到无人肯做呢？我的同胞姊妹呀！不能自立的，快些立志图自立；能自立的，须发个救天下苦海中姊妹的心，不可再因循了。我们女子受那万重压制，实在苦嚄！待我慢慢再讲来与诸位听听，那压制女子的苛法，犹如：

重重地纲〔网〕与天罗，幽闭深闺莫奈何。凌虐难当图自尽，服砒吊颈与投河。昏惨惨、枉死城中冤鬼苦；黑沉沉、祈天闱内罪因多。真地狱，赛森罗，痛惜我、女子何辜受折磨！

更可恨、可笑、可痛、可哭的是：

父母全凭媒妁言，婚姻草草便相联。只贪图、今日门楣温饱足；那管你、此生佳配是冤牵。空劳爱惜如珍宝，不择儿郎但择钱！一自过门为妇矣，此身荣辱付于天。随鸦彩凤难飞展，入狱的囚徒遇赦难。怨气冲天弥大地，却使那、瑶池王母也心寒。

且说这遗毒已有二千余年。朝廷上的皇帝常常昏睡不醒，民间称为睡王，外国称为睡国。谁知这皇帝死，太子又小，却被那几个糊涂

---

① 悔，通"晦"。——编者注
② 匪，同"非"。——编者注

的臣子交讧，为一个什么爱亲王篡了位去。若说这王子，却不是汉皇祖宗血脉的正派，是三御弟私下相好的一个姓秦的妓女所生。这妓却同姓金、姓胡、姓元的皆十分相好，私通得了孕，生下个儿子，便硬说是三御弟的。这三御弟本性糊涂，认以为真，便将他母子接了进来，认为妻子。谁知他母子久蓄奸心，暗结党羽。三御弟死了，此子便糊里糊涂袭了王位，又广布心腹，乘此机会，便篡了皇帝的宝位。那班糊涂臣子，横竖只要你是皇帝，不管你姓张姓李，尽可嗑头称臣，奉承得屁滚尿流，舐痔吮痈都来的。谁知这亲王登了殿，有时竟致发昏不醒，民间就叫他昏王，朝事都归了太后，临朝执政。这且按下慢说。

且说那，瑶池王母在宫中，只见那、下界漫漫怨气冲。打听方知诸妇女，十分磨折理难容。况且是、天生男女原无别，岂独男儿气概雄？忍使毒手恣凌虐，即上界、我亦傍观气满胸。二千年、毒氛怨气弥天地，惜妇女何辜罹苦衷？速使扫除荆棘地，光明开拨一重重。因思那、尘寰妇女无能者，挽颓风、必须差遣众仙童。况且汉室行将灭，须遣英才降世中。

　　务使男女平权，一洗旧恨。宫女何在？速宣召诸男女仙童，下界作过英雄事业及有名者，进宫领旨。

一声领旨不迟挨，顷刻诸仙应召来。木兰携手秦良玉，沈氏云英联袂偕。红玉、荀灌、诸葛妇，锦缴夫人冼氏随。平阳公主、黄宗〔崇〕嘏，舌辩临风道韫才。卫娘持笔含春到，红线、隐娘仗剑来。青州歃血三奇女，费氏、韩娥共一堆。牛氏应贞能讲义，若兰苏蕙善机裁。赵女雪华、宋蕙湘，淑英刘氏、任姜崔。明末杨娥、宋末金义妇，齐王氏共唐赛儿。封绚、邵续、符〔苻〕毛氏，邹保英之妻奚氏随。关姝〔妹〕、左芬、刘氏妹，班姬、代女一同排。更有魏娥、高、张、陆，尽是忠魂毅魄魁。皇甫规妻同诸女伴，相携济济赴瑶台。

　　男仙无非是岳武穆、文天祥、谢枋得、黄宗〔道〕周、孙嘉绩、熊汝霖、张国维、钱肃乐、郑成功、韩世忠、张世杰、陆秀夫、宗泽、李纲、史可法、张煌言、张名振、章钦臣等数百人。一齐来到，参见已毕。

当时王母便开言，细把下界情形说一番："差遣尔等非为别，大家整顿旧江山。扫尽胡氛安社稷，由来男女要平权。人权天赋原无别，男女还须一例担。女的是、生前未展胸中志，此去好、各继前心世界间。务使光明新世界，休教那、毒氛怨气再迷漫。男的是、胡虏未灭遗恨在，今番好去报前冤。男和女、同心协力方为美，四万万、男女无分彼此焉。唤醒痴聋光睡国，和衷共济勿畏难。锦绣江山须整顿，休使那、胡尘腥臊满中原。"

王母吩咐已毕。只见人人鼓舞，个个欢欣，一齐拜辞而去。

众仙陆续下凡尘，各去投胎且慢云。做书人、并非故意谈神怪，明知道、神仙佛鬼尽虚云。况且是、我国妇人多佞佛，念经修庙与斋僧。每以疑心喧有鬼，更将木偶敬为神。身受欺凌称罪孽，求神保护怕神嗔。般般无不崇虚妄，不惜金钱事偶人。更可笑、婚姻大事终身配，但卜神前筶几巡。疾病贫穷委之命，不思自立卫生身。人生原是最灵物，土木何能有性灵？终日礼拜何益处？反因此潦倒困终身！神仙鬼佛诸般说，尽是谣言哄弄人。骗得那、愚夫愚妇来相信，借端便可骗金银。试问你、遭逢水火刀兵事，几曾见、有个神仙佛救人？昔年甚么红灯照，圣母原来妓扮成。甚么师兄甚么法，反被那、洋人杀得没头奔。虚言造语都为假，却不道、朝内糊涂信了真。闯成大祸难收拾，外洋的、八国联军进北京。只杀得、血流遍地尸堆积，最多是、小足伶仃妇女们。一庄①可见诸般假，再莫虚佞木偶人。只有英雄忠义辈，肉身虽死性灵存。姓名遍布人钦慕，功业巍巍救我民。卫国卫民留正气，这般人物万年尊。若得同生斯世界，却能够、保种保国保家庭。何能压制由异族，奴我同胞四亿人？若能得、男女都如古人辈，经文纬武幸何深，驱除异族真容易，何难光复旧乾坤？岂如今、恹恹待死无人救，内施压制外施兵。汉族尽为人奴隶，凄凄惨惨血痕新。这几年、志士杀了多多少，尽是同胞作汉魂。矿山铁路和海口，一齐奉送与洋人。民间疾苦何曾问？终朝歌舞乐升平。颐和园共宫前路，活剥民脂供彼身。年年赔款如斯巨，亦是搜罗百姓身。叹民间、流离颠沛贫穷极，朝廷方、梨园歌舞宴洋臣。若有不忍微言者，捉将菜市便施行。如斯暴虐如斯恶，甘把江山送别人。如何这样来施设，却原来、旗下人非汉族人。他只要、般般图得洋人喜，宝位龙廷稳坐成。即使后来中国灭，他原不失小朝庭。苦只

---

① 庄，"桩"的本字。——编者注

苦、汉族同胞四万万，一朝惨祸尽难存。劝汉人、快些醒悟休担搁，洗除积耻振精神。大家协力图保守，他年方幸早徙薪。悔吾身，从前懵懵今方觉，苦把言论劝众人。大家及早图生计，莫使他年悔太昏。叮咛几语规诸位，心头热血欲奔腾！言归正传无担搁，如今却说一家门。浙江士族黄为姓，名叫思华知府身。少年得志青云士，不愧书香世族人。祖先历代为官职，又是闽中关道身。清风雨袖居官俭，传子惟遗授一经。但是那、传家历代皆清正，性情古板不求新。女子从来不使学，读书专重是男身。前言按下谈知府，夫人桑氏甚贤能。本兹姑表联姻眷，苦伴儿夫读五经。黄母当年逝世早，惟遗膝下子三人。长子既是黄知府，二弟年俱在幼龄。桑氏过门年十八，奉姑循顺有贤声。姑死勤劳抚小叔，宛同慈母一般形。二叔年长为彼娶，艰难家事一身承。从前受尽千般苦，今日荣华不负人。遂〔谁〕知天不从人愿，纵享荣华不称心。若云何故难停歇，下卷书中再续云。

第二回　恨海迷津黄鞠瑞出世
香闺绣阁梁小玉含悲

剪剪清风阵阵寒，东瀛景物感千端。回怜祖国危如卵，未有英雄挽世艰。感触太多难习课，灯前提笔续前谈。书中曾说桑贤妇，纵享荣华境不堪。却原来、思华好色天生性，野草墙花一例攀。因此家庭常龃龉，常常反目一堂间。并非桑氏闲寻气，乃是思华太野蛮。弃旧怜新男惯性，居官人更不容谈。患难夫妻犹若此，曾〔怎〕叫桑氏不心酸？曾生四儿惟剩一，祖荫为名第四男。独子夫人多爱惜，掌中珠玉一般看。

　　黄知府字古之，兹分发来山东候补。宦途是竟尚钻营请托，如不去请托钻谋，任你材能之士，只得袖手赋闲。古之起家寒素，又性狷介，不去营谋，虽是甲榜出身，故尚赋闲，日惟以诗酒及青楼作消遣计而已。其时祖荫年已六岁，幼年多病，身体甚弱。夫人又怀身孕，已将近足月临盆时候了。岁月匆匆，正是季秋天气，又遇：

佳节重阳九月时，庭篱菊吐傲霜枝。棱棱傲雪凌霜骨，落落堆黄厌紫姿。千枝烂熳成异彩，三径繁华逞瑰奇。如矜晚节开偏艳，独占秋英数妙思。古之即对夫人道："今岁庭花异旧时。开来不是重前样，异彩奇葩炫此墀。况值登高佳节好，赏花速命备壶卮。"丫环传命厨房晓，顷刻庭前小宴施，夫妇当时同入座，傍边祖荫婢伺之。传杯弄盏多欢悦，忽地夫人绉双眉。阵阵腹痛推座起，归房仆妇尽惊疑。问之方晓将临产，慌忙的、收生接到不延迟。伺候夫人临产蓐，参汤服下数分时，满室红光恍耀眼，呱呱生下一娇姿。他年备历艰辛客，今日栖乌借一枝。丫环报喜主人晓，知府当时怒气滋："生个女儿何足道，也须这样喜孜孜？无非是个赔钱货，岂有荣宗耀祖时？"手举金杯容不乐，夫人房内已闻之。未免心头生暗气，夫妻情分忒差池；不到房中亲一亲，反教口出此言辞。问看官、生男生女皆亲系，何故看承却两歧？却原来、睡国习成轻女俗，男生欢喜女生悲。所以黄公深不乐，夫人虽不重娇姿，从来慈母和严父，分别由来母意慈。况是亲生身上肉，虽非珍爱亦怜之。取名鞠瑞怀中女，因生时、刚值黄花烂熳时。

> 唉！可怜生作华胥国中女子，自幼至老，一生之境遇亦可想而知的了。并且重男轻女的风俗，男尊女卑的训语，数千年父传子，兄诏弟，已成一种牢不可破的例规。读书世族的女子，不自由更甚。黄鞠瑞却却〔恰恰〕投生在此睡国及最究古礼之家，不知他后来自己如何能振拔出自由之舞台，因一失足成千古恨也。闲文按下，言归正传。

光阴如箭又如梭，转瞬光阴驹隙过。桑夫人、来年又得裙钗女，淑仁名字性情和。容易年华催过客，鞠瑞已是年交七岁多。祖荫是、早行上学攻书史，授业师为俞竹坡。却与黄公为表戚，温温长者四旬过。最好扶危和济困，绰号人称"老佛婆"。膝下无儿妻已逝，家无长物自奔波。黄公倩彼司书札，虽兼授业事无多。终朝吟咏新诗句，更将那、新奇书籍广搜罗。平生最爱小儿女，所以甚、爱惜黄孩妹与哥。其中最喜鞠瑞女，常引其欢笑与吟哦。忽地上司下委札，促黄公、济南署理勿延俄。黄公得缺多忙碌，僚友纷纷贺客多。

> 谢委接印，盘查拜客，自然有一番忙碌应酬。百忙中又娶了两个妾：一个姓侯，是小家女子；一个姓陶，是私开门的妓女。一同到任，其时鞠瑞虽只有七岁，

却是生来有侠肠，年龄虽小性情刚。眉目含有英棱气，傲骨羞为浊世妆。每闻见、妇女受欺和被虐，不平暗地独心伤。又见父亲所娶妾，行为奸狡又乖张；常常背地挑唆父，使计无端辱我娘。母本性情多懦弱，不能抵敌更猖狂。因此鞠瑞心中忿，无奈是、不平无计处强梁。只得暗中施巧计，周旋言语效趋跄。欲使夫人消气恼，恐因成疾更难当。随兄

常到书房内，偷诵琅琅书几章。竹坡见彼人聪俊，亦行授业在书房。谁知过目皆成诵，一目真能下十行。俞老不胜心大悦，便对黄公表女长。

说道："侄女之聪明罕有，只怕你黄家又要出第二个黄宗〔崇〕嘏了。"黄公闻之，诧异道："怎么鞠瑞也读起书来了？女子无才便是德，何必读甚么书？这又是她母亲的混帐主意了。待我去讲她一顿，叫进鞠瑞去学针箫，女孩子又读甚么书呢？"说罢便欲走。

俞老慌忙把表弟呼："请尔稍停且听吾。侄女并非其母使，是兄叫彼读诗书。因彼聪明且俊秀，玉如不琢恨何如？若云女子无才好，为甚么、今古曾传曹大姑？古来才女多多少，未见当年不羡渠。况是女为贤内助，岂宜不识一丁乎？愚兄忝为君家戚，不比他人男女殊。侄女侄男同授读，算来却不费功夫。"黄公当下回言道："表兄作事太多余。女子读书何所用，难同男子耀门间。纵使才高夸八斗，朝庭曾设女科无？"

竹坡道："女科虽没有，却听得要设女学堂了。表弟，你曾见过有一位广东人，自称甚么曼大忠臣的，不是上了条陈，要求施行新政策么？并且他的掷〔帮〕手极多，都叫什么饱狂党耶！并且有好多维新的，说道：'国家养就人材，非学堂不可，须要普设学堂；女子为文明之母，家庭教育又并非女子不可，男女学堂非并兴不可。'这样看起来，女学之设也就不远了。还不与侄女读些书，后来也不致落于人下，辜负他的才能知识呢，至小也可以做个教习嘘！"

古之即把表兄嗤："此等妖语也凭之！祖宗旧例岂容改，夷俗蛮风安可施？书院若教都毁弃，岂非辱没孔先师？男女若然无区别，岂非紊乱遗人讥？若是改装和剪发，岂非辱煞汉官仪？"黄公正欲滔滔说，俞竹坡、大笑哈哈即阻之；手指自身衣鞶等，问表弟："此装是否汉时衣？纱帽幞头斜领服，就是那、戏子穿的古时衣；方是我人汉官服，如今换了别朝的：辫发薙头和窄袖，花翎顶带与补儿。这些都是胡人服，贤弟穿之反不奇！太后临朝行霸道，反奉为圣母颂仁慈。臭名声、传扬各地人皆晓，他何曾、入学无分男女时？今之学堂非昔比，男女的、教育由来一例施。学问深时人自贵，断无淫乱败风徽。试问弟、娼妓濮上桑间者，文字书经并不知。才女古来原不少，未闻中菁有微词。若是如兹来比例，女如不学不相宜。"黄公闻语生长叹："表兄言此吾何辞？但是纵教学得才如谢，亦无非、添个佳人薄命诗！"

竹坡哈哈大笑道："表弟如何信此虚诬的话？袁才子赠浣青夫人的

诗句，表弟想见过，可知清才浓福两无妨呢！后来乘龙之选，此权操之吾弟，当留意为之相攸，毋使有才女嫁大腹贾之叹才是。微闻此女，吾弟不甚爱惜，恐后来误适匪人，未免有明珠投暗之叹耳。"黄公默然半晌道："天下父母之心，岂有不爱儿女的道理的？但是吾兄教读却可，切不可将甚么革命流血、平等自由的乱话对他们讲。我黄家是世代忠良，不要弄出些叛逆的名声，遗祸家族。如表兄从前讲的什么胡人的衣服，这样的话讲不得的嚯！"竹坡道："表弟放心，岂能遗害你家？但是你家能够出个女英雄、女豪杰，使世界的人崇拜赞扬还不好么？我只怕你家没有这样福气罢！"说着，一笑走了。

俞公当下到书房，鞠瑞闻知喜气扬。此后用心勤诵读，惊心如驰是年光。转眼已交十四岁，琳琅满腹锦成章。俞老不胜心大悦，得徒如此不寻常。其时祖荫年二十，前二年、娶了张氏作妻房。已生一子方周岁，刚是哑哑学语长。鞠瑞正好攻书史，不愁娘处要相掷〔帮〕。一朝伏案挥毫处，来了娘房婢小香；道言有客请相见，告禀先生便起行。来到堂前举目视，左边一客锦云妆；朝珠补褂多严厉，傍侧还多一女郎。眉清目秀身伶俐，锦绣周身璎珞长。约莫年华十五六，英风秀气内中藏。令人一见生怜惜，恍似前生相见常。心中转辗频思索，夫人命女速登堂；参见来宾梁伯母，深深下礼跪中央。梁氏夫人携玉手，从头至足细观详。只见那、黄女生来貌不低，容如美玉口如脂；淡淡春山含侠气，泠泠秋水显威仪；举动自如无俗态，谦和举措不骄侈；傲骨英风藏欲露，行为如不受拘羁。闻到读书曾上学，如斯聪俊恰相宜。傍边叫过多娇女，相见黄家女俊姿。同拜罢时携手视，似曾相识各生疑。问芳名、方知小玉为闺字，鞠瑞殷勤便致词："姊姊呀！莫是三生有宿缘，今朝得见此堂前。此后望君无我弃，相亲相爱两相怜。"小玉闻言生感慨，玉容凄绝泪将潜〔潸〕；低首相携呼姊姊："君言使妹铭心田。况闻咏雪才华富，可能够、收妹为徒拜座前？但恐妹儿无福分！"黄鞠瑞、慌忙便道"语何谦？姊与妹、相逢休作寻常语，客语虚言尽可捐。"桑氏笑对梁氏道："听他姊妹话长编。相携如此多亲热，应是他生有宿缘。"当下便云鞠瑞女，可同姊到汝房间。讨教姊姊书和史，叫排小点作消闲。鞠瑞当时心大悦，梁女视母却无言。并肩曲室行将去，到一处、三字题名栖凤轩。

却是鞠瑞姊妹的房间。淑仁稍有微恙，避风在房，所以没有出来。

左边的便是鞠瑞的房。进去只见纸帐竹床，窗前放一书案，满列文具诗书，傍侧数口书箱，几把机①椅，又朴素，又清雅。衬着鞠瑞一身冷淡衣服，英风傲骨，恰是此房之主，令人慕富贵的心思，可一洗而淡了。

并肩同坐话喁喁，尽诉家庭枯与荣。方知小玉为庶出，嫡母生有三弟兄。性情嫉妒多严厉，侍妾妆前未克容。打骂时加凌虐甚，小玉父、生成惧内又疲癃。此妾亦由嫡母买，人前欲博量宽洪。内中看待如囚婢，在外面、自道看成姊妹同。善工掩饰人难晓，外施揖让内兵戎。小玉生来多命苦，在家胜是鸟居笼。嫡母看承多刻薄，二兄相遇更狂凶。母女若共他人语，丫环仆妇便随踪。提防一似囚和盗，纵〔从〕未曾、夫人出外许相从。"只因伯母鱼轩过，欲妹登堂见范容；并蒙当面殷勤嘱，欲妹常来尊府中。因此母亲难却命，今朝过府胜登龙。黄家姊姊呀！今朝此语吐尊前，此言勿向外人传。嫡母若然知道了，必然怒气又冲天。妹受责时无所怨，恐教生母受熬煎。"鞠瑞点头称勿虑："妹岂无知口不缄？但是我家双父妾，炎炎势力竟薰天。百般事件由心欲，不如意时、叱婢呼奴变面颜。家人们、趋奉争先还恐后，还胜似、十倍娘亲手内权。挑唆父亲同母闹，这般方始意欣然。我母诸般惟退让，他二人、常常尚欲起争端。谁知尊宅姨娘好，伯母如斯又不贤。莫是天心留缺陷？不平我欲问苍天。但想姊身遭此劫，香闺绣阁胜牢犴。何以遣？岂能堪？辜负了聪明心与肝。不学此生难自立，靠他人总是没相干。苦海沉沦何日出，这般压制太难堪，不能自由真可恨，愿只愿、时时努力跳奴圈。深恨妹身无力助，又不能、朝朝相见话盘桓。因思姊姊同妹妹，聪明才智岂输男？见那般、缩头无耻诸男子，反不及昂昂女子焉。如古来、奇才勇女无其数，红玉、荀灌与木兰；明末云英、秦良玉，百战军前法律严。房盗闻名皆丧胆，毅力忠肝独占先。投降献地都是男儿做，羞煞须眉作汉奸。如斯比譬男和女，无耻无羞最是男。女子应居优等位，何苦的、甘为婢膝与奴颜？不思自立谋生计，反是低头过矮檐。我鞠瑞、但有机缘能自立，必思共姊出此陷人澜。惟吾姊、如兹压制何能受，欺凌作贱太难堪。虽然说、苦中磨炼成英杰，在那牛马圈中度日却如年。如此人才如此质，受此厄难实心酸。"说罢长叹生感慨，盈盈两泪滴衣衫。小玉闻言心触动，千愁万恨压眉尖。自知志量非庸碌，何苦

---

① 机，通"几"。——编者注

沉沦到这般？作客人家难㤐哭，只有那、纷纷珠泪眼中含。暗思黄女多肝胆，侠骨英风非等闲。若订金兰为义友，他年患难必相关。低首沉吟未启口，鞠瑞生疑便促言：

"姊姊为何欲言不语？我等已是情投意合，有话何妨直道。"

小玉当时吐此词，黄妹一诺不推辞。不同世俗排香案，同跪窗前出誓词："富贵不忘贫贱共，死生患难共扶持。若使他年忘此语，刀剑亡身天鉴之。"拜罢起身携手立，相亲相爱胜当时。呼姊姊，叫妹儿，已为手足胜连枝。海涸石烂情无改，正欲归坐续言词；恰逢小婢传言入："梁府夫人欲告辞。因有远亲已到府，请小姐、速行归去勿迟迟。"二人无奈慌忙出，已见夫人拂绣衣。小玉随娘同作别，梁夫人回首致言词："黄小姐、几时请到舍间去，更及高堂令母慈。望勿行客气常来往，我两家、友谊原非泛泛之。"黄女诺诺连声应，小玉相视惨别离。没奈何分手同归去，又谁知、又遇佼佼数女儿。新奇事业知多少？待我从容一一提。书到此间权歇歇，欲知情节下回题。

第三回　施压制婚姻由父母　削平权兄妹起薆菲

海外风波日逼人，回头祖国更伤心。临门大祸犹鼾睡，万叫千呼终不应。前书说到梁家事，母女回归共入厅。仆妇、丫环皆出接，姨娘、梁老尽来临。诉言来了姨太太，更同公子与千金。夫人当下忙行进，已见迎出妹儿身。当下登堂同见礼，又转过、膝前儿女拜尊亲。

原来梁夫人娘家姓关。胞兄叫关固，在江南候补，膝下一儿一女：儿名关瑞，女名不群。胞妹嫁与鲍家，亦生一儿一女：儿名儒珍，二十岁；女名爱群，十七岁。不幸夫已于五年前亡故，富〔家〕资尚富。其夫亦有一胞妹，嫁与左家，丈夫亦在山东候补，是个寒士，全靠着鲍家周济。左夫人自从丈夫到山东去后，即住在娘家的，膝下亦有一儿一女：儿名左文，女名醒华。左老爷到了山东，即写信去接家眷。鲍夫人姑嫂甚相得，叫家人送来不放心，所以自己亲自送来，又可顺便探望胞姊，岂非一举两便？故此前日到了山东，今日就带了儿女来望阿姊。刚遇梁夫人出去拜客，梁老爷即忙叫个家人去请太太回家。姊妹相见，自然有一番问慰欢悦的情形。

若言这位鲍夫人，待人和蔼性宽洪。不同乃姊多急躁，姊妹生来性不同。当下大家皆入座，谈谈别后各情衷。梁氏夫人留妹住，畅叙年来离别胸。鲍氏夫人称领命，差人左府告情踪。须臾送到随身物，更及多能婢秀蓉。仆妇、丫环皆至候，登时筵席洗尘风。席散时已交酉正，房间是、铺设西边夹衕中。

> 却是前后三间排的一进，偕侧两傍两箱①房，一个圆门。出门往左首走去，一门通上房；右首下去，一门外间，十分方便。鲍夫人甚喜其清静，便住了左首间，小姐住了右首后房，及一间箱房住了丫环、仆妇，一间做了小厨房，以便自己弄点可口的饮食。公子年纪已大，却住在外间书房里。

姊妹朝朝相叙欢，鲍爱群、却与小玉甚相安；朝来携手花间步，到晚时、玩月同倚窗外栏。或是论文教识字，小玉聪明甚不凡。爱群才学真佳好，从此后、朝朝授妹几书编。本有宿根梁小玉，稍加指点便通焉。姊妹相得如胶漆，真个言无不尽谈。一朝并坐妆台畔，叹息年光又半月宽。提起"左家有表姑，醒华名字性情贤。更多义气和情分，与姊同年体格坚。虽然没有如花貌，作赋才高不等闲。与我同居又同砚，朝朝携手共盘桓。相离半月想思甚，曾说道、明日来过小住焉。表妹见之因〔应〕合意，性情言语尽无嫌。不知表妹居此久，可有佳朋得二三？"小玉便言："休说起，妹身好似槛中猿。家室尚然难乱步，更休言交友出门阑。只有姊来那一日，算来是、生来第一次出重关。到本府黄衙参伯母，逢其女、相逢如故订金兰。名叫鞠瑞多豪爽，侠骨英风见面含。虽非国色天香色，秀目修眉樱口鲜。面如鸡蛋红间白，姣妍总宽〔究〕带威严。行为好义和怜苦，妆饰惟求朴素焉。上学攻书已数载，那形〔行〕为、不是寻常脂粉班。一自相逢同结义，令人终日意悬悬。十余日未闻消息也，想思无日不相关。黄妹不来人不至，姊处又、无人可遣问平安。身无寸柄真堪闷！"说罢嗟吁锁远山。爱群携手称："贤妹，何必如兹气恼添？姊处差人可访问，但不知、黄母为人好与堪，可如姨母拘贤妹？"小玉回言却两般："黄伯母谦和多客气，虽无二姨母这般宽；尚还不至如同妹，包你人去断不嫌。"鲍女点头称告母，明朝差婢探平安。

---

① 箱，"厢"的本字。——编者注

当下晚间，爱群告之于母。鲍夫人答应，便差秀蓉去，因彼灵利聪明，做事稳当也。那秀蓉是：

次日朝来晓日红，唤乘小轿去如风。行来不远黄衙内，只见衙前碌乱哄。通达情由呼请入，相随已到内堂中。夫人正在多忙碌，有二人、旁侧相掤〔帮〕带妒容。喜果多般桌上放，细观此景像传红。千金年纪原还幼，如何便是选乘龙？暗暗沉吟忙走上，深深下礼叩堂中。

说道："梁府小姐差来，候安夫人小姐！"

夫人闻语略沉吟，命小婢、相同去见女千金。当下丫环称晓得，秀蓉随步下阶庭。只听小婢自语道："不知在内或书林？近来连日多烦恼，碰了钉儿就痏〔霉〕气深。"秀蓉闻言呼姊姊："不知几岁甚芳龄？"黄家小婢回言道："我叫春香十一春。"秀蓉再把言词问："小姐因何烦恼生？"快嘴春香呼姊姊："我今一一说你听。有个财主苟百万，家中新发广金银。公子今年十六岁，闻言像貌尚堪憎。闻我家大小姐多才貌，特请了、魏大人君之作媒人。老爷太太多情愿，一个作怪的俞爷却说不相应。小姐亦是多烦恼，曾把微词谏母亲。太太因为苟家富，无非爱惜女儿身，回言：'自己休多管，作主还须父母亲。岂有自己羞不怕，三从古礼岂无闻？'小姐始此生了气，终朝至夕不欢欣。日来虽是攻书史，每看愁锁远山春。可恨俞爷常叹息，到言才女配匪人。人家富有门楣好，不知趣的俞爷偏爱嚼舌根。更有小姐来相信，每天背地泪淋淋。常叹气，每生嗔，兀坐还如泥塑形。这样人家偏不喜，真真呆到尽头根。偏偏苟家多性急，十余日之间聘便行。因此小姐饭不吃，一天躲得影无形。太太道彼含羞态，不许多言嘱我们。我是太太身边者，所以不晓千金在那厅。"秀蓉闻语心明白：怪道梁家未去行。料因苟子人非类，不堪匹配贵千金。可怜父母行压制，苦了亲生儿女身。我家太太多慈善，少爷小姐爱维新。料因没有如斯事，枉了黄家小姐身。正在胸中如辘转，忽闻小婢语高声：

"瑞莲妹，大小姐可在房中？"只见那丫头答应道："在自己房中呢。"春香便同秀蓉到鞠瑞房中，只见一个丫头坐在小椅上睡着，床上亦帐子低垂，原来鞠瑞睡了。秀蓉忙低道："不要讲话，小姐睡了。"鞠瑞早已听见，便问："何人？"春香道："大小姐，梁府差了姐姐来看望呢。"

鞠瑞闻言便起来，秀蓉走过叩尘埃。慌得鞠瑞忙挽住，叫醒了、小环移橙靠床台："请坐。"秀蓉称："不敢，小环侍立正应该。"鞠瑞便言"休若些〔此〕，人无贵贱请休推。"秀蓉只得斜金坐，春香自去把主人回。鞠瑞坐中举目视，只见此女好身材：脸似芙蓉腰似柳，削肩樱口翠生眉；眉目俏而含勇气，不同凡俗贱人胎。品格端严伤沦落，莫不是、红颜薄命数应该？心中顿起无穷感，默默相思口不开。

秀蓉亦把鞠瑞一看，只觉侠骨稜稜，英风拂拂；目虽美而有威，眉虽疏而含彩；精神豪快，身体端庄。却为何有此厄难？当下便致小玉之命。鞠瑞亦问小玉近状，秀蓉便一一告知。

鞠瑞闻言叹一声，便言："多感贵千金。梁妹有人相伴处，料因可少受众欺凌。回时与我传言告，余身无恙勿萦心。只因别有无谓事，恼得人、近日心中懊闷生，过日登堂携手诉，及拜望尊主贵千金。不知蓉姐尊庚几，何时身入鲍家门？主人相待如何样，可曾识字读书文？如此人材真屈辱，名花落溷恨难平。若得与君受教育，何难为当世一名人。他年若有自由日，必誓拔尔出奴坑。结为姊妹相磋砌〔切〕，造成必是女中英。"说罢喟然生太息，秀蓉知己感深恩；暗思自己身落井，反如此多情爱我身。热心令我多感激，我却正、为你愁烦愤不平。当下回言："侬主母，更同公子与千金；一般多似仁人样，不似他家待婢形。婢身更是蒙优待，也曾小姐教书文。略知一二诗和句，于今年已十五龄。七岁卖入鲍家内，主人相待自多恩。自身无计能自拔，只因是、身卖人家没话论。多谢今朝青眼视，毕生知己感深情。"

鞠瑞微笑道："这就更妙了。能有鲍千金这样诗人，教出来弟子自必不弱。有了学问，后日必可自立的。但我说要想救你出火坑的话，只怕秀蓉姐暗中要笑我痴人说梦说〔话〕呢，因为我如今反不能如你呢。"秀蓉连声称"不敢"，又说了几句安命达时的勉强解劝话，更劝他到梁府去散散闷。鞠瑞冷笑道："我却不晓得安命，只怕安不下去呢。我本想来探望小姐们，明天不来，后来〔天〕准来。"秀蓉便告辞出外，又辞了太太，太太便发了赏钱及果子，叫转候夫人、小姐。

衙前上轿便归家，已见飞飞噪暮鸦。到了家中身入内，不见主人静碧纱。回身便到梁家去，只听得小玉房中人语哗。忙进去、只见主母和小姐，双双同坐帐中纱。小玉卧床惟痛泣，秀蓉一见大惊讶；慌忙便问："因何事，莫是欠安发了痧？"爱君便道："你去后，此间闹得乱如麻。

事因只为薛姨起，忽地平空发了痧。表妹不胜心内急，买药慌忙恳老妈。未曾告禀堂上晓，况是姨母性格差；未必肯为料理药，稍迟人必赴黄沙。所以暗恳金老姆，买药偏偏有了差。误了之时盘问起，方知买药走长街。姨母骂：'何不告我？'傍边钻出二王爷，便骂：'小玉真胆大，眼内何曾有母耶？莫非倚了妖娆势，欺凌母子霸当家！'梁小姐刚刚身走到，慌忙辩道：'兄言邪，一时急得无主意，未禀娘亲是我差。'言未毕时兄走过，夹脸兜头一嘴巴。小玉不妨〔防〕身跌倒，二少爷、更将拳脚一齐加；口中不住唠叨骂：'今朝打死小淫娃！拼得我来偿了命，免气娘亲挑拨爷。'可是冤枉真气煞，你看这、几处伤口使我嗟。若非秀锦飞来报，我母女忙来救护他；若是少顷迟一刻，真教打杀赴阴衙。"

> 秀蓉道："难道薛姨奶也不出来救救么？"爱群叹道："你还说薛姨娘呢！一则病刚好，二则上去亦无用，不过同挨一顿好打罢，还敢讲甚么话？"秀蓉道："难道太太也不说姨太太不应该的么？"鲍夫人道："我何曾不讲？姨太太说是：'儿子气强，不能忍受，叫我做娘也没法，难道我叫儿子欺凌女儿么？我待薛姨并没有错处。女儿虽是妾生的，同我生的一样。横竖兄妹生气，大家都有错处，叫我也不能说那一个好，那一个不好。'你想想，一派光明正大的好看话，难道我姊妹好反脸不成么？"爱群忙道："莫多讲，提防窗外有人窃听。"随叫了几声"秀云"，不见答应，骂道："这东西又不知跑了那里去了。"

"表妹一自起纷争，至今痛泣未曾停。薛姨娘又到堂前去，伺候主母未归门。你去黄家如许久，到底是、黄家小姐若何云？明朝去请他来此，谈谈以解妹胸襟。"秀蓉便道："休说起，他今烦恼十分深。"小玉住悲惊问道："却因何事这般形？"秀蓉便诉今朝事："只见挂彩与张灯。夫人正在多忙碌，般般果点配时新。访问丫头知底细，传庚今日聘千金。原来射雀乘龙选，无端中了苟家门。"鲍夫人连声叹说道："原来是、苟才做了雀屏人。其父名叫苟巫义，为人刻薄广金银。从前本是婺人子，开爿饭铺作营生。不知因了何人力，结识了、同里忠奴魏大清。从此改营钱店业，提携平地上青云。家资暴富多骄傲，是个怕强欺弱人。一毛不拔真鄙吝，苟才更是不成人！从小就、嫖赌为事书懒读，终朝捧屁有淫朋。刻待亲族如其父母样，只除是、赌嫖便不惜金银。为人无信更无义，满口雌黄乱改更。虽只年华十六岁，嫖游赌博不成形。妄自尊大欺贫弱，自持豪华不理人。亲族视同婢仆等，一言不合便生嗔。要人人趋奉方欢喜，眼内何曾有长亲？如斯行动岂佳物，纵有银钱保不成。相女配夫从古说，如何却将才女配庸人？"爱群问母因何晓，夫人道："今朝左府表兄身，到此闲谈曾及此，深嗟彩凤配凡禽。未曾提及女家姓。所以为娘尚不明。今闻秀蓉言苟宅，方知就是姓黄人。但不知、黄家夫妇因何事，掌中珠许这般人？"秀蓉便道："为媒者，亦是忠奴魏族人。于彼乡中为世族，闻与苟家同伙作营生。名叫君之排作五，人说是、率直无欺魏大人。黄府是、一来闻道苟家富，免教娇女受清贫；二因魏宅为媒介，道彼无欺一口应。也曾差家仆出探问，归来俱说甚相应。料因人地生疏难访出，况复家丁是小人。但知豪富余非要，又遇苟家性急便传庚。黄家小姐微词谏，谁知难挽母之心。因此十分生气恼，婢去见彼卧枕寝。"鲍夫人道："魏君之、外貌真诚谲诈深。可惜黄家好女子，已结婚姻无话论。"小玉、爱群齐痛惜，连声叹息感伤深。不知鞠瑞后来如何样，可得飞腾出火坑？此卷书中权一歇，详言且听下回云。

第四回　痛煞女儿身通宵不寐　悲谈社会习四美同愁

风潮蓦地起扶桑，争约归来气未降。寄语同心诸志士，一腔热血总难凉。偶留湖地为授教，课余偷暇再开场。前文说到梁小玉，受兄凌侮实堪伤。一到黄昏鲍女去，一人独卧更凄凉。薛姨慰女同伤感，起更时节亦归房。闭门小玉身归寝，面对银灯怨恨长。无限伤心来五内，反复倚枕一思量：己悲身世无生趣，不死还因为了娘。自恨身非作男子，不能腾达与飞黄；不然奉母他乡去，免在如兹气恼场；亦可清贫供椒〔菽〕水，却怜生作女儿郎。出门寸步无行处，人地生疏难远飏。手内更无钱与钞，可怜身世怎凄凉。频转辗，再思量，泪滴千行与万行。唉！梁小玉呀！难道今生是怎〔这〕般？母兄残虐更何堪！自怜身亦非庸俗，志气常期花木兰。心亦雄时胆亦壮，识人双目每非凡。何苦天教遭此境？无才不学后来难。幸喜鲍家表姊至，连朝讲解授书编。过目不忘依自许，只愁那、鲍姊难常在此间。去后依然无学处，父亲是、女儿竟作等闲看。二兄暴虐如斯恶，未见他身出一言。然难怪父亲原惧母，但何苦作孽纳偏焉？若无生母何生我？沦落生涯不值钱！各处都、侧室专权欺结发，目无正室惯使奸。男子喜妾皆护彼，一家吵得不安然。嫡房子女皆靠后，惟彼堂皇掌大权。如此妾妇原不好，难怪人人切齿焉。家室不和皆为此，夫妻反目受敖①煎。但是我母胆小多柔顺，断然不是此等偏。怪嫡母、何须博甚宽洪号，却使有、今日娘儿受苦端。梁女痴想无言泣，忽地寻思一惨然。唉！黄家妹妹呀！可惜貌佳才更佳，这般际遇实堪嗟。英风傲骨成何用，侠义如山埋没他。爱姊情深思救姊，谁知自身落井仗谁耶？莫是姊身多厄运，结义后、致连妹亦受波喳；莫是红颜诚薄命，空劳志大愿难奢；莫是前生冤孽重，今生受报不相差；莫是才高遭神鬼忌，不容消受好韶华。

　　小玉呀！你后来不是〔知〕怎样结局呢！

一声长叹更思寻：自身他日若连姻，亦难得有如花眷，比翼无非是孽冤。嫡母、长兄同作恶，喂狼喂狗岂相怜？若然误配终身恨，不若当时一命捐。自知小玉如兹命，难得今生结好缘。到不如、奉母天年寻自尽，此身无挂亦无牵。更思黄女多豪爽，志大才高情更坚。劝我常思图自立，我愁你、此生难出此重圈。婚姻已定难更改，空自嗟吁气恼添。遇人不淑真堪痛，彩凤随鸦飞展难。唱和无人谁共语，俗奴浪子配才媛。冰炭岂堪同炉灶？今生境遇万难安！他是亲生父母犹如此，何况儿家更不足言。终身大事如兹重，岂可轻凭媒妁谈？黄家伯母人和婉，为甚么、遇事行为这样蛮？鞠妹谏时何不听，反行压制强牵联？须知女的壹生事，苦乐荣辱尽相关。岂堪草草来许配，不问人家好与堪？纵他家、广有钱财成何用？与媳妇、由来半点不相干。况且是、暴发人家无礼仪，必定是、妄自骄侈大似天。夜郎自大何须说，看得他人不值钱。那知道怜才与爱士，识人双眼似盲然。美玉明珠何能识？礼义无知只晓钱。何曾晓得文和句？俗子庸夫是等闲。马粪如香添细细，《怨诗》空记赵飞鸾。彩凤随鸦鸦打凤，前车之辙断人肝。淑真枉有才如锦，遇人不淑恨难填。道韫文章男不及，偏遇个、天壤王郎冤不冤？袁家三妹空能句，配一个、高子真如禽兽般。难道是、真个才人多命薄，都无非、父母连姻不择贤。若是黄家鞠瑞妹，他日收场也这般；令人想起身惊战，埋没了、如此人才欲问天。空教结义多相爱，愧无力能为妹助焉。真可叹，实堪怜，不平最是这苍天。何苦生了人才又作贱？只落得、名花落溷鸟呼冤。衔泥有愿难填海，炼石无才莫补天。若都是这般来结果，不如不生反安然。小玉愁人兼愁己，嗟吁直到五更天。须臾晓日笼窗际，起身下帐拔门闩。生母房中忙问询，方知昨夜甚安然。薛姨举目

---

① 敖，通"熬"。——编者注

观亲女，消尽红颐两颊妍。面似黄花眼似肿，不胜痛惜珠泪弹。泥人土佛同相慰，一壁言时两泪含。归房草草忙梳洗，爱群来了问平安。一观消瘦连声叹，料因一夜未安眠。劝慰殷勤携玉手，问安同到母姨间。并言欲要表妹妹，同到儿家玩一天。关氏无言点首应，稍坐待、相携素手到西边。鲍母亦同相劝慰，早餐用罢献清泉。谈谈说说无多刻，跑入丫环小秀莲；报言来了左小姐，爱群命接其心欢。须臾走进多娇女，万福深深见礼完。并言新得闺房友，今日同来尊府间。鲍夫人、慌忙问道："何不见？"左女回言："轿慢焉。"母女忙差侍婢候，到来迎入勿迟延。丫环答应飞跑去，少刻时、闪入风流一玉颜。明眸皓齿多风韵，明秀难描体态妍。大家见礼通问字，方知江女籍江南；振华名字年十五，父亲候补本城间。一见如故诸女伴，大家聊坐笑言谈。左女问道："梁家姊，何事容颜瘦这般？莫是玉体违和也？"爱群闻语叹声连："何曾疾病沾身体？"便诉欺凌事一端。二人听了皆生愤，江家小姐便开言：

"唉！我们女子生在世上，那一种不是卑贱的？大小事情，连讲句话都是无分的。"

左女当时叹一声："可怜女子不如人！生下若然为女子，便称悔气别家人。父母明道尤相爱，不明理之人见便憎。总说女为无用物，无非赔嫁贴金银。男子生时多爱惜，上学攻书读五经；女儿不许亲书史，反道是、女子多才命不辰。细想起来、我们女子何曾弱？才识同男一样平。若能读就书和史，能出外挣钱养二亲。苦只苦，女儿无地谋生计，幽闭闺房了一生。妹身幸得家庭好，阿兄教读五经文。虽然不得称才女，较胜愚夫两目盲。心中常愤世轻女，胸中壮志日飞腾。实因女子无生计，出外难能四处行。身欲奋时行不得，叫人恨煞女儿身！鲍妹多才人尽晓，江家妹妹更超群。梁家姊姊如兹聪俊质，想来才学定胜人。比他不学诸男子，算起高他几十份〔分〕。如何俱是甘雌伏，想起令人愤不平。"

江振华叹道："女子苦处多呢！最可痛的是：

婚姻误配与俗儿，惨煞佳人薄命辞。说甚夫为妻纲之谬语，妄自尊大便骄佟。流连花酒憎妻子，深闭长门损玉姿。打骂凌虐常有事，宠妾凌妻多见之。或有那、一是经商去外省，娶妻讨妾撤家妻；冻饿不关情义绝，一任你、啼饥号苦叹无依。或有那、曾自从前伴苦读，清贫受尽耐寒微；一朝得志为官日，便娶美妾与娇姬；把妻撤在九霄云外去，前日恩情尽不提。忘恩负义无情辈，弃旧怜新本惯的。更有那、公婆遇了凶恶辈，阎王殿上不差池。憎媳妇，宠孩儿，任儿游荡反挪〔帮〕之。亦有夫妻和合者，反说道、媳来儿不似先时。骂忤逆时嗔及媳，挑唆是你怪妖姿；务使其夫嫌妻子，方遂私欲喜孜孜。亦有夫本轻薄子，嫖游赌博尽来之；嫌妻妻已无生趣，恶姑嫜、尚更挑唆虐待妻。更有才女嫁于大腹贾，随鸦彩凤更堪悲。空有满腹才如锦，徒将怨恨托吟诗。更无有个人儿解，独守空房泪万丝。性情暴虐庸夫蠢，岂识梅花幽雅枝？知己不逢归俗子，终身长恨咽深闺。叹古来、埋没多少才能女，空对东风怨子规。思量此景令人惨，恨煞苍天惝不知。忍待我女子如斯酷，既忌之而又厄之！"说到此间眉紧蹙，一回眸、又观梁女泪淋漓。

即问道："小玉姊姊如此伤悲，必有所感，何妨说与妹儿听听？"小玉道："姊姊，小妹有个义妹，就是本府黄太尊之女，名叫鞠瑞。从七岁起到如今十四岁，真个是满腹文才，罗胸锦绣，为人又英武又义侠。谁知近日父母许配了大腹贾苟家儿子，却却〔恰恰〕的是个纨绔无赖子弟。这不是千古的憾事么？"

不觉唏嘘叹息连："不平最是这苍天；既生黄妹如斯质，忍使狂风损玉颜？不知今日如何样，只恐怕、消瘦容颜更不堪。痛惜嫩芽初发候，妒花风雨便摧残。邯郸才人嫁走卒，不使文萧〔箫〕配彩鸾。此恨怎消真可痛，叩阍无计欲呼天。彼自亲生犹若此，他人何计解冤牵？"无限感怀无限恨，盈盈珠泪滴衣衫。诸人闻语皆凄惨，鲍女长吁吐玉言：

"女子那一种不是苦的？

一世幽闺闭此生，有主何能作一分，寸柄毫无惟受制，宛似孤儿把主跟。在家父母无教育，从来不准出闺门。终朝督责攻针黹，弯得腰驼背也疼。绣过枕头还裤脚，作完镜搭又茶瓶。帐檐帐挂和围锦，裙幅裙边更画屏。表袋刚成加扇插，袖儿绣罢绣衣衿。更有诸般生活等，穿针配线日求精，终朝无暇闲行走，待得完时脑已昏，或成痨病难医治，即不成病、也是肩耸背曲作畸形。绣来实是全无用，枉费银钱买苦辛。无非陪嫁图好看，试问他、遇夫不淑枉时新。或是儿夫无用者，繁华难救彼身贫。遇了丈夫轻薄者，后来弃作路傍尘。立身无计徒受苦，难将衣物过平生。若是丈夫浮荡者，卖将赌博作输赢，徒劳低首朝朝绣，此刻何曾抵一文？"小玉接口称贤姊："世事言来尽不平。最恨古人行毒制，女何卑贱子何尊？纵有百万产业女无分，尽归儿子一身承。分明都是亲生养，一般骨肉两看承。嫁出门时由你去，任人凌虐当无闻。反目常占非偶配，反言是汝命生成。'三从'更是荒唐话，把丈夫、抬得恍如天地尊。虽然名曰称夫妇，内主何能任己行？般般须听夫之命，一事自为众口腾。夫若责时惟婉应，事事卑微博顺名。由夫游荡由夫喜，吵闹人讥妒妇人。吃尽艰劳受尽苦，到贵时、眼前姬妾早成群。更有游荡家不顾，另营金屋贮新人。家妻纵是能娇妒，外事由来岂得闻？或是家庭常反目，凌虐妻房不当人。闺中气死还啼死，夫已逍遥花柳行。若是下等人家的，堪为仆妇另营生，免教受此肮脏气；若是生为上等人，寸步出门须轿子，丫头仆妇要随跟。外事一些不知道，又无才学作营生，出外又难为仆妇，真个是、气煞身儿怨恨深。南院笙歌北院哭，新人欢喜旧人颦。花月青春等闲度，带愁带病度晨昏。稍行抗拒夫无礼，外人尽道不贤名。家事何能由自主，产业等、尽为夫物归无分。一生好是为牛马，又是那、买断奴才把主跟。死时一物非妻有，都是他家有主人。百金作主都不能彀，有事情、出头不欲妇人身。若无男子来出面，女子无人信汝云。养女不使谋生计，嫁过去、夫自豪华母自贫。欲思周济娘和父，便是夫门大罪人。夫家若是多贫困，母宅豪华岂指囷〔困〕？女身左右无权柄，何是卑微若此形？世间只有男女界，气煞人来最不平。只因女子、不能自立谋生活，倚靠他人是贱人。吾身偏是居于女，又遇家庭苦厄人。不能自立谋生计，他年难得好收成。空教愤世何能彀，救我同胞离火坑。我母身为姬妾队，此生那有出头辰？我不怨嫡母相待酷，但是你、既妒何须置妾身？吾身今生何希望，无非奴隶锢终身。老天既是无公理，何苦生成我辈人？"说到伤心成一恸，千行珠泪湿衣衿。三女思至诸痛苦，尤恐他年身自经。女界中、如兹惨像何人脱，忍不住、一齐痛泣默无声。却逢秀蓉端盒入，排来佳点享佳宾。一睹此情心内讶，不能相询但沉吟。

好端端的，大家这样伤心，必有甚事。问又不好问，放又放不下，十分纳闷。只得排好碟子，请小姐入坐，说道："太太因来客人，有事商议，不能奉倍①。请小姐们不要客气，随意用点罢！"

众人收泪各抬身，勉强相让用点心。半块香糕吞不下，请茶慢饮各无声。半晌默然皆不语，低头各自弄衣衿。爱群只得将言岔，便问江家姊姊身："诗才久仰如谢女，清过梅花香过芸。前日里、拜读佳编真羡慕，

---

① 倍，"陪"的古字。——编者注

可肯收妹作门生?"振华当下忙谦逊:"姊姊如何客套深?妹虽学吟知一二,那能如姊有才名?拜倒不遑妹真佩服,咏著〔絮〕才高独数君。"醒华便道:"都休逊,二位诗章尽有名。如妹真堪遗笑者,涂鸦初学亦惺惺,打油之作真惭愧,说起教人笑破唇。怎如表妹和江姊,丽句清词俊逸新?佳句不厌千遍读……"振华忙道:"莫虚文。久闻诗赋文章好,到处扬名胜左芬。高才博学人难及,何必今朝挖苦人?"醒华正欲回言答,忽闻得、环言:"鞠瑞已登门。现在梁家太太处,叫人来请小姐身。"小玉起身忙欲走,三人拖住道:"稍停。"不知说出何言语,下卷出了惊天动地文。书至此间权一按,喝口香茶再诉明。

第五回　　美雨欧风顿起沉疴宿疾
　　　　发聋振瞆造成儿女英雄

中华黑暗数千年,女子全无尺寸权。今日辟开男女界,舞台飞上振螺环。前文诸女所谈事,料看官看了也心酸。愧无彩笔生花手,不能将、女人痛苦说完全。不知缺漏多多少,总一句、女子生为牛马般;受苦受囚还受气,一生荣辱靠夫男。西洋人、说道我国的女子,任人搬弄任人玩。若比男子低去五百级,呼牛呼马尽无嫌。无学问、工艺学科都不学,媚男子、不愁婢膝与奴颜。闻此言、令人无限伤心甚,几度临风血泪弹。叹同胞、不知何事甘卑贱,为奴为畜也心甘。反言女子本无用,不思量、亦是四肢与五官。才智何曾逊男子?不求自立但偷安。说到我国之社会,犹来男女未平权。说到女人诸苦处,作书人、那禁痛泪一潺湲。但祈看者须细味,莫作寻常小说看。其中血泪多多少,无非要、警醒我同胞出火坎。但愿我、姊妹任人图自立,勿再倚男儿作靠山。闲言按下书归正,前文说到鞠瑞到门阑;小玉刚欲回身走,三人扯住说情端:"何妨差个丫环去,请黄家姊姊到此间。我等畅谈真爽快,何必拘拘到那边?"小玉便言妨〔防〕母说,爱群道:"何妨便说我娘言?姨母须知怪不得,木梢自有母亲捐。"当下出来忙告母,叫秀蓉速去勿迟延。秀蓉去了无多刻,来了黄家女俊贤。堂前先见鲍家母,走过了、四家姐妹立齐肩。大家平礼来相唤,然后邀进卧房间。鲍母因有客人在,故而其时不得闲;叫女相陪身自去,众姊妹、大家逊座各相观。鞠瑞携手梁小玉,惊讶他、何事容颜瘦这般。

　　"呀!姊姊为甚么这般消瘦?昨日我问秀蓉,说没有病耶。"

小玉闻言诉此端："姊身命舛复何言？但是妹亦多消瘦，还劝你、善自宽怀保重焉。这也叫无可奈何事，父母为之悔亦难。"鞠瑞不胜心气愤，红霞飞上颊腮间；冷笑一声称义姊："妹儿是、作兹奴隶实难甘。虽然父母曾生我，本应该、孝敬堂前博父母欢。名誉无伤身自贵，不至淫乱削亲颜。这般便是儿无错，父母须、使儿无缺得完全。却如何、婚姻大事终身配，不择儿郎但择钱？谬云撞命真堪笑，难道是、女子生来牛马般？并未见彼子人何若，学问何为好与奸。一些不察其中细，但听无凭媒妁言。说起又笑又好气，我却须知不服焉。近日得观欧美国，许多书说自由权。并言男女皆平等，天赋无偏利与权。强国强种全靠女，家庭教育尽娘传。女子并且能自立，人人盛唱女子权。女英女杰知多少，男子犹且不及焉。学校皆同男子等，各般科学尽完全。不同我国但学经和史，彼国分门各有专。普通先学诸科目，再进高等学校间。大学专门诸学备，哲学理化学并然；工艺更加美术画，师范工科农业完。般般学业非常盛，男和女、竞胜求精日究研。所以人人能自活，独立精神似火燃。男子尊之如贵者，见女子、起立躬身礼数谦。

凡茶楼酒馆，如男子先坐，见女子须起立致敬。如坐车人满了，见女子入来，必须起身让坐。女子则不然。彼国之女子何等尊贵？因人人能独立，不倚靠男子，一也。凡事皆能拼命去做，所似〔以〕女英雄甚多，使人生敬畏之心，二也。家庭教育非母不可，诞育国民非女不可，故文明国的男子皆明男女关系，又利权均一，三也。

此生若是结婚姻，自由自主不因亲。男女无分堪作友，互向〔相〕敬重不相轻。平日并无苟且事，学堂知己结婚姻。一来是、品行学问心皆晓，二来是、情性志愿尽知闻。爱情深切方为偶，不比那、一面无亲陌路人。平日间、相亲相爱多尊重，自然是、宜家宜室两无嗔。更遇女权多发达，人人独立有精神。出外经商女亦有，学堂教习更多人。养身执业全无缺，男女权衡一样平。爱国心肠如火烈，国自强而家不贫。我国女子相比并，一居地狱一天门。相去何只千百丈，难道是、我辈生来不是人？无非自己甘卑贱，愿为奴隶马牛群。受他压制甘如饴，但将那、梳妆衣饰讲时新。身作幽囚无怨恨，沉沦地狱不翻身。不思自己求学业，不思自立免求人；不思脱此奴隶网，不思作个女中英；不思名誉扬中外，不思勋业染丹青；不思烈烈轰轰做，使千载人俱慕姓名；不思身受千般苦，不思跳出陷人坑。妹今觉悟从前梦，遂我雄心事可行。槛鸾谁解怜文彩，有日飞腾入九冥？冲破痴迷求自立，妹今要求学向东瀛。

所以今朝来问姊，未知道、可肯相同一起行？"鞠瑞说罢一夕话，在坐诸人喜又惊。

乱哄哄问道："真有此等好事么？使我等如梦初醒。但未知女子求学已曾有人否？"鞠瑞道："已见载有某女士去矣。"众人大喜道："我们正在悲痛我们女子不能自立，辜负才华志向呢，这却好了！但是黄姊姊从何处得此消息呢？"鞠瑞道："妹的先生甚喜惟新，近购得此种书报示妹，并为指点外间情形。若是家中，何能得有此种书看？"小玉道："我何曾不想同妹妹去，但那里来的钱呢？"鞠瑞道："姊姊勿忧，妹已思得一款。因苟宅急欲娶亲，以十七岁过门，母亲早已措出千金，为备衣饰之用。此银可窃取到手，与其拿来喂狗，不如妹拿来作学费，不好么？亦彀我姊妹二年之用。后之接济，俞先生云为我设法，这就不要紧了。"

爱群当下便开声："黄姊姊、所言令我意难平。只思梁妹相同去，难道是、我等三人不是人？虽是无才智又短，也堪附骥竞风云。今岂有甘居后者，但是须、有个男儿同道行；不然是，人地生疏诸不便，恐使失道或迷津。"鞠瑞慌忙呼姊姊："妹岂不愿诸姊一同行？一则恐、诸姊难脱家庭缚，二来未有许多银。若云迷道请休虑，一路航轮路坦平。何须依赖于男子，难道吾人未克行？责任妹甘身独任，须知不误姊姊们。诸计妹已筹划好，方能决计脱身行。但是银钱须措办，尚无资斧事难成。"

左醒华、江振华齐道："我等亦稍有衣饰，尽可变卖，但一时苦无受主耳。"鞠瑞道："这容易，盘费妹处共用，物件暗地交我先生，托他售去。"二人皆喜道："甚好！"小玉即闻〔问〕爱群道："姊姊如何呢？"爱群道："我母亲处亦可窃得多金，并金珠首饰等，四五人并在一处，亦可得数千金，大约我们姐妹三年学费是不要愁的了。但大家都要同心合德，不分彼此才好呢。"众人齐声道："姊姊之言不错，若不同心合德，共患难甘苦，怀二心者，不得善终！"振华道："我们这〔怎〕样集合，并设何法子脱身呢？"醒华道："五月八日，兹舅母寿诞，借此集合，并可多携手〔首〕饰。但如何脱身，却要闻〔问〕黄姐姐了。"鞠瑞道："妹已预备一切了，如此如此，不好么？"众人低声喝彩道："妙！"鞠瑞道："此日任何阻力，务必齐集；一人不到，即不能待矣。"众皆点首。鞠瑞又说起放脚的话，众人答应。振华稍有难色，恐放了不雅观。鞠瑞便把缠足的害处开解与他听，又道：

"缠足犹来最可羞，戕残自体作莲钩。骨断筋缩多痛苦，行走何能得自由？积弱成痨因此足，无能不学更何尤？自顾不暇行不得，扶持全要仗丫头。行路若然过数里，脚儿痛得像脓抽。终朝兀坐如泥塑，患难来时作死囚。身欲逃时行不动，受人凌辱自家求。更有一班无耻者，因夫喜小，便将足布狠加收。束成三寸夸莲瓣，行如风摆柳枝头。自道十分真好看，倚门盼望命风流。不图振作反自喜，甘为儿夫作马牛。谁知道、弃旧怜新男子惯，岂因足小便难丢？再去讨个妖娆女，便把你、从前恩爱一齐勾。宠小妾，买丫头，终朝调笑乐温柔。可笑讨好无处讨，只落得、长门冷落作幽囚。可怜受尽千般气，小足何能解尔愁？更有那、花柳淘情家不顾，一双小足亦难留。争如放足多爽快？行道路、艰难从不绉眉头。身体运动多强壮，不似从前姣又柔。诸般事业皆堪做，出外无须把男子求。求得学问堪自食，手工工艺尽堪谋；教习学堂堪自养，经商执业亦不难筹。自活成时堪自立，女儿资格自然优。尖尖双足成何用，他日文明遍我洲；小足断然人唾弃，贱观等作马而牛。"鞠瑞言时众称然，振华一笑啭莺喉："不是一言相激动，那里来、这般妙论若潮流？唤醒痴迷真拜服，愿将此语遍传邮。使我等、闺中姐妹多惊醒，撇却了、从前丑习事雄獸。奴隶心肠一洗尽，跳出重牢把学业修。方知女子非无用物，独立精神男子侔。从今打破愁城府，改革何需戈与矛？学艺成时皆可自立，无靠无依不用愁。若是与今燕雀处，何似他年鸾凤俦？自由花放文明好，平步青云十二楼。我今醒了繁华梦，独立心肠坚更遒。任教压制千钧重，不求学时死便休。"众人赞道："真英物，从此闺人痼疾瘳。"大家议定多高兴，谁知属垣有丫头。

> 且说秀蓉因见众小姐悲恸，十分疑惑，当下在套间内蹑足贴耳潜听，却却〔恰恰〕听了一个明白，心中不胜感动，因思道：主母甚爱小姐，何妨待我以言试探。主母如肯，亦免得典钗质钏；若不听从时，暗中当冒险以助一臂。因太太此来，拟为少爷捐官，携有万余金银票，惟我知其处。窃来为学费，数年足足有余。况且主母家资甚富，此区区者，亦无足贫富，拼得我受几顿打骂便了。

当时想定在胸前，便来主母卧房间。客人已去房栊静，便言道："小姐都在痛泪潜〔潸〕。"鲍母惊问："因何故？"秀蓉便诉此情端："只因女子皆受苦，又无学问又无权。嫁出去、公婆凌虐许多苦，又恐误配失所天，才女婚姻归俗子，后来必定受敖煎。说起大家皆痛苦，所以伤心尽泪弹。"鲍母便言："真可笑，他们未免大痴憨。若是我同左姑太，断不致、将儿误配为银钱。必为选个多才婿，却欲他年凤配鸾。不同黄宅之父母，红丝乱许苟儿牵。何须背地偷弹泪，这也希奇事一端。"秀蓉便道："非因此，却是其中有别端。只因来的黄小姐，说起外国女同男。大家都入学堂的，教育无非彼此间。求得学艺堪自立，女儿执业亦同焉。有许多、女子经商或教习，电局司机亦玉颜。铁道售票皆女子，报馆医院更多焉。银行及各样商家店，开设经营女尽专。哲学理化师范等，普通教习尽婵娟。人人独立精神足，不用依人作靠山。美国近来人考较，女的有、七十二份教习权。各处女权多发达，平权男女两无嫌。不似我国之受苦，一生荣辱靠夫男。所以小姐都感动，亦思求学到外边。

> 恐怕太太不肯，所以忧愁。我想太太何不顺从小姐，使他到东洋留学三年回来。一来随了小姐的心，免得忧出病来，有伤玉体，使太太又着急；二则求了学问，小姐有了名誉，岂不是太太的光荣么？

小姐从来性情坚，每恨自身不作男。志量徒宏生计窄，跳不出重重奴隶圈。今朝听了这番话，真好比、花木逢春月又园〔圆〕。分明死去重苏醒，恍似醍醐灌顶间。求成学问和工艺，自由男女说平权。脱离地狱登天阙，扫除苦厄自欣然。从此后、灵苗善果能成熟，又岂肯、湮没才华不占先？若是不许来束缚，恐教弄出别情端。夫人爱惜贤小姐，还请三思详细参。"
鲍夫人道："胡说！女儿家晓得吟诗作赋便了，还到甚么外边求学？他从来不曾离我，难道我舍得把他远去么？"

> 秀蓉重再禀夫人："妄渎言词望下听。若怕分离情不舍，须知总要结婚姻。自然嫁到他家去，母女总难聚一生。尚遇姑嫜多恶狠，或然夫婿木无情，那时节、太太痛惜亦无可奈，只落得、两地悲伤泪满襟。何如使小姐能自立，此身生活不求人。不依靠他人人自贵，方是文明幸福深。他年进了文明界，千古传扬贤母名。成就千金雄大志，方算夫人爱女心。"鲍母听完一夕话，半晌无言喝一声：

"你这丫头莫非疯了？我家广有钱财，亦不致要小姐自谋衣食；若是后来许配，我只招女婿进门，不嫁女儿出去，难道也有气受么？

小姐不过一时听了黄小姐话，所以说说。我且问你：路远迢迢，几个女子怎么出去，不是你胡说么？不必多言，快去端整开席！"

秀蓉无言退出来，不胜失意叹声唉。暗想夫人尤未晓，这般执拗不应该。忍看志士飘零去，必须暗地为调排。一为小姐相待好，二为黄家女俊才；知己恩深思报答，这间接的工夫表我怀。况且青年女志士，都是同作女裙钗。我可助之时焉不助？同胞同种是应该。慢言小婢怀雄志，不知道、可有风波生出来。书到此间权一歇，欲听情由下卷哉。

第六回　摆脱范围雄心游海岛
愤诸暴虐志士倡壮谋

兀坐闲窗百感生，救时奋〈志〉属何人？樽前髀肉徒兴叹，肘后刚刀术未灵。肠断英雄闲里老，情伤故国愧难禁。伤心万斛汪洋泪，几度临风愤不平。前文说到鲍家里，诸人定计脱身行。其时五月初八日，鲍家老母庆生辰。虽然作客无亲友，亦有来宾三两人。左家母女和江女，更有黄衙鞠瑞身。大家叩拜何须说，俗礼繁文最累人。爱群告禀生身母，道："今朝祈福拜观音；保佑我娘无疾病，以见儿身一片心。"鲍母平生多佞佛，点头当下便应承。便叫秀蓉相随去，立起黄、江、左女身；便言："同去相随去，游玩片刻便回程。"鲍女便携梁小玉："妹身可亦一同行？"小玉当时称领命，梁夫人含怒不开声。左夫人因碍诸女面，当时勉强便应承。众人不待尊人命，当时出外便登厅。鲍夫人嘱咐："速回转，莫使筵开等尔们。"小姐诺诺连声应，轿上肩头去似云。

到了庙中，诸人下轿，秀蓉嘱咐轿夫在前厅侍候。大家进内假意拜了菩萨，便云随喜，不要和尚跟随，来到后门，只见俞老已同轿子在。大家嘱咐秀蓉几句，秀蓉含泪叫小姐们保重，看上了轿，呆呆支吾到日落回去，家中自有一番大乱。后鲍夫人拷问秀蓉，方知其细。然众人亦无可奈何，怒骂的怒骂，悲泣的悲泣【的】，各家父母亦无可奈何了。

且言诸女下船行，汽笛三声便鼓轮。携手栏干回首望，家乡千里暮云横。同自〔是〕知音谈自合，临风抵掌语平生。做书人、见此不觉心欢喜，俚句巴言信口吟：

踏破范围去，女子志何雄？千年开蹼〔楚〕界，万里快乘风。

> 引领人皆望，文明学必隆。他时扶祖国，身作自由钟。

一路无词到日东，有同乡、招待员迎车趴中。安顿房间权住下，改装一切自从容。请一女师教言语，大家相聚用心功。更有各人同乡会，一体欢迎赞叹同。诸女登台皆演说，灿花莲舌自生风。自中首数黄鞠瑞，改作名儿黄汉雄。侠胆雄心皆莫及，言谈卓见利如锋。梁女英风多毅力，二人有志励兵戎。左、江、鲍三女微嫌弱，八斗才高气亦雄。如此女儿男莫及，拜到须眉愧未宏。常常有人来访问，觉言语气概皆不同。

> 诸学生皆不胜佩服，名誉大振。其时诸女皆入学校，因人多，校中不便畅谈，故另租一室，日常走读。

如驰年光十月天，此一日、星期无课且盘桓。忽见下女持名刺，有客前来请一观。一姓陆，名本秀，一名竞欧史氏焉。当下传言速请入，来了昂昂二少年。大家席地团团坐，送茶一盏是清泉。大家是、谈谈学问和国事，忽地里、陆氏长吁吐一言：

> "我国已亡于胡，以今日时事言之，恐又须为白种之奴了。而我内地同胞及各地志士尚如醉梦一般，奈何？"江振华忙问道："怎么已亡于胡呢？"史竞欧急答道："君以为朝庭之皇帝为我汉族么？彼乃游牧曼珠之族，暗地乘我朝内哄之时篡了位。并且三太子逃至缅甸，都为他所杀，大太子、二太子不用说了，早就为他杀了，如今只留下一小太子在逃，不知在何处去。还有这一班不要脸的奴隶，日搜杀自己同族，为邀异族恩荣的地步呢！"黄、梁二人拍地大怒道："我竟不知朝中为胡人所坐，彼非我汉人之仇人乎？反戴之为皇帝，愧哉！今我等虽无能力，然誓死以逐此丑虏。但恨无团体，此事非数人可成者，奈何？"说罢长叹数声，拭泪无言。陆、史二人暗喜，方欲开言，忽听爱群问道："内地之人心及各处之志士如何呢？"陆本秀道："内地的人不分清宗〔种〕族，一味拍胡人马屁，自命为忠君爱国，叫甚'保皇党'，专以奉仇为父，残害同种的各处志士。又分为保皇、革命两党。保皇的不必说他，都是为名利心熏黑了良心，惟知巴结胡人，以图富贵。谁知胡人到心中有个界限，不是他同族的，随你怎样巴结，还要杀他们呢！胡臣姓刚的曾说过：'将土地送与奴仆，不如送与朋友。'朋友就指外国，奴仆就说我们汉人了。你说可恨不可恨呢！乃革命却分数种，却又不外真假两种：一种假的，专只纸上谈兵，以博一虚名誉，为敛钱地

步。与内地懵懵懂懂的人及保皇党，无非为自私自利起见，如胡人有数百银子一月，或赏他一个主事、进士，便奴颜婢膝、争先恐后，把排胡耶、革命耶这些话，丢到爪哇国去了，还要洋洋得意，你说可杀不可杀？如真革命党，惟以报祖宗的仇，光复祖宗的土地，为自己的汉人造幸福，不求虚名誉，不惧生死，不畏艰难，必要取回所失的土地为目的，不愿为他族之奴隶，此方为真革命家。"黄汉雄卒然问道："此等真革〈命〉党，君知之否？若有，吾愿入之，甘与同胞一掷此血肉之躯而不惜。"史竞欧道："尚有诸君何？"梁、左、江、鲍四人齐声道："黄妹如何，吾等必从，无分二之心。"史、陆二人相顾惊异道："竟不知诸君有此毅力，有此同心。然吾二人即党中派出，访求同志。诸君若能起誓，吾必为介绍。"五人即指天起誓。陆、史二人大喜。

当时便告会中情："光复为名已数春。创立之人身姓岳，却是武穆岳王孙。名叫汉忠多勇武，会长今推韩氏君。亦是世忠蕲王裔，后辈名字武超群。更有那、文思宋和谢光赵，黄复更同章汉臣。李齐、赵武、张祖杰，钱山肃共熊希霖。张氏继维、宗希祖，更有慕嘉姓是孙。郑绳武君张又振，更有忠遗张煌生。皆是忠臣之后裔，尽为会中得力人。我祖即是史可法，为明梅岭葬忠魂。陆甦君祖秀夫者，亦为国亡身死水滨。宋亡于元亦胡虏，今日里、又见胡人坐殿庭。思之痛哭皆流涕，无奈同胞实太昏。"汉雄问道："除此外，会内曾否有别人？"竞欧便道："人多甚，此十余人为首领。名尽智勇兼全者，最上须推韩、岳君。散会计有数千众，势力年年日有增。惟有一种最困难，手内无钱事不成。党中略有微资者，惟有文君第一名。此外岳、韩、章、李耳，五人已毁家助党；但举事粮草如兹巨，即平日营谋也要银。入不敷出真无奈，杯水何能救巨薪？今日营谋一件事，未知可成不可成。我二人专任招同志，内地机关尽有人。广东史氏又坚任，他兄前已殉同群。湖南孙化和马慨，湖北事归贾其铭。安徽吴自强和万又复，江南招待派封云。浙江柴氏和齐氏，四川邹氏小容君。甘肃、陕西、河南地，王、李、陈，三人尽是勇闻名。山西卢、曾身任事，山东徐、谢作经营。贵州、云南地偏僻，云是杨郎贵是金。"（下缺）

（约作于 1905—1907 年）

何震卷

《天义报》广告

地球之上，邦国环立，然自有人类以来，无一事合于真公。异族之欺凌，君民之悬隔，贫富之差殊，此咸事之属于不公者也。自民族主义明，然后受制于异族者，人人均以为辱；自民约之论昌，然后受制于暴君者，人人均引为耻；自社会主义明，然后受制于富民者，人人均以为羞。由是种族革命、政治革命、经济革命，遂为人民天赋之权。然环顾世界各邦，其实行种族革命者尚占多数；若政治一端，虽实行共和政治者，犹不能尽人而平等；经济一端，更无论矣。试推其原因，则以世界固有之社会，均属于阶级制度，合无量不公不平之习惯相积而成。故无论其变迁之若何，均含有不平之性质。非破坏固有之社会，决不能扫除阶级，使之尽合于公。顾今之论者，所言之革命，仅以经济革命为止。不知世界固有之阶级，以男女阶级为严。无论东洋有尊男轻女之风也，即西洋各国，号为"男女平等"者，然服官议政之权，均为女子所无，则是女子所有之权，并贱民而不若。更反观之于中国，则夫可多妻，妻不可多夫；男可再娶，女不可再嫁；服丧则一斩一期，宾祭则此先彼后。即有号为"公平"者，既嫁之后，内夫家而外母家，所生子女，用父姓而遗母姓，又安得谓之"公平"乎？夫男女之间，其制度失平且若此，于此而欲破社会固有之阶级，不亦难乎？故欲破社会固有之阶级，必自破男女阶级始。所谓"破男女阶级"者，即无论男女，均与以相当之教养，相当之权利，使女子不致下于男，男子不能加于女，男对于女若何，即女对于男亦若何。如有女下男而男加女者，则女界共起而诛之，务使相平而后已。夫以男女阶级之严，行之数千载，今也一旦而破之，则凡破坏社会之方法，均可顺次而施行，天下岂有不破之阶级哉！夫居今日之世界，非尽破固有之阶级，不得使之反于公；居今日之中国，非男女革命与种族、政治、经济诸革命并行，亦不得合于真公。震等目击心伤，故创为女子复权会，讨论斯旨，以冀实行其目的。又虑此理之不能共喻也，故创刊《天义报》，以作本会之机关。惟经营伊始，财政拮据。世有赞成此旨者，尚祈慨解囊金，共襄此举，使公平之真理，得以普及于寰区。此则世界之幸也。

附《简章》如左：

一、宗旨及命名　以破坏固有之社会、实行人类之平等为宗旨，于提倡女界革命外，兼提倡种族、政治、经济诸革命，故名曰《天义报》。

一、办法　每月出报二册，俟经济充足后，即改为日报。

一、材料　每册以二十页为限，首图画，次社说，次学理，次时评，次译丛，次来稿，次杂记，均以醒世齐民为主。

一、经济　暂由发起人筹捐开办。如有捐款三十元以上者，即推为名誉赞成员；五元以上者，均赠全年报一份或数份。

一、报费　每册售洋一角，订一月者报金一角八分，半年一元零五分，全年二元。邮费另给。

一、通信　凡国内外有通信汇款者，请寄至日本东京牛込区新小川町二丁目八番地何震。

发起人　陆恢权　周怒涛

何震①　张　旭　　　　同启

殷

徐亚尊

（原载《女子世界》第 2 年第 6 期，1907 年 7 月）

---

①　原误排为"何震"、"殷震"二名。——编者注

女子宣布书

　　呜呼！世界之男女，其不平等也久矣。印度之女，自焚以殉男；日本之女，卑屈以事男。欧美各国，虽行一夫一妻之制，号为平等，然议政之权，选举之权，女子均鲜得干预，所谓"平权"者，果安在邪？更反观之吾中国，则男子之视女子也，几不以人类相待。上古之民，战胜他族，则系累其女，械系其身以为妃妾。由是男为主而女为奴，是为剽掠妇女之时代。继因剽劫易起争端，乃创为俪皮之礼。故古礼所言纳彩、纳征，均沿财昏之俗，盖视女子为财产之一也。由是男为人而女为物，是为买卖妇女之时代。积此二因，由是男女之间，遂不平等。今即古制可考者言之，厥有四事。

　　一曰，嫁娶上之不平等　古代之时，位愈尊者妻愈众。如殷代之制，天子娶十二女，诸侯娶九女，大夫三女，士二女。至于周代，则为天子者，有一后、三夫人、九嫔、二十七世妇、八十一御妻，岂非以百余之女，匹一男子邪？而后世之嫔妃，则更无限制。贵显之家，蓄妾尤众。其不平者一也。

　　二曰，名分上之不平等　男权既伸，其防范女子亦日严。创"一与之齐，终身不改"（《礼记》）之说，使女子终事一夫。有谓夫尊妻卑，夫犹天而妻犹地，妻不去夫，犹地不得去天（《白虎通》说）。由是爵则从夫，姓则从夫，而谥亦从夫，以女子为男子附属物。宋人因之，遂有"扶阳锄阴"之论。其不平者二也。

　　三曰，职务上之不平等　中国"妇"训为"服"，象持帚之形。而《礼记·曲礼》篇亦言：纳女于诸侯曰备酒浆，于大夫曰备洒扫。是古代之妇人，仅以服从为义务。又创为女子"不逾阈"之说，以禁其自由。后世以降，为女子者，舍治家而外无职务，以有才为大戒，以卑屈为当然。其不平者三也。

四曰，礼制上之不平等　夫之于妻，仅服期丧；而妻之于夫，则服丧三年。非惟为夫服重丧也，即夫之父母，亦为之服斩衰；于己之父母，转降为齐衰；非所谓"厚于所薄，薄于所厚"者邪？且古代之时，父存母殁，为母服齐衰，尤为失理之尤。其不平者四也。

略举四端，则男子之压制女子昭昭明矣。夫以男陵女，犹可言也；女子而甘自屈抑独何心，岂非社会之习惯，腐儒之学术，有以钳制之邪？吾今以一语，告女界同胞：男子者女子之大敌也。女子一日不与男子平等，则此恨终不磨。试将女界所应争者分列如左：

一曰，实行一夫一妻之制。如男子不仅一妻，或私蓄妾御，性好冶游者，则妻可制以至严之律，使之身死。女子之中，其有既嫁之后，甘事多妻之夫者，则女界共起而诛之。若男子仅一妻，而妻转有外遇，无论男界女界，亦必共起而诛之。

二曰，既嫁之后，不从夫姓。如从夫姓而遗母姓，仍属不公。故生当今时者，当并从父母得姓（即双姓并列是）。俟满洲革命以降，则男女均去其姓，以合至公之理。

三曰，为父母者，俱男女并重。视女犹子，视女之所出，如其孙，一矫轻女重男之恶习。

四曰，男女自初生以后，即与以相等之养育。稍长以后，既〔即〕授以相等之学术；既长以后，即与以相当之职务。无论社会间若何之事，均以女子参预其间。

五曰，如夫妇既昏而不谐，则告分离。惟未告分离之前，男不得再娶，女不得再嫁，否则犯第一条之禁。

六曰，以初昏之男，配初昏之女。男子于妻死后，亦可再娶，惟必娶再昏之妇；女子于夫死之后，亦可再嫁，惟必嫁再昏之夫。如有以未昏之女，嫁再昏之男者，女界起而诛之。

七曰，废尽天下之娼寮，去尽天下之娼女，以扫荡淫风。

以上七事，非女子欲争权利也，特以天赋之权，男女所同。男女同为人类，若不能平等，是为不公，是为背天理。故女子之所争，仅以至公为止境。顾世人之所疑者，犹有三事：

一曰，女子有生育之苦，而生子以还，又有鞠养之劳，故职务不可与男同。不知吾所倡者，非仅女界革命，乃社会革命也，特以女界革命，为社会革命之一端。社会革命既实行，所生子女，既生以后，即入公设育婴所，不必自为养育也。无养育子女之劳，所尽职务，自可与男相等。

二曰，女多而男少，则行一夫一妻之制，转属不公。不知女子之多，由于女子不从事战争，而战争之役，悉属于男。男子日有死亡，故女多男少。今为女子者，与其甘心为妾，受辱而死，曾不若实行破坏，死于沙场，犹有日后之荣名也。故女子果实行革命，事平以后，女子之人数，必与男子之数相等。

三曰，男既多妻，女亦可多夫，以相抵制。不知女界欲求平等，非徒用抵制之策已也；必以暴力强制男子，使彼不得不与己平。且男子多妻，男子之大失也；今女子亦举而效之，何以塞男子以呼？况女子多夫，莫若娼妓。今倡多夫之说者，名为抵制男子，实则便其私欲，以蹈娼妓之所为，此则女界之贼也。

要而论之，男女同为人类。凡所谓"男性"、"女性"者，均习惯使然，教育使然。若不于男女生异视之心，鞠养相同，教育相同，则男女所尽职务，必亦可以相同。而"男性"、"女性"之名词，直可废灭，此诚所谓"男女平等"也。近日中国之女子，欲争此境，凡种族、政治、经济诸革命，均宜先男子着鞭，勿复落男子之后，而男女之革命，即与种族、政治、经济诸革命并行。成则伸世界惟一之女权，败则同归于尽，永不受制于男。此则区区之见也。知我罪我，非所计矣。

（原载《天义报》第 1 号，1907 年 6 月 10 日）

公论三则

帝王与娼妓

以一女配无量之男，莫若娼妓；以一男配无量之女，莫若帝王。娼妓无定夫，帝王无定妻；娼妓受污于众男，帝王受污于众女。然而娼妓之贱人知之，帝王之贱人则不知，岂非习惯使之然邪？夫嫖客欲得名妓之欢，犹宠姬欲得帝王之欢也。名妓爱慕嫖客之金，犹帝王爱慕宠姬之色也。两客相遇则争风，犹两姬相值则争宠也。名妓之于嫖客，或疏或亲；帝王之于众妃也，亦或爱或弃。名妓有所欲，嫖客不敢不从；帝王有所命，妃妾亦奉命惟谨。故以男界拟娼妓，娼妓实女界之帝王；以女界拟帝王，帝王实男界之娼妓。况娼妓之翘出者，衣必文采，饰必珠宝，居必洞房，虽帝王之奉无以加。娼妓舍接客而外，别无所求；帝王舍荒淫而外，亦别无所图。娼妓、帝王一而已矣。如曰帝王为尊，则娼妓亦为尊；如曰娼妓为贱，则帝王亦可贱。盖女界中之最贱者，以娼妓为最；男界中之最贱者，以帝王为最。欲杀女子，必先杀天下之娼妓；欲诛男子，必先诛亚洲之帝王。况满洲之那拉氏，拥帝王之权，行帝王之实，帝王、娼妓，毕集于彼之一身。此更人人得而诛之者也。

大盗与政府

盗一人之所有谓之盗，盗十人、百人、千人、万人之所有，是为大盗。有有形之大盗，有无形之大盗。无形之大盗，政府是也，资本家是也。资本家用攫财之术，以一人之身，而兼有百千万人之财。盗百千万人之财，而归于一人，下民安得不贫？政府用集权之术，以数人之身，而兼有百千万人之权。盗百千万人之权，而归于数人，下民安得不弱？故下民者，均被盗之人也；政府及资本家，均为盗之人也。下民被盗，穷乏无归，不得不为盗，下民为盗，则罪其身。政府及资本家为盗，所盗百倍于下民，匪惟罪所不及，且为一般社会所尊。世界有此不平之事耶？律以盗律，凡财产增下民一倍者，其罪同于盗一室；若不仅一倍，其罪亦援是为增。凡权力加下民一等者，其罪同于侮一人；若不仅一等，其罪亦援是为增。援此例以讼中国政府，则政府之罪，虽服至重之刑，犹不足以蔽其辜。盖天下无不诛之大盗，政府为大盗之渠首，岂转得赦之而不诛？俗儒不察，犹欲饰儒家尊卑上下之词，以为大盗辩护。吾请诵老子之言以告之曰："圣人不死，大盗不止。"则试先废圣人之书，而后治大盗之罪。

道德与权力

自古及今，安有所谓"道德"哉？道德者，权力之变相也。专制之朝，为君者虑臣之背己，又欲臣之为己效死，则以忠君为美德，以叛君为大恶；为夫者虑妇之背己，又欲妇之为己守节，则以从夫为美德，以背夫为大恶。盖道德者，定于强者之手者也，又强者护身之具也。而道德之效力，则约于〔与〕权力同。今之恒言，犹守国家法律为美德。夫今日之法律，何一而非强者之法律？迫以实力，使之不敢不从；又诱以虚名，使之不得不从。愚民不察，又从而和之曰"道德道德"；稍有与之相背者，则斥之为非。夫所谓是非者，强者所定之是非也。强者之对于弱者，凡权力所能制者，制以权力；权力所不能制者，制以道德。权力制人于有形，道德制人于无形。使无量之人，屈服于空理之下，莫敢抗己，强者何其智，弱者何其愚！此真所谓"空理杀人"矣。试观中国理学之儒，所倡诸说，何一而非服从？其尤甚者，则谓"君虽不仁，臣不可以不忠；夫虽不贤，妻不可以不贞"。天下惟"忠"、"贞"二字，最便于专制之人。非君权、男权盛昌之世，决不至定此讹名。乃腐儒俗子，复从而为之词，合理与势为一谈，即以权力为合于道德。由是权力之外无道德，舍理论势，以势为理。习俗相沿，不以为异，非所谓"暗无天日"者乎？欲扫荡现世之权力，必先扫荡现世之道德。无论道德、法律，均视为刍狗，则世界之公理，必有复现之一日。处今之世，如有凭现行之道德，以决是非者，吾则视为强者之奴。

（原载《天义报》第 1 号，1907 年 6 月 10 日）

女子复仇论

　　呜呼！吾女界同胞，亦知男子为女子之大敌乎？亦知女子受制于男已历数千载之久乎？古人言"虐我则仇"。今男子之于女子也，既无一而非虐，则女子之于男子也，亦无一而非仇。或以臣民受制为拟，此亦弗然。何则？为男子者，虽受制异族，受制君主，受制资本家，然被治者男子，主治者，亦男子也。女子则不然。贵为王后，其身不可谓不尊，而受制于男自若也；贱为乞丐，其身不可谓不卑，而其受制于男仍自若也。非惟古代为然，即今代亦然；非惟中国为然，即外邦亦然。（试观西欧各国，名为男女平等，实则陆军、警察之中无一女子，而议政之权、司法行政之权亦鲜属于女子，所谓"平等"者安在邪？）使女子而非人类也则已，使女子而为人类，又安能日受压抑而不思抵制乎？今中国女子，其程度甚低；其有程度稍高者，则从男子之后，以拾种族革命之唾余。夫满洲之命，固不可不革，然吾则以为汉族之君，其祸更甚于异族之君。何则？汉族之君主，其功愈高，其蹂躏吾女界也愈甚。轩辕黄帝，固汉族奉为始祖者也；然所生之子廿五人，得姓者十二，均从母得姓，则黄帝之妃，不下十余人。大舜、文王，中国之圣人也；然舜有三妃，文王生百男，非多妻之证乎？汉武以武功著闻，然横肆奸淫行若禽兽，甚至妃妾生子，则其母受诛。明太祖以攘夷树绩，然考其所言，谓"使己身非女子所生，则当杀尽天下女子"。岂非汉族之君王，无一非女子之敌乎？汉族之君王，既为女子之敌，故异族为君，其命当革，即汉族为君，其命亦当革。所以革满洲之命者，以其以异族之民专制吾女界也。且内而政府，外而官吏，均以男子操其权，故满洲之命，应革于吾女子之手。若徒执攘夷之言，以附和男子，此何异汉人助满洲人排外耳？且所以攘异族者，为其专制也。专制之政府，固当颠覆；即易专制为立宪，易立宪为共和，然既设政府，则吾人均有颠覆之责。盖政府既设，即有统治机关；而统治机关，必操于男子之手，是与专制何异？即使男女同握政权，然不能人人均握政权也，必有主治、被治之分。以女子受制于男，固属非公；以女子而受制于女，亦属失平。故吾人之目的，必废政府而后已。政府既废，则男与男平权，女与女均势，而男女之间，亦互相平等，岂非世界真公之理乎？然既废政府，不得不言公产。何则？贫富之分，为阶级所从起，非惟富者役贫之背于人道也。试观中国之中，贱视女子莫若富民。其家愈富，则蓄妾愈多；其财愈丰，则好淫亦愈甚。故挟妓宿娼之人，均以富民占多数。富民一日不除，则女子所受之害，亦不能一日弭。惟土地、财产，均为公有，使男女无贫富之差，则男子不至饱暖而思淫，女子不至辱身而求食，此亦均平天下之道也。依此法而行，在众生固复其平等之权，在女子亦遂其复仇之愿。盖女子之所争，仅以至公为止境，不必念往昔男子之仇，而使男子受治于女子下也。乃中国女子，则鲜知斯义。不知己身所处为若何之位置，并不知己身陷于此位置者，其原因为若何，则试考女子受制之原因，以供女界同胞之观览。

上古之时，为图腾社会，乃公夫公妻之制度也。英甄克思《社会通诠》云："蛮夷男子，于所昏图腾之女子，同妻行者，皆其妻也；女子于所嫁图腾之男子，同夫行者，皆其夫也。凡妻之子女，皆夫之子女也。其同图腾同辈行，则兄弟姊妹也。与其母同图腾同辈行，则诸父诸母也。母重于父，视母而得其相承之宗。"盖太古之民，为男子者，视女子为公有；为女子者，亦视男子为公有。观中国"妇"字，既为己妻之称，又为普通女子之称；"夫"字，既为夫妻之夫，又为普通男子之称：非男无定妻、女无定夫之证乎？盖男行一夫多妻之制，女行一妻多夫之制，故古无婚礼。既无婚礼，故无妇人、处子之区。斯宾塞《社会学》，谓柏修门人，无夫妇、妃耦之言；妇人、处子，语亦弗区。而中国"女"字既为未嫁之称，（《左传》言："女而不妇。"以"妇"对"女"，则"女"专指未嫁者言。）又为已嫁之称，（如《诗》言："女心悲止，征夫归止。"又言："女曰鸡鸣，士曰昧旦。"则已嫁者亦称为"女"。）与柏修门之俗略同。故血胤相继，咸以女而不以男。《亢仓子》云："几蘧氏之有天下，天下之人，惟知母而不知有父。"《白虎通》亦曰："太古之时，未有三纲六纪，民人但知有〔其〕母不知其父。"此即甄氏所谓"母重于父"也。惟母重于父，故所生之子，从母得姓。观中国"姓"字从女从生，而古姓之名，若姬、姜、姚、姒、妘、妫、姞、嬴、嫘、妞之属，字均从女。又神农、黄帝，同出少典，而有姓姬、姓姜之分；黄帝之子二十五人，其得姓者十有二；陆终六子，亦姓氏不同：足证同父异母，得姓即殊。又唐尧、伯益，均从母得姓，商、周先祖亦然，既得天下，乃托为无父而生之说。然古用女统，则固昭然可睹矣。其用女统，故重男轻女之说未昌。此图腾社会之制也。

夫图腾之俗，取女必于异部。及夫两部相争，必此胜而彼败。战胜之族，对于战败之民施行虐政，惨毒频加，男子则尽遭屠戮，女子则身为累囚。此即劫掠妇女之始也。（如中国民族起于西方，当汉族东迁时，越途万里，所有之女子未必从男子远征。及汉族既入中国，战胜羌、苗各族，乃掠其妇女以为己有。盖上古之时，均以汉族之男配异族之女者也。如"姜"字从女，女子之姓也。而姜、羌古通，则姜姓者即羌族妇女之姓也。"嫚"字从女，亦女子之姓也。而嫚、蛮古通，则嫚姓者即苗蛮妇女之姓也。即此以推，即知中国之女子不必尽渊源于汉族矣。）惟其劫掠妇女，故视女子为至卑，即私女子为己有，备其服役，供其荒淫。是为女子受制于男子之始，亦女子属身于男之始也。女子受制于男，历时稍久，遂成习惯。而所掠之女子，又不足以给其欲，由是于同族之妇女，亦出资购买。而所购之女，亦与奴隶齐观，故所生之子，咸易从父姓。（呜乎！由此观之，犹波兰亡国而亡其文字矣，岂不伤哉！）而易女统为男统，为女子者，非惟所生子女从父得姓也，即己身亦改从夫姓。夫子女为父母所共育，岂为父者所得私？且子不母属，为母之人，又何赖于有子乎？今西方各国，侈言男女平权，然既嫁之后，均以夫姓自标，即他人亦称以夫姓。夫为夫之人，未尝从妻得姓也，何为妻者竟改从夫姓，岂非男子战胜女子之一大记念邪？欧美女子号为文明，何改从夫姓，竟习俗相沿，不以为异？吾深惜其愚，吾尤憾其不知耻！

女统改为男统，此固男尊女卑之始矣。使男子行一妻一夫之制，斯亦已矣。乃于女则禁其多夫，于男则任其多妻，天下有此失平之制乎？今西欧各国，虽从耶教之律文，实行一夫一妻之礼，然男子之旁淫，则不可胜计。自是以外，则一夫多妻之制，以亚洲为最盛；亚洲各国，又以中国为最甚。中国之男子，恐女子不能从一也，遂防范女子，创"一与之齐，终身不改"之说。多夫之制革，而多妻之制愈昌。故三代之时，位愈尊者妻愈众。试将周代多妻之制，列表如左：

男子	天子一人		诸侯	大夫	士	庶人
女子	一后、三夫人、九嫔、二十 七世妇、八十一御妻。 百二十一人	九女	一妻 二妾	一妻 一妾	一妻

由是观之，可以知古代一夫多妻之制矣。然春秋之时，诸侯、大夫，兼多内嬖。至于汉代，嫔妃无定额，而后宫采女，不下五六千人。爰迄有唐，人数尤增。白居易诗云："三千宠爱在一身。""三千"之数，必系约举之词，足证唐代宫人，其数达三千以上。若蒙古、满洲，其宫女之多，更无论矣。君主以下，大臣、贵族，皆有嬖宠。故汉相田蚡，后房妇女，以百数计。后世之臣，约与彼同。盖一夫多妻之风，至此而达于极点。此夫妇不平等之确证。惟其夫妇不平等，故父母之于子女也，亦不能平等。《诗》言："乃生男子，载寝之床，载衣之裳，载弄之璋。乃生女子，载寝之地，载衣之裼，载弄之瓦。"非父母重男轻女之证乎？非惟父母重男轻女也，即为子女者，亦重父轻母。故《仪礼》以父为至尊，以母为私尊。顾炎武谓："家无二尊。故夫〔父〕在为母期，示子不得自专。"呜乎！女子生于中国，少则见轻于父母，长则见轻于夫，老则见轻于子女。言念及此，不禁为之叹息痛恨矣。况男女不平等，犹有数证。

一曰征之于文字。古代之于妇女，不以人类视之，仅以财物视之耳。《三国志》注引《魏略》云："匈奴名奴婢曰赀。"《仓颉篇》同。盖野蛮之国，财产、奴隶，语无区别。若《魏略》所谓"奴婢"，则均属女子言。《说文》云："娪，女隶也。""婢，女之卑者也。"郑众《周礼》注曰：今之奴婢，即古之罪人。盖后世女子犯罪者始为奴婢，古代则妇女、奴隶，语无区分。试略举《说文》之字，解释如左：

媒字从女，果声，或训为女侍。（《孟子》"二女媒"，赵注亦训媒为侍。）足证古代女子所以备男子唤使也。

妇字训服，象持帚之形。（《曲礼》云：纳女于大夫曰备洒扫。）盖以奴隶之职，归于女子，故责女子以服从。

嫔字从女，宾声（宾字从贝），而《周礼》有"嫔贡"，盖以女献君为嫔，视女子为货物之一也。

奴字从女、从又，古文屈曲，象械系之形（与民字同）。盖古代之视女子，固不异于囚虏也。

帑字训为金币所藏，而称妇子亦曰帑，或易字为孥。此古代以妇女为财产之征。

妃字为币帛成匹之称，而称嫔御亦曰妃，亦古代以妇女为财产之证。

由是言之，则古代之时，女子之名最贱，其义务亦最多：受系累者女子也，充贡献者女子也，勤力役而操工作者，亦女子也。男子以女子为生财之具，故得女子愈多者，其家愈富，与南美使役女奴相同。后世以嫔妃为尊称，岂知古代称女为嫔妃，实用物之不若乎？"妇人"二字，为女子普通之称，岂知"妇"字从帚，此即陷身奴隶之记念乎？惟其陷身奴隶，故《礼记》之言"妇职"也，谓织麻丝，治丝茧，纳酒浆、笾豆、菹醢。《诗经》亦曰："惟酒色〔食〕是议。"而后世以降，均以中馈、女红二端，该女子毕身之职。以迄于今，女校之中，犹首崇家政，而烹调、裁缝之学，咸有专科。夫所谓"家政"者，非即佐男子治家改〔政〕乎？佐男子治家政，非古代使役妇女之遗风乎？而女子习焉不察，亦独何哉？且三代之时，夫人自称曰"小童"。后世之女，均自称为"妾"，或以"奴家"自称，岂非女子甘以奴隶自居耶？又人有恒言，均曰"妇人孺子"，以妇人以〔与〕孺子并称，其轻视女子为何如？又《论语》言"惟女子与小人"，以女子与小人并称，其贱视女子为何如？是虽箝尽女子之口，不能掩压抑妇女之迹也。此专制者一也。

二曰征之于礼制。礼制者，所以代表社会之风尚者也，而男女不平等之制即隐寓其中。试即其可考者言之：一曰昏礼，二曰丧礼。

甲、昏礼。《社会通诠》曰："欧俗嫁娶，为夫傧相者称良士，此古助人夺妇者也。为新妇保介者曰扶娘，此古助人捍贼者也。"据甄氏之说，足证近世结昏之礼，仍沿古代劫掠之风。及观《仪礼·士昏礼》篇，谓婿行亲迎，必以从车载从者。此非助夫夺妇之人乎？又言妇入夫门，有姆有媵，咸从妇行。此非助妇捍贼之人乎？况行礼必以昏，则以古代劫妇，恒乘妇家之不备，故劫掠必以昏时。后世沿之，遂以为嘉礼之一。此劫掠妇女之遗风也。又伏羲制婚姻，创为俪皮之礼。皮者，古代之财币也。以皮为币，即持财物以市妇女也。又《仪礼·士昏礼》篇，谓纳采、问名、纳吉皆奠雁，纳征之礼，则用玄纁、束帛、俪皮。天子加谷圭，诸侯加大璋，而舅姑享妇，亦酬以束锦。此俪皮为礼之遗制。奠雁者，古代以畜偿值之制也。又《韩诗序》言申人之女，以夫家一物不备，持义不往。亦买卖妇女之确证也。中国自近代以来，虽稍革旧俗，然通都大邑之间，夫家以肩舆迎妇，殆及妇门，则妇家键门不纳，必待辟门，方克入迎。则劫妇之俗，至今犹存，不独僻隅有夺妻之习也。又纳采、纳征之礼一遵古制，而妇家对于夫家，或以衣物服御之微，竞相争执。则买女之风，至今尚在，不独富民有市妾之制也。夫劫妇之俗，由于视女子为俘囚；买女之风，由于视女子为仆隶。今也仆隶、俘囚之贱，毕集于女子之一身。名曰"下嫁"，实则以俘囚、仆隶自居。于此而不知自耻，是必女子非人类而后可矣。

乙、丧礼。中国古礼，以丧礼为最量〔重〕。而中国之丧服，则男女极不平等。近今之制无论矣，即古代制礼亦然。今据程易畴《丧服足征记》诸表节录其说，列表为三：〈一〉曰父党母党异服表，二曰夫党妻党异服表，三曰男女异服杂表。

父党母党异服表		夫党妻党异服表		男女异服杂表	
父党	母党	夫党	妻党	为男服丧	为女服丧
父^{斩衰三年}	母$^{父在；齐衰期；父没，齐衰三年。}$	妻为夫^{斩三年}	夫为妻^{期}	长子^{斩三年}	女^{大功}
继母^{同母}	继父^{期}	夫父母^{期}	妻父母^{缌}	适妇^{大功}	婿^{缌}
祖^{期}	外祖^{小功}	夫世叔父^{大功}	妻世叔父^{无}	适孙〔庶子〕^{期}	外孙^{缌}
世父叔^{期}	舅^{缌}	夫之祖^{大功}	妻之祖^{无}	适孙^{期}	孙女^{小功}
姑^{大功}	从母^{小功}			庶孙^{大功}	庶孙妇^{缌}
				昆弟^{期}	姊妹^{大功}
				世叔父^{期}	姑^{大功}
从父昆弟^{大功}	舅之子^{缌}			从祖^{小功}	王姑^{缌}

由第一表观之，可以知重父轻母之风。由第二表观之，可以知夫尊妻卑之风。由第三表观之，可以知重男轻女之风。推其原因，则夫为妻纲之说有以致之也。惟其以夫为妻纲，故妻为夫党制服，其服由杀而隆；夫为妻党制服，则其服由隆而杀。子为父党制服，其服由杀而隆；子为母党制服，则其服由隆而杀。以致为子者重父轻母，为亲者重子轻女，孰非夫贱其妻之所致乎？后世以降，惟父母之丧，均服斩衰三年，

稍为近平。若既嫁之女，为舅姑服斩衰，则立制失乎〔平〕，较古礼为尤甚。盖中国之礼制，定于男子之手，故创为此制，以抑女权，安能奉为天经地义乎？

二者以外，以言乎祭礼，则《曲礼》言"夫不祭妻"，近人方苞兼言家庙无妇人之主，此祭礼之失乎〔平〕者也。以言平〔乎〕宾礼，则毛公《诗传》言"妇人无与外政"，郑玄言"妇人无外事"，《礼记》一书，或言"女不言外"，或言妇人"不逾阈"，防范之严，不啻囚〔囚〕房。而为男子者，则志在四方，以友自辅，此宾礼之失平者也。观于礼制之失平，即可知男女之间，自古迄今，均区阶级。蔽以一言，即以女子为男子附属物耳。此专制者二也。

三曰征之于学术。上古之世，男子以学自私。既以学自私，由是一切之学术，均发明于男子。故三代之书，均含有轻女重男之说。此则男子自私之心也。秦汉以下之学术，大抵奉儒家为依归。儒家之学术，以重男轻女标其宗。孔丘者，儒家之鼻祖也，而其人即以出妻闻。传子暨孙，均有出妻之行。盖以暴行施于妻，莫孔门若！孟轲者，儒家之大师也。因入室而妻失迎，遂谋出妻。其专制室人为何如！乃后世之儒，既崇儒家之言，并师儒家之行。于男子则尊之若九天，于女子则抑之若九渊。苟有利于男子，不惜曲词附会，以济其私。其始也，立"夫为妻纲"之说，一若天之生人，厚于男而薄于女，欲伸男子之权，则以女子为附属于男。又虑女子不甘附属也，则倡服从之说，并责女子以从一而终。然犹虑女子为抵抗也，则使之有义务而无权利。制其去留，以防禁女子之改适；禁其相妒，以维持一己之多妻；复立为妻妾之名，使女子互相受制。由是遇之则薄，视之则卑，孰非受学术之影响者也？盖儒家之学术，偏于专制，便于男子之自私。故多妻之说，贞节之风，均儒家有以开其先。汉人祖术儒家，于古籍言及女子者，不惜望文生训，强古经以张己意。以《白虎通》为尤偏。盖倡此说之人，即自便其私之人也。（如王莽援饰《周礼》，则广备嫔妃、世妇、御妻。下逮张禹、马融之属，莫不广畜妾御。此其证也。）宋儒继与〔兴〕，益崇压制，而贱视妇人，屏之人道而外。自是以降，学士大夫，莫不执汉、宋二朝之说，奉为玉律金科。习俗相沿，不悟其非。黠者援饰其说以自便，愚者迷信其说而不疑，而吾女子之死于其中者，遂不知凡几。故儒家之学术，均杀人之学术也。试条列其说于左：

　　《易经》云：地道他〔也〕，妻道也，臣道也。（《坤》卦）

《荀子·君子》篇云：天子无妻，告人无匹也。

《列女传》引《礼》云：妇人未嫁，则以父为天；既嫁则以夫为天。（卷十三）

《礼·郊特牲》云：男子亲迎，男先于女也。

《白虎通》云：礼：男娶女嫁何？阴卑不得自专，就阳而成之。故传曰：阳倡阴和，男行女随。（《嫁娶》篇）

《何氏公羊解诂》曰：礼所以必亲迎者，所以示男先女也。（隐二年）

《仪礼》马注云：妇人夫天〔天夫〕，故曰至尊。（《通典》引）

《列女传》云：妇人以顺从为务，以贞悫为尊。故妇事夫，平旦缁笄而朝，则有君臣之严。（《御览》引）

荀爽《对策》云：夫妇人伦之始，王化之端。故文王作《易》，上经首《乾》《坤》，下经首《咸》《恒》。

孔子曰："天尊地卑。"夫妇之道，所谓顺也。《尧典》曰："厘降二女于妫汭，嫔于虞。"降者，下也；嫔者，妇也。言虽帝尧之女，下嫁于虞，犹屈礼降下，勤修妇道。《易》曰："帝乙归妹，以祉元吉。"妇人谓嫁曰归，言阳〔汤〕以娶礼归其妹于诸侯也。春秋之义，王姬嫁齐，使鲁主之，不以天子之尊加于诸侯也。今汉承秦法，设尚主之仪，以妻制夫，以卑临尊，违乾坤之道，失阳唱之义。孔子曰：昔圣人之作《易》也，仰则观象于天，俯则察法于地，睹鸟兽之文，与天地之宜，近取诸身，远取诸物，以通神明之德，以类万物之情。今观法于天，则北极至尊，四星妃后。察法于地，则昆山象夫，卑泽象妻。睹鸟兽之文，鸟则雄者鸣雏，雌能顺服；兽则牡为唱导，牝乃相从。近取诸身，则乾为人首，坤为人腹。远取诸物，则木实属天，根荄属地。阳尊阴卑，盖乃天性。且《诗》初篇，实首《关睢〔雎〕》，《礼》始《冠婚》，先正夫妇。天地六经，其旨一揆。宜改尚主之制，以称乾坤之性。（《后汉书》）

案：此乃夫为妻纲之确证也。古代之学术，以为妻之于夫，犹臣之于君，故男先女后，男尊女卑。惟其有"男先女后"之说，故"阳倡阴和"、"男行女随"诸邪说，因之而生，以禁女子之自由。唯其有"男尊女卑"之说，故"以夫为天"诸邪说，亦因是而生。以夫为天，以妻为地，以夫为阳，而〔以〕妻为阴，而男女之间，遂成绝对之不平等，可不叹哉！

《穀梁传》云：妇未嫁制于父，既嫁制于夫，夫死从长子。妇人无专行，必有从也。（隐二年传）

《大戴礼》云：女者，如也。言如男子之教，而长成义礼者也。（《本命》篇）

《仪礼·丧服》传曰：妇人有三从之义，无专用之道。（"齐衰"章）

《白虎通》云：女者，如也，从如人也。在家从父母，既嫁从夫，夫没从子。（《嫁娶》篇）

又云：未嫁从父，既嫁从夫，夫死从子。故夫尊于朝，妻荣于室，随夫而行。（《爵》篇）

郑氏《易注》云：无攸遂，言妇人无敢自遂也。（《后汉书·杨震〈传〉》注引）

何休《公羊解诂》曰：笄者，簪也。服此者，明系属于人，所以养一贞也。（僖九年）

《五经异义》曰：妇人以随从为义。夫贵于朝，妻荣于室，故得蒙夫之谥。

《白虎通》云：姻者，妇人因夫而成，故曰姻。（《嫁娶》篇）

《京房易传》曰：阴之从阳，女之顺夫，本天地之义也。（《困学纪闻》引）

郑氏《礼记注》云：妇人有缨，示系属也。（《内则》注）

案：此乃以女子附属于男之证也。盖男子之于女子，视为己附属物，（近人之说尤奇，若陈立《白虎通疏》云："夫阳妻阴，妻随夫亦从阳之义也。"胡承珙《驳室女不宜守制〔志〕议》云：《礼》："女子许嫁，缨示有系属也。"女性专一，不欲再系也。）禁其独立，禁其自由。故一则曰"妇人无专行"，再则曰"无专用之道"，三则曰"无敢自遂"，四则曰"以随从之义"，五则曰"因夫而成"，岂非表女子不能独立乎？岂非制女子不得自由乎？此"三从"之说所由来也。

《礼记·昏义》云：妇顺者顺于舅姑，和于室人，然后当于夫。

《大戴礼》曰：妇人，服于人也。

《毛传》云：古之夫人配其君于〔子〕，亦不忘其敬。（《鸣鸡〔鸡鸣〕》）

《白虎通》云：妇者，服也，以礼屈服也。（《三纲六纪》篇）

郑氏《毛诗笺》云：妇人之行，尚柔顺，自洁清。（《采蘋》）

郑氏《周礼注》云：妇德谓贞顺，妇言为〔谓〕辞令，妇容谓婉娩，妇功谓丝枲。(《九嫔》注)

郑氏《仪礼〔礼记〕注》云：妇德，贞顺也；妇言，辞令也；妇容，婉娩也；妇功，丝麻也。(《昏义》注)

又《礼记注》云：供养之礼，主于孝顺。(《昏义》注)

又《易注》云：有顺德，子必贤。(《太平御览·皇亲部十二》引)

《白虎通》云：妇人所以有师何？学事人之道也。(《嫁娶》篇)

《说苑》曰：诸侯，亲迎，其母戒女曰：往矣，善事尔舅姑，以顺为宫室，无二尔心，无敢回也。(《修文》篇。又此礼略见于《穀梁传》)

案：此乃女子服从于男之证也。即以屈服为女德，故古教女子，仅教以事人之道，岂非以仆隶视女子乎？柔顺者，屈服之异名也；敬也者，柔顺之异名也；婉娩者，又形容柔顺之词也。盖男子恶女子之抗己，由是立柔顺为美名。于女子之实行柔顺者，若宋共姬，汉桓少君、孟光之流，均称为贤女；而于男子之行柔顺者，则斥为妾妇之道。既知柔顺非善德，而又责女子以柔顺，岂非屏女子于人道之外乎？

《礼记》云：一与之齐，终身不改。故夫死不嫁。

匡衡说《齐诗》义云：《诗》曰："窃〔窈〕窕淑女，君子好仇。"言能致其贞淑，不贰其操。(《汉书》)

《毛诗序》曰：能循度法〔法度〕，则可以承先祖、共祭祀。(《采蘋》序)

《毛诗传》曰：女德贞静而有法度，乃可说也。(《静女》传)

《毛诗传》曰：后妃说乐君子之德，无不和谐，又不淫其色，慎固幽深，若关雎〔雎〕之有别。

又云：言后妃有关雎〔雎〕之德，是幽闲贞专之善女，宜为君子之好匹。(均《关雎〔雎〕》传)

郑氏《诗笺》云：夫人有均壹之德，如鸤鸠，然后可以配国君。(《鹊巢》笺)

又云：有如玉者，取其坚而洁白。(《野有死麕》笺)

薛氏《韩诗章句》曰：诗人言雎〔雎〕鸠贞洁慎匹，以声相求，蔽隐于无人之处。(《后汉书·明帝纪》注引)

何休《公羊解诂》曰：礼，妇人以枣栗服修，为贽舅姑。〔枣

栗）取其早自谨严〔敬〕，服修取其断断自修正。（庄二十四年）

又曰：贞信著然后成妇礼。（成九年）

程子曰：饿死事小，失节事大。（《二程遗书》）

案：此乃女子从一以终之说也。昔汉冯衍谓鲍永曰："记有之：人有挑其邻人之妻者，挑其长者，长者詈之；挑其少者，少者报之。后其夫死，而取其长者。或谓之曰：'夫非詈尔者耶？'曰：'在人欲其报我，在我欲其詈人也。'"呜呼！男子之于女子，孰非秘用此策者乎？男子既行多妻之制，又恐妻之效己多夫也，于是以贞淑、专一、洁白为女德。又恐其不克自守也，乃诱以"慎固幽深"之说，视女子为俘囚。复虑既死之后，女终不为己有也，乃表章节烈，与以空名，是独专制之主，表励忠贞，欲臣之为己效死也。立言之巧，诚无过于此矣。顾古之女子，不以再醮为讳，故礼有从父之丧。自"夫死不嫁"之说起，而后宋代之儒，扬波煽流，以为饿死事小，失节事大。此非以女子为自私之具耶？况烈妇之外，复有贞女。烈妇者，既嫁之后为夫守节者也；贞女者，既聘之后为夫守节者也。自《烈〔列〕女传》载卫宣夫人、齐孝伯〔孟〕姬事，特立"贞顺"之名，是为贞女之始。又晋人谢奉，谓妇既行拜时之礼（犹今日之择吉期），比于人臣之策名委质（《通典》卷五十九）。近人焦循，又表扬贞女，谓贞女不改适他姓，譬如遗民匿迹前朝；以死殉亡夫，譬如处士致身故国（见《雕菰楼集》《李贞女诗》及《贞女辨》上下二篇）。沈钦韩亦曰："一言期于久要，一赘誓以死生。"（《金贞妇龙氏墓版》）由是于未嫁之女，亦迫其为夫守节（焦循又引《续后汉书·百官志》：凡有贞女，三老扁表其门，以兴善行。谓今之旌表贞女，自汉已然。亦见《贞女辨》中，近人多引其说）。并谓女已受聘，则夫妇之名已定。又钱大昕有言："女子笄而系缨，已有系属于人之义。"而积〔绩〕溪胡承珙，又谓"婚礼成于纳征"；又谓"既相知名，虽夫不幸而死，亦可事其父母"（《驳室女不宜守训〔志〕议》）；又谓"女既许字，即属于夫"。呜〔呜〕呼！既以从一以终责女子，并于未嫁之先责其从一，其愚弄女子为何如！而中国为此说者，乃以"贞节"之名相异旌。李兆洛之言曰："夫死而命之改适，是教之以不贞。"岂非以"贞女"之空名，迫子以死亡之祸？然后知前儒所言之礼，不啻残杀女子之具矣。故近人汪中、俞正燮，均以未昏守志为非。（汪之言曰：烈女不事二夫，未闻不聘二夫也。并以未昏守志比之于淫奔。俞说尤哀恻动人。）其说出于归有光。（明归有光曰："未成妇则不系于夫也";"聘则父母之事而已,〈女子〉固不自知其身之为谁属也。"其说为汪氏所本,焦循诸人则辟之若洪水猛兽矣。)然徒知贞女之背于古礼,而不知"贞烈"二字,足以杀人,非正本清源之论也。

《说文》云:持事,妻职也。(《女部》"妻"字下)

郑氏《周礼注》云:妇职〔织〕纴组纠、缝线之事。(《内宰》注)

又《礼记注》云:酒浆洒扫,妇人之职。(《曲礼》注)

刘熙《释名》曰:妇,服也,服家事也。

《礼记》云:女不言外。(《内则》)

《毛诗传》云:妇人无与外政,虽王后犹以蚕为事。(《瞻卬》传)

郑氏《毛诗笺》曰:妇人无外事,惟以贞信为节。(《氓》笺)

又《仪礼注》曰:妇人无外事。(《士昏礼》注)

又云:妇人无所专于家事,有非,非妇人也;有善,亦非妇人也。(《斯干〔干〕》笺)

杨震疏曰:《书》诫牝鸡牡鸣,《诗》刺哲妇丧国。昔郑严公从母氏之欲,恣骄弟之想〔情〕,几至危国,然后加讨,《春秋》贬之,以为失教。夫女子、小人,近之喜,远之怨,实为难养。《易》曰:"无攸遂,在中馈。"言妇人不得与于政事也。(《后汉书》)

案:此乃女子有义务无权利之证也。盖家事之勤,非男子所能胜,乃以仆隶之职,属之妇人。又恐其干涉男子之事也,乃以"妇人无外事"之说,削女子天赋之权。由前之说,是男子自处于佚,而责女子以劳;由后之说,是男子自处以智,而陷女子于愚,岂非不公之尤者乎?且郑玄既以治家为妇职,又言妇人于家事无所专,何其压制之甚耶!

《白虎通》云:妇人入三月,善恶可得知也。然后可得事宗庙之女〔礼〕。(《嫁娶》篇)

《毛诗》云:惙惙,忧貌,亦忧其被出归宗也。(《草虫》传)

《左传正义》云:体〔礼〕:送女适于夫氏,留其所送之马,谦不敢自安于夫,若被出弃,则将乘之以归。(宣五年)

《白虎通》云:妻谏夫,夫不从,不得去云者,本娶妻非为谏正也。此地无去天之义。(《谏诤》)

《白虎通》云:夫有恶行妻不得去者,地无去天之义也。夫虽

有恶，不得去也。故《礼记》曰："一与之齐，终身不改。"（《嫁娶》篇）

案：此乃妇人去留之权系于男子之证也。夫得而去其妻，妻不得而去其夫。由是夫以恶行加干〔于〕妇，为妇者无如之何；妇以恶行加干〔于〕夫，即犯七出之律。岂非古人特为此说，以扩张男子之权耶？

《毛诗序》云：能逮下，则无嫉妒之心矣。（《樛木》序）

又云：不妒忌，则子孙象〔众〕多也。（《螽斯》序）

又云：夫人无妒忌之性〔行〕，惠在〔及〕贱妾，进御于君，知其命有贵贱，能尽其心矣。（《小星》序文）

又云：文王之时，江沱之间，有敌〔嫡〕不以其媵备数。媵遇劳而无怨，敌〔嫡〕亦自悔矣。（《江有汜》序）

何休《公羊解诂》云：朝廷侈于妒上，妇人侈于妒下。（成十〈六〉年）

《白虎通》云：备侄娣从者，为其心〔必〕不相嫉妒也。（《嫁娶》篇）

案：此乃禁妇人之相妒也。盖古人所定之制，既已一夫多妻，又恐女子不甘事多妻之夫也，由是以嫉妒为恶德，以不妒为妇道。岂非男子故为此说，以纵其一己之淫耶？

《左传》载辛伯语曰：并后、匹敌〔嫡〕，乱之本也。

郑氏《仪礼注》云：妾谓夫为君者，不得体之，加尊〔之〕也。（《丧服》注）

《白虎通》曰：《礼·内则》曰：妾事夫人，如事舅姑，尊敌〔嫡〕绝妒〈嫉〉之原。（《嫁娶》篇）

《五经通义》云：妾无谥，亦以卑贱无所能与。（《通典》引）

案：此乃妾不匹妻之证也。夫妻妾同受制于男，而妻之与妾，又有尊卑之分，故后世妻妾之争，皆生于此。虽然妾固贱矣，然为妻者果反躬自思，其为人所贱，夫又何异于妾耶？

《礼记》郑注云："为妻，父母在，不杖、不稽颡"者，尊者在，不敢尽礼于私丧也。（《杂记》注）

《韩诗外传》云：孝衰于妻子。

案：此乃男子薄视其妻之口实也。自有此说，然后夫妇之雍睦者，转罹"溺私"之谤。故后世之为人夫者，失谐于其妻，则假"不孝父母"之名，以为去妻之地。若王吉、李充、缪彤之属，均视出妻为适然。虽迂儒称为高行，然吾则斥为薄情之尤。其推薄情之原因，则又贱视其妻之故。既贱视其妻，且因之以博己名，甚矣男子之善为自计也！

周子曰：家人离，必起于妇人。（《通书》）

郑濂曰：〈治〉家之道，不听妇言而已。

案：此乃周纳女子以乱家之罪也。夫家事之乱，由干〔于〕同居。同居则必争，故门内失和，乃势所必然。今乃以此为妇人之罪，由是夫之对于妻也，先畜之以不肖之心，而妇人之不学者，亦甘自居于不肖，此诟谇之祸所由日增也。乃俗儒不察其由，以此责妇，毋亦背于人情乎？

杜钦疏云：臣者，君之阴也；子者，父之阴也；妻者，夫之阴也；夷狄者，中国之阴也。《春秋》日蚀三十六，地震五，或夷狄侵中国，或政权在臣下，或妇乘夫，或臣子背君父，事虽不同，其类一也。

王吉疏云：又汉家列侯尚公主，诸侯则国人成〔承〕翁主，使男下〔事〕女，夫诎于妇，逆阴阳之位，故多女乱。

郑氏《诗笺》曰：丈夫，阳也，故多谋虑则成国；妇人，阴也，故多谋〈虑〉则乱国。（《瞻仰〔卬〕》篇）

案：此乃周内女子以乱国之罪也。夫古代女子，若褒姒、飞燕、太真之属，诚为乱国之魁。推其原因，则因君主行一夫多妻之制，故致乱之人，皆由嬖宠。仅据此以概女子为乱国，何异执桀、纣、幽、厉之恶，而斥男子为无一善人耶？盖男子欲夺女子之权，虑其无词可假也，乃执妇人执国一二事，而责女子以丧邦；又虑女权之或伸也，乃以夫下于妇为逆天。盖以男为阳，以女为阴，又以恶之属尽为阴，善之属尽为阳（《春秋繁露》）。由是天下之最贱者，莫若女子；而天下最恶之名，亦毕集于女子之一身，岂非女子之大羞乎？

由以上所言观之，则羞辱女子者，中国之学术也；戕贱女子者，中国之学术也；拘缚女子者，亦中国之学术也。倡此说者，亦幸而身为男子耳。设使身为女子，巾帼其裳，受制于空闺，见陵于妾御，求下堂而无由，祈速死而乏策，吾知其对于此等学术，亦必疾首而痛心。夫男女赋质不同，其为人则一也。今也创不公之说，以制女子，使良心未泯，公理犹存，曷亦推己心以度人，以为设身处此者计邪？虽然，此亦不可偏责男子也。男子之于女子，虽主压制，然主张平等，亦有其人。（如《仪礼》曰："夫妇，一体也。"《释名》曰："夫妻，匹敌之义也。"《毛诗传》云："敌夫曰妻。"《白虎通》曰："妻者，齐也，与夫齐体。自天子下至庶〈人〉，其义一也。"《礼记·内则》郑注云："妻〈之〉言齐也。"《释名》曰："妻，齐也。"《说文》曰："妻，妇与夫齐者也。"此皆以"齐"训"妻"之证也。）如樊英之答拜，（《后演〔汉〕书》云：樊英有疾，妻使婢拜问，英下床营〔答〕拜。陈寔问之，英曰：妻者，齐也，供〔共〕奉祭祀，礼无不答。）唐甄之"内伦"是也。若夫身为女子，甘于自屈，则所倡学术，其弊尤不可胜言。如女宗为鲍苏之妻，苏仕卫，娶外妻，其姒劝之去，女宗曰：妇人一醮不改，夫死不嫁；且妇人有七〈见〉去，夫无一去。（《列女传·贤明》篇）又蔡人之妻，既嫁而夫遇恶疾，其母将改嫁之，女曰："夫不幸，乃妾之不幸也，奈何去之？适人之道，一与之醮，终身不改。"乃作《芣苢》之诗。（《列女传·贞顺篇》）又黎庄夫人，既往而不同欲，所务者异，未尝得见，甚不得意。其傅悯母〔母悯〕夫人贤，公反不纳，怜其失意，又恐其已见遣而不以时去，谓夫人曰："夫妇之道，有义则合，无义则去。今不得意，胡不去乎？"乃作诗曰："式微式微，胡不归？"夫人曰："妇人之道，一而已矣。彼虽不吾以，吾何忍离于道乎？"乃作诗曰："微君之故，胡为乎中路？"终执贞一，不违妇道，以俟君命。（同上）此数人者，以卑贱自甘，以屈从为分，欲博一己知礼之名，而不顾他人之罹害，是犹为臣者倡"臣罪当诛"之说也。故后世之男子，利用其说，即执女子所倡之说，制女子之身，是犹满洲执孔孟之礼法，以压汉人也。故贞节之风，即基于此，其流毒天下为何如？及于东汉，班昭之学，冠绝古今，而所倡之说，尤为荒谬。观其所作《女诫》，首崇卑弱，谓女子主于下人，当谦让恭敬，先人后己，含垢忍辱，常若危惧；又谓"妇不事夫，则义理堕阙"；又谓"阴以柔为用"，"女以弱为美"，以侮夫为大戒，以贞静为德容。呜呼！此说一昌，而为女子者，遂以受制于男为定分。名曰礼教，实则羞辱而已；名曰义理，实则无耻而已。此非所谓"妾妇之道"耶？夫班贼身为女子，竟惑于儒家之邪说，自戕同类，以贻女界之羞，作男子之奴隶，为女子之大贼。女界而有此人，盖不啻汉人中之有曾国藩也！昭贼又言夫有再娶之义，妇无二适之文，以夫为天，为天不可逃，即夫不可离。呜呼！吾诚不意此言竟出于女子之口也，吾尤不意此言竟为后世传诵也。夫后世女权之不伸，由于为女子者，悉诵班贼之书，以先入之言为主。而班贼之为此言，又由于笃守儒书，以先入之言为主。则班贼之罪，又儒家有以启之也。故儒家既倡此说，非惟为男子所乐从，亦且为女子所笃信；非惟有害于学术，亦且有害于法律。试即近今之法律观之，凡女子杀夫，必凌迟处死；凡以女许人，曾受聘财而复悔者笞五十，孰非本"男尊女卑"之说以制律者乎？故法律缘于学术，学术本于儒书。非扫荡儒书之邪说，则真理无复昌明之期。此专制者三也。

呜呼！观此三事，则古代贱视女子也久矣。惟其贱视女子，故于女子之权利，削夺殆尽：一曰兵权，二曰政权，三曰学权。昔李陵之逐匈奴也，谓："吾士气力少衰而鼓不起者，何也？军中岂有女子乎？"陵搜得，皆剑斩之。厥后唐杜甫作诗，遂谓"妇人在军中，兵气恐不扬"。此等思想，浸淫于民心，遂确定女子无从军之资格。故木兰之代父从军也，必伪为男子。观其诗有言："同行十二年，不知木兰是女郎"。夫以女子从军，犹必身自讳匿，足证古代之国家，均以女子从军为大戒。此女子无兵权之证也。自汉儒言妇人无外事，而《后汉书·皇后纪序》，遂谓"自古虽主幼时艰……未有专任妇人，断割重器。惟秦芊〔芈〕太后始摄政事，故穰侯权重于昭王，家富于嬴国。汉仍其谬，知患莫改。东京皇统屡绝，权归女主。外立者四帝，临朝者六后，莫不定策帷奕〔帟〕，委事父兄，贪孩童以久其政，抑明贤以专其威"。由此言观之，则虽位为皇后，犹不得身握政权。故汉代之儒，若谷永、杜根之流，均以灾异之流行，为女子专宠擅权之咎。后世以降，又鉴于胡后、武、韦之乱，一若女子之握权，其祸国祸民，与洪水夷狄相勒。夫女子身为君主，固属可诛。然观于古代之思想，于皇后犹禁其握权，则凡较皇后为卑者，又安有身握政权之望？此女子无政权之证也。古代之妇教有四：一曰妇德，二曰妇言，三曰妇容，四曰妇功。虽有女师、（《诗·葛覃》毛传云：师氏，女师也。《说文》云："嫪〔娭〕，女师也。"杜林云：加教于女子也。案：嫪〔娭〕字即"阿保"之"阿"字。）传〔傅〕姆，（《公羊传》：传〔傅〕至矣，姆未至焉。）教女于未嫁之前，（见《礼记·昏义》篇，不具引。）兼教女于既嫁之后，（《诗·葛覃》正义云：女已出嫁，师尚随之。）然所学不外娴习礼仪，以学事人之道，（《白虎通》曰："妇人何〔所〕以有师何？学事人之道也。"）未尝与男子同受平等教育也。又《后汉书·和熹邓皇后传》，谓："后六岁能史书，十二通《诗》、《论语》。诸兄每读经传，窃〔辄〕下意难问。志在典籍，不问居家之事。母常非之曰：汝不习女工以供衣服，而更务学，宁当举博士耶？"岂非为父母者，均以女子有学为大禁乎？后世以降，为父母者，大抵笃信斯说，于女子有才，目为不祥，虑其簿〔薄〕命，至以无才为女德，以削女子治学之权。此女子无学权之证也。惟其无学权，故凡女子之稍有学识者，莫不以所学自矜，而踰闲荡检。（女子治朴学者，若古之韦母，近世郝懿行之妻王氏，均无踰闲荡检之行。）甚至偶工五言，便矜小慧，而立身行己之大义，不克躬行。（尽〔盖〕古代女子之有才者，其流弊有二：一曰鄙贱。如陈后主宫人与挟〔狭〕客并赋诗，互相赠答是也。二曰淫佚。凡六朝以后之才女，载于正史及说者部〔部者〕，莫不蹈此失。章学诚《文史通义》有《妇学》篇，又作《妇学篇书后》，谓世之女子因诗而废礼，并历举才女踰闲荡检之失，其说甚确。观近代女子之稍有诗才者，或执贽袁枚诸人之门，称为女弟子，而枚等遂挟此以自命风流。岂非女子之有才者，均无耻之尤者乎？故章氏言其因诗废礼也。）惟其无政权，故凡女子之躬握政权者，莫不肆〔肆〕行淫佚，授权于同族之人，以酿乱国覆邦之祸。（古代女主之稍有可称者，惟宋宣仁太后称为"女中尧舜"，尚鲜失德。自此以外，若西汉吕后幸张子乡〔卿〕、审食其，而北魏冯太后则有内宠李奕【奕】。至于胡太后则又恣行凶秽，唐武后以薛怀义等入待〔侍〕，韦后继之，秽声流闻，并为所通之武三思榜其丑行于天津桥。此女子得权而肆行淫佚者也。吕后临朝，尽王诸吕。孝元王皇后封昆弟为五侯，相继秉政，而王莽卒移汉祚。东汉亦然。赵翼《廿二史劄记》谓："东汉多女主临朝，不得不用其父兄子弟以寄腹心，于是权势太盛，不肖者辄纵恣不轨，其贤者亦为众忌所归，遂致覆辙相寻，国家俱敝。"此女子授权于同族之人之证也。惟女子有此数失，故《诗经》言"妇有长舌，惟厉之阶"，一若用女子之言已足以亡国，况于女子身握重权乎？）即援女子进身者，亦必奢淫骄恣，致为青史之所羞。（汉武之时，如卫青、霍去病、李广利，均以女宠为大将。又王氏五侯，争为奢侈，赂遗珍宝，四面而至，大治第宅，广蓄妇女。至于东汉，则窦宪、梁冀又莫不攘夺民利，诛戮忠良，致以谋逆见诛。迄于唐代，又有武三思、杨国忠之乱国。故论史者莫不归其祸于女宠。又如汉灵帝时，乳母握权，蒙古对〔封〕乳母，亦并及其夫。此虽女子之罪，然亦国政不纲有以致之也。）惟其无兵权，故凡女子之稍有权力者，已躬行残忍，戕贼生民，以肆其毒焰。（如汉吕后诛韩信，戮彭越，俱夷三族；又毒杀赵王如意，断戚夫人手足，抉其耳目，衣以罪人之衣，呼为"人彘"；并大杀汉宗室，如赵王、梁王均不克免。至是以外，则东汉邓后董〔蕫〕毙杜根，西晋贾后杀楚王及太子。逮及北魏，有文明太后者，杀其子献文帝；而胡太后者，又杀其子孝明帝。至于唐代，其事尤多。如武则天缢死亲女，以诬王皇后。及王皇后及良娣被废，各杖二百，反接，投酿中，谓令二妪骨醉，并杀长孙无忌〔忌〕、褚遂良、上官仪。称制以后，纵酷吏起大狱，诛戮无虚日，大臣死者数十人，大将、庶僚死者数十百人，其流徙岭南、剑南、黔中者，又各杀千百人。而唐之宗室，下及武氏同族之人，亦肆行杀戮，虽所生之子及私夫，无一或免。至于韦后，则又毒杀中宗。此皆古代阴毒之女子也，故古史称为"女祸"。）及偶握重兵，又以强暴加民，残民以逞。（如明女子唐赛儿起兵山东，杀戮最惨，数百里无人烟。又如嘉庆初年，白连〔莲〕教首领齐王氏，其行军亦多杀戮焚掠，居民死者不可胜数。此皆女子之以兵害氏〔民〕者也。惟明马后则尚仁慈。）试推其故，则以女子之有学，千万人中，所得不过一二人。故彼亦自视有学为奇，不惜肆情而纵欲。女子之听政、握兵，千百年中，所见不过一二事。故彼亦自视听政、握兵为异，不惜倒行而逆施。此虽女子之罪，然亦男子于女子之权侵削已甚，故女子偶获此权者，不复视为分为〔所〕应然，而挟之以为奇。论者不察，遂以为女子无一善类。鉴于女子有学之弊，愈深嫉女子之有学；鉴于女子听政之弊，愈深嫉女子之听政；鉴于女子握兵之弊，愈深嫉女子之握兵。不清其源，不溯其因，惟日以防遏女子为务。（女子蹈以上诸失，均由于遏之太深。颇如壅水者，其堤一溃，其水患遂不可制。女子亦然。受制之日，不知历若何之岁年，欲其不挟权以为奇，犹禁久壅之水之不为患也。）即女子之中，亦或以有学、听政、握兵为耻，此非惟背于人类平等之旨也，且有害于女子之生存。何则？无学权则女子日愚，无政权则女子日贱，无兵权则女子日弱。愚则不能自立，贱则不能自伸，弱则不能自卫。不能自立，则饥饿而死者日多；不能自伸，则屈抑而死者日众；不能自卫，则死于杀戮劫掠者，又不知凡几。岂非古今之男子，无一非迫女子于死境乎？虽然，此犹男子用间接之法以死吾女子者也；其以直接之法死我女子者，犹有数端：一曰死于幽闭，二曰死于羞辱，三曰死于刑戮，四曰死于劫掠，五曰死于摈弃，六曰死于贞节。夫以上六端，男子因之致死者，亦不知凡几；然女子之死，则又与男子之死不同。试列表以比较之。

死于幽闭	男子之死于幽闭者，惟犯罪之囚。
	女子不必犯罪，而死于幽闭者已不知凡几。
死于羞辱	男子之死于羞辱，由于人格之不立。
	女子之死于羞辱，则由暴力之劫迫。
死于刑戮	男子之刑戮而死者，其咎多由于自取。
	女子之刑戮而死者，多受男子之牵联。
死于劫掠	男子之劫掠而死者，多属于老弱。
	女子之劫掠而死者，则不仅属于老弱。
死于摈弃	男子为君主摈弃者，多为清议之所怜。
	女子为男子摈弃者，则又为一般社会之所贱。
死于贞节	男子之死于忠烈者，或为国家而死。
	女子之死于贞节者，则均为个人而死。

由是观之，足证吾女子之死，与男子之死不同，岂非女界至可悲之事耶？试更将历代女子之惨死者，汇列事实，以供女界之观鉴。

一曰死于幽闭。古代尊显之人，既行一夫多妻之制，其尤背公理者，于古则姑姊妹共事一夫，（《公羊》云：诸侯娶一国，则二国往媵之，以侄娣从。谓之"侄"者何？兄之子也。"娣"者何？女弟也。《白虎通》云：备侄娣从者，为其必不相嫉妒也。一人有子，三人共之，若己生也。又《左传正义》引何休《膏盲〔肓〕》曰："凡诸侯嫁女，同姓媵之，异姓则否。"[1] 则所谓"侄娣"者，即姑姊妹共事一夫之谓也。故《诗·韩奕》篇云："侄〔诸〕娣从之，祁祁如云。"即指此制言。馀见《诗》疏。）于后世则一帝勒立数后。（《廿二史劄记》云："荒乱之朝，〔则〕漫无法纪，有同时立数后者。孙皓之夫人滕氏无宠，长秋宫僚备员而已，而内诸姬佩皇后玺缓〔绶〕者甚焉〔多〕。刘聪僭位，立其妻呼延氏为皇后。死，纳刘殷女为皇后。后死，又纳靳准女为皇后。未几，进为上皇后，而立贵妃刘氏为左皇后，贵嫔刘氏为右皇后，又立樊氏为上皇后。四后之外，佩皇后玺缓〔绶〕者又七人。后又以宦者王沈养女为左皇后，宣怀养女为中皇后。后周宣帝初即位，立妃杨氏为皇后。其后自称天元皇帝，又立妃朱氏为天元帝后，妃元氏为天右皇后，陈氏为天左皇后。寻进杨氏为天元大皇后，朱氏为天大皇后，元氏为天右大皇后，陈氏为天左大皇后，陈氏又改为天中大皇后，而已〔以〕妃

---

[1] 此语出自《左传》，而非何休。——编者注

尉迟氏为天左大皇后。"又云："《西峰谈话》谓：历朝止一后，元时始有三宫之制。正后必鸿吉哩氏，太祖时，以其佐〈命〉功焉〔多〕，约世世为婚姻，犹辽代之于萧氏也。其余两宫，则采之他旗〔族〕，亦曰二宫皇后、三宫皇后。明朝仿之，虽不并称皇后，而选一后，必并立三宫。异日虽或别立皇贵妃，而初选之东、西二宫，其尊如故云。"）自是以外，则历代之君主，无不幽闭妇女。战国之时，六国之君，已广蓄美女，以淫相夸。至于秦皇，以美人实阿房宫。汉代宫人，有美人、良人、八子、七子、长使、少使之号。至武帝时，增设倢伃、娃〔姪〕娥、容华、充依，各有爵位；又娶好女数千人，以填后宫（《贡禹传》）。而《后汉书·皇后纪》，又谓"汉法因八月算人，遣中大夫与掖廷丞及相工于洛阳乡中，阅视良家童女，年十三以上、二十以下，恣〔姿〕色端丽合相法者，载入后宫。"此选民女之制，见于史册者也。夫既选民女纳之后宫，则内多旷女。故刘瑜言："今女嬖令色，充积闺帏，皆当盛其玩饰，穴〔冗〕食空宫，劳散精神，生长六疾。此国之费也。……且天地之性，阴阳正纪，隔绝其通，则水旱为并。《诗》云：'五日为期，六日不詹。'怨旷作歌，仲尼所录。况由幼至长，幽藏殁身。又常传〔侍〕、黄门，亦广妻娶，怨毒之气，结成妖眚。行路之言：'官发略人女，取而复置，转相惊惧。'虽不悉然，无缘空生此谤。邹衍匹夫，杞氏匹妇，尚有城崩、霜陨之异；况乃群辈咨怨，能无感乎？"荀爽之对策亦曰："窃闻后宫采女，五六千人，从官、侍使，复在其外。……空赋不辜之民，以供无用之女；百姓穷困于外，阴阳隔塞于内。故感动和气，灾异屡臻。臣愚以为诸非礼聘未曾幸御者，一皆遣出，使成妃合，以通怨旷，和阴阳。"由是言观之，则女子一入后宫，即不啻幽于刑狱。其以幽怨戕其生，当不可胜记。此非无罪而囚之女子乎？故为女子者，均以入选为大不幸。观《晋书》言："武帝博选良家女充后宫，使杨后拣选。名家盛族之女，多败衣瘁貌，以避此选。胡贵嫔初入选，号泣于庭。左右止之曰：'陛下闻声！'贵嫔曰：'死且不畏，何畏陛下！'"盖选入后宫之秀女，与死不殊，故贵嫔甘以死争。而名家之女，亦以入选为忧，则女子之畏入选，无异女子畏宣告死刑。乃六朝以来，宋、齐二朝，均广撰①女妃。降至陈后主叔宝，其妃嫔之美丽者千余人（《陈书》）。而唐代内宠，数达五千。则女子之死于幽闭者，

---

① 撰，通"选"。——编者注

可胜数耶？况入选以后，生命至危。一值亡国覆邦，或为军士所劫掠，或为异族所奸淫，或饥馑而死，或漂泊流离。汉更始既败，宫女【女】数百千人，掘芦菔、捕池鱼为食，后皆饿死。东汉李催〔傕〕肇乱，宫女数千，悉为催〔傕〕兵所掠夺，冻溺而死，不可胜稽。则女子选入后宫者，其生命危于累卵，固不仅死于幽闭一端也。女子何辜，乃罹此劫！况选女之制，汉族行之于前，故异族亦效之于后。昔后赵石虎增置女宫〔官〕二十四等，东宫二十〔十二〕等，诸侯王九等，发百姓女年二十以下、十三以上三万人以充之。郡县乘此夺妇女九千人。其子石宣，又私令采女万余，缢死者三千人。蒙古太宗时，托欢请选天下室女。及世祖即位，耶律铸言："有司以采室女，乘时害民。请令大郡岁取三人，小郡二人，择其可者，厚赐其父母。"厥后至元丁丑，民间复讹言采室女，一时童男女婚嫁殆尽。（此足见民间于采室女之制视为大忧，且此事必非无因。）虽高丽诸邦，亦有选女之例。（赵翼《廿二史劄记》云："文宗以宫中高丽女不颜帖弥〔你〕赐丞相雅克特穆尔，高丽王请割国〈中〉田以为资查。顺帝次皇后奇氏完者忽都，本高丽女，选入宫，有宠，遂进为后。而其时选择未已，台臣言：'国初，高丽首先效顺，而近年屡遣使往选媵妾，使生女不举，女长不嫁。乞禁止。'从之。明永乐中，高丽犹有贡女之例。成祖有妃权氏，即高丽人也，后封贤妃。"）满清顺治时，亦遣使臣于通州封民船，以采民女，为季开生所谏争。则异族入华，吾女子死于幽闭者，亦不下数万人。然此犹曰异族之虐政也。若夫明逐胡元，奄有中夏，而选择秀女，则较夷族为尤甚。（近代洪秀全后宫妇女，其数亦不可胜记。以是知汉族为君，无一不足以害吾女子。）《明史》载明祖之制，凡天子、亲王之后妃宫嫔，慎选良家女为之，进者弗受。故后妃自采之民间。（明成祖仁孝皇后为徐中山女。）凡新君登极，均有选秀女之议。（《明稗类抄》云：成化中，命妇入朝。尚书施璜〔纯〕妻甚丽。皇太后审视久之，顾左右曰：曩时何不及此人？观此一事，可以知明代选秀女，凡端丽之女子，其幸免者鲜矣。而于慎行《笔尘〔麈〕》犹谓：选女民间，则习见闾阎生计，可以助人君勤俭之治。呜乎！此非饰词以护君恶乎？）而两京附近之地，骚扰尤甚。（明后妃皆南北直隶人。）及福王立于南都，中使四出，于有女之家，辄持女去，闾里骚然。呜乎！选女之制既行，非惟女子死于幽闭也，父母死于忧，乡里之死于扰，其迫人于死，虽桀、纣无以加。况君主于女子之生命，既视为甚轻，故为臣民者，亦贱视女子，使之幽闭而终。西汉贡禹言：天下取女，皆大过度。诸侯妻妾，或至数百人；豪富吏民，蓄歌者至数十人。是以内多怨女，外多旷夫。（《前汉书》）《盐铁论》亦曰："古一男一女。……今诸侯百数，卿大夫十数，中者侍御，富者盈室。是以女或旷怨失时，男或放死无匹。"而前、后《汉书》所载，若王氏五侯及梁冀、董卓，莫不蓄妃妾数百人。三国以降，则位愈尊者妻愈众，家愈富者妾愈增。而女子之为妃妾者，或死于抑郁，或死于嫉妒，或死于正妻之凌，或死于适子之虐，或谋自戕，或祈速死，或为女尼而终，孰非女子至惨之境乎？是则中国之女子，无复生人之乐，其正命而死者甚稀。加以西汉之时，旧君既殁，后宫之女，悉守园林。（贡禹疏云：及武帝弃天下，昭帝幼弱，霍光专事，不知礼正。又皆以后宫女置于园陵，大失礼，逆天心，又未称武帝意也。昭帝晏驾，光复行之。至孝宣帝时，陛下恶有所言，群臣亦随故事，甚可痛也！今诸园陵女亡者，宜悉遣。此事见《前汉书·贡禹传》中。）即当时之臣，犹以为伤阴阳之和，增怨旷之气。此后宫女子受间接死刑者也。若夫秦始皇葬骊山，宫女从死者甚众。明代则天子、王公，悉以宫人殉葬。（《廿二史劄记》云："《明史·后妃传》：大〔太〕祖崩，宫人多从死者。建文、永乐时，相继优恤，如张凤、李衡、赵福、张璧〔璧〕、汪宾诸家，皆世袭锦衣卫千、百户，人谓之'太祖朝天女户'。历成祖，仁、宣二宗，皆然。其见《后妃传》者，宣宗崩，嫔何氏、赵氏、吴氏、焦氏、曹氏、徐氏、哀〔袁〕氏、诸氏、李氏、何氏皆从死。正统元年，皆追加赠谥，册文曰：'兹委身而蹈义，随龙驭以上宾，宜荐徽称，用彰节行。'此可见当时宫嫔殉葬之例也。景帝以郏〔郕〕王薨，犹用其制。至英宗遗诏始罢之。案：《周王有敦〔燉〕传》：有敦〔燉〕死，英宗赐有敦〔爝〕书曰：'王在日，尝奏身后务从俭约，妃、夫人以下不必从死，年少有父母者遣归'云〈云〉。帝之除殉葬，盖本于有敦〔燉〕之奏也。然有敦〔燉〕死，妃巩氏，夫人施氏、欧氏、陈氏、张氏、韩氏、李氏皆死殉，诏谥妃贞烈，夫人贞顺。盖帝赐书未到，已先死矣。又可见当时宫人殉葬，各王府皆然，不特朝廷也。《否泰录》载：英宗临崩，召宪庙，谓之曰：'用人殉葬，吾不忍也。此事宜自我止，后世勿复为。'遂为定制。"）后宫女子受直接死刑者也。然后知专制之主，其虐凌女子之罪上通于天。为女子者，安得不视君主为敌仇，以洒昔时之耻？然死者不可复生，则此恨终难泯灭。此迫女子于死境者一也。

二曰死于刑戮。古今之女子，恒鲜令终。其有无辜受戮而沉冤莫白者，则从男子受诛之律也。《尚书·甘誓》、《汤誓》皆曰："予则孥戮汝。"郑玄以"孥"为"妻孥"之"孥"，是古代罪及妻孥之证。此实女子无辜受戮之始也。（或据《左传》引《康诰》"父子兄弟，罪不相及"之文，以为有罪必不联坐，分"奴〔孥〕"与"戮"为二事，然非古义。）又《周礼》云：其奴，女子入于春槁。此亦女子受刑之证。然此为及身犯律之女子，抑系坐男子而受刑，经典均无明征。（又《易经》有"刑屋"之文。"刑屋"者，亦阖户受诛也，则妇人亦鲜克免矣。）虽《左传》有"妇人无刑"之文，《公羊传》亦言"恶恶止其身"，似古代妇女，无联坐之律。然观《史记·赵奢列传》，言赵括之母，上书赵王，乞括军虽败，已身免坐。则罪及妇女，其制已遥。又古代之制，以高祖至玄孙为九族（古文《尚书》），以父母、妻子、兄弟为三族（说晏张〔张晏说〕）。秦代立三族之刑，男子伏诛，阖门坐死，所谓"秦政酷裂〔烈〕，一人有罪，延及三族"也（《后汉书·杨终传》）。汉诛韩、彭，皆夷三族；其有随贯高匿季布者，亦三族同诛。至文帝之时，始除去收孥之律。然刑律虽除，其后李陵、王温舒辈，仍坐族诛。夫中国女子，伏处闺中有若囚房，即郑玄所谓"有善非妇人，有非亦非妇人"者也。乃一人有罪，同族妇女，均伏刑戮，将谓女子知其失而勿言耶？则儒家既言"妇人无外事"，又以"谋及妇人"为大戒，男子有恶，妇人安得与闻？非所谓"无罪而就死地"者耶？将谓男子既躬犯大辟，是必不能齐其家，故尽室可诛。不知周宣怠政，非无姜后之贤；明祖残暴，非无马后之仁。若男子犯律，妇女同坐，非所谓"莫须有"之狱耶？是则自古迄今，凡女子死于刑戮者，均坐男子而死者也。彼为男子者，既轻视妇女性若天成，复贻害于室家，使之不得其死，岂果女子之负男子耶？抑男子之重负女子耶？试观汉成帝时，定陵侯淳于长坐大逆诛，长小妻乃始等六人，皆以长事未发时弃去更嫁。及长事发，翟方进、何武以为，长犯大逆时，乃始等见为长妻，已有当坐之法，与身犯罪无异，且于法无以解。孔光以为，凡大逆无道，父母妻子同产无少长皆弃市，所以惩犯法。夫妇之道，有义则合、无义则离。长未知当坐大逆之法，即弃去乃始等，或更嫁已绝，而欲以为长妻，名不正，不当坐（见《汉书·孔光传》）。夫孔光之议虽较方进等为宽，然足证汉臣罹重法者，母、妻、妾御，罔不伏刑。其坐男子伏法而死者，何可胜稽？然此仍以同产为限也。自今文《尚书》，误解《尧典》"九族"之文，以"九族"

乃异姓有属者。父族四：五属之内为一族，父女昆弟适人者与其子为一族，已女昆弟适人者与其子为一族；己之女子子适人者与其子为一族。母族三：母之父姓为一族，母之母姓为一族，母女昆弟适人者与其子为一族。妻族二：妻之父姓为一族，妻之母姓为一族。由是解“三族”者，亦沿其误，以父族、母〈族〉、妻族为三族（如淳说），或又以外祖父母、从母子及妻父母、姑之子、姊妹之子、女之子当之（杜预说）。暴君酷吏利用其说，魏晋之时，益惨酷无人理。《三国志·魏·曹爽传》言司马懿杀爽，支党皆夷三族，男女无少长，及姑姊妹女子之适人者皆杀之。又《郭淮传》言王凌之妹，为郭淮妻，及凌诛，五子向淮叩头流血，乞致书司马懿，以免母死。《晋书·刑法志》，又言魏诛母〔毋〕邱俭，其子甸妻荀氏应坐死，而荀氏所生女已嫁刘子元者，亦当坐死，以怀妊在狱。是则魏代之制，一人罹辟，凡姑姊妹及女子之适人者，均莫克免。故程威〔咸〕，上议，以为已出之女，父母有罪，既须追刑夫党见诛，又须从戮，以一人之身，内外受辟。男不得罪于他族，女独婴祸于二门，事属不均。由威〔咸〕议观之，则女子在室，必从父母之诛；出嫁以后，既从夫家之罚，复从父母之之〔诛〕。女子生命，危若累卵，孰非坐男子而死者乎？况妻从母党受刑，夫克无罪；夫伏朝廷抑罚，妻必坐诛。不独女子婴二门之祸也，即所立之法，亦宽于男而严于女。而究之犯律之人，均属男子，为女子者，又何为而作男子殉死之人哉？厥后虽从威〔咸〕言，令在室从父母之诛，出嫁随夫家之罚，然解结婴戮之时，其女适裴氏者，明日当嫁，裴氏欲认活之，女曰：家既若斯，我何活为？遂甘坐死。举兹一端，足证女子坐诛之惨。秦汉以来，女子以此法枉死者，不知凡几，非所谓“杀之无名”者耶？至于元魏严刑峻法，或举部受戮，有宗室男女相携悉赴死所者。继又作五族之刑。《北史·崔浩传》言崔浩之诛，清河之崔无远近，及范阳卢氏、太原郭氏、河东柳氏，皆浩之亲党，尽夷其族；甚至僮吏立夷五族，同修史者皆族诛。由是言之，则本族以外，凡母党、妻党、女党及异姓有属者，莫不受诛。夫相续之法，既沿男统，及婴诛戮，则于男统而外，兼以女统之血系为凭，然所坐之事仍缘男子而起，不平之律，莫此为甚！及高洋篡立，诛诸元世哲、景武等二十五家，男女无少长皆斩，所杀三千人。此均女子坐法而死之证也。至于五代，视人命若土苴，恒以族诛为事。梁于王师范，唐于赵严，皆加以族诛之刑，妻儿骨肉，无一克免。又《朱友谅〔谦〕传》言唐族友谅〔谦〕，其妻张氏，率家属二百人，言请别骨肉，无令他人横死。《王章传》言章为汉三司使被杀，有女适张贻肃，病已逾年，扶病就戮。是五代族诛之法，凡罪人妻妾及女之出嫁者，均应从坐。非法之刑，于斯而极！况当时官吏军民，婴族诛者踵相接。如张剑〔谏〕之党，族诛三千人；苏逢吉为相，盗贼所居之附近，民皆族诛是也。吾不知妇女生于此时者，果何以措其手足乎？此实女子所罹难一之惨祸也。自是以外，则唐代男子伏刑，妻、妾、子、妇，咸没入宫廷为奴婢。《唐书·上官仪传》，言仪及子庭芝既被诛，庭芝妻郑及女婉儿，配入宫庭。此妻、女并没入宫掖者也。《吴元济李师道传》，言元济妻沈，师道妻魏，于元济、师道败亡后，皆没入宫。此罪人之妻没入宫掖者也。《崔群传》言师道既诛，宪宗谓宰相曰：李师古之妻，于师道叔嫂，虽云为逆族，岂〔亦〕宜等降。李宗奭妻，亦士族也。今俱在掖庭，于法似稍深。群奏"此圣主仁测〔恻〕之心"，于是师古妻裴氏、女宜娘，宗奭妻韦氏及男女皆释。此罪人同族妻女没入宫掖者也。《魏謩传》言御史李孝本，皇族也，坐李训事诛，其女没入宫。《后妃传》言吴令珪坐事死，女没入宫，高力士选以进，后生代宗，即章敬皇后。此罪人之女没入宫掖者也。《后妃传》又言李锜反被诛，其妾郑氏没入宫，宪宗幸之，生肃〔宣〕宗，即孝明皇后。此罪人之妾没入宫掖者也。又《韩滉传》言滉过汴时，语刘元〔玄〕佐，谓宜早见天子，不可使太夫人白首与新妇、子孙填宫掖。是犯罪之人，兼没其母。《元载传》言载女真一，少为尼；载败，没入宫。德宗时，始告以载死，号泣投地。是身为女尼，犹莫或免，夫此岂入宫为奴已哉？无道君主，横肆奸淫，此固劳力辱身之苦，毕集于一身者也。其尤甚者，则元吉被诛，太宗纳其妃；五代吴〔何〕福晋〔进〕，以无罪弃市，帐下分取其妻子；宋明之制，男子犯罪，妻女均发给乐户，忠贞之家，亦复蒙辱。则女子所婴之祸，其为男子所贻者，可胜道哉？又汉代以降，男子罹辟，则妻子徙边。《汉书·王嘉〔章〕传》言章下廷尉，妻子皆收系；章死，妻子皆徙合沛〔浦〕。《息夫躬传》言躬系洛阳狱死，相连下狱百余人，妻充汉与家属徙合浦。《杨敞〔敞〕传》言恽要斩，妻子徙酒泉郡。《后汉书·陈蕃传》，言蕃死，徙其家属于比景。此均妇人因男子而罹虐者也。清代初业〔叶〕，如南浔修史诸狱，死者千百人，其妻女则均充发吉省，或给披甲人为奴，死者以十百计。由是而言，处君主专制之国，为女子者，素无生命自由之权。盖男子无罪受戮，虽多冤狱，然杀之必有罪名；若女子之罹法，则不问其罪名若何，惟以男子犯罚之故，施法于其身。生不与男子同享利权，死则随男子共罹惨劫，世界有此不平之法耶？此皆儒家"女从男、男率女"一语误之也。女子为男子附属物，故女子死生之权，悉视男子之犯律与否为定。则女子之死，实男子有以致之也。嗟乎！自古迄今，暴君酷吏，不绝于史册，女子死于其手者，固不可胜知。又古代贵显之家，妃妾恒众，一旦权势移易，伏尸市朝，妃妾从之而死者，亦无或幸免。故为女子者，不幸而生专制之世，尤不幸而入贵显之家。此虽暴君酷吏之罪，然亦男子以女子为私有之咎也。为男子者，使妇女因己之故，横罹惨死，反己其思，其有负于女子不亦甚耶？此迫女子于死境者二也。

案：近日刑律稍轻，男子有罪，妻孥从坐者虽鲜，然闻张汶祥刺马新贻时，其女年甚幼，从养于舅氏，亦横罹惨祸，并联及妻、祥汶〔汶祥〕兄之妇，非妇人坐男子之事罹祸者耶？又近日徐锡龄〔麟〕事发，政府索捕其妻，致行文日本以捕之，则联坐之法，虽谓至今未除可也。然以无罪之女子，因男子之故，治以罪名，世界固鲜此不公之法。则暴君、法〔酷〕吏，悉属女子之仇，又何疑乎？（未完）

（原载《天义》第 2、3、4、5 卷，8～10 卷合册，
1907 年 6 月 25 日—10 月 30 日）

陈君不浮追悼会演说稿

今天所开的会，是因为追悼陈君不浮。陈君的死，是因为这一次回国，听见人讲，说现在福建的地方，已经归日本势力范围，所以愤不顾生，竟投海而死。我对于这件的事情，实在是恨极了强权的说话。什么叫做"强权"？就是强盗的别名。同是个人类，凡权力强的，人人可以得利；凡权力弱的，人人都要受祸。他外面说的话，还要说强者对于弱者，应该蹂躏。这真是不道德的极点了。所以实行强权的人，就是杀人抢钱的人。现在的世界，都讲帝国主义，都讲强权。可以直接杀人，如法国待安南，英国待印度，都是用这种法子的。又可以间接杀人，如这次陈君蹈海，因为日本想侵略福建，这就是受强权影响而死的。足见强权这句话，无一不足以杀人。况且强权的学术，既然盛行，所以同国的人，也都是扶强锄弱。这一种思想，正与中国人的势利心相合。所以现在的中国，都是只论势力，不论是非。仿佛"势力"两个字，所含的意思，同"理"字一样。试想天下的人，都是人类，为什么强者独生、弱者独死呢？为什么强者独利、弱者独害呢？照中国人心这样行，必至于一个人有利，社会都受他大害；照欧洲、日本人心这样行，必至于一个国有利，世界都受他大害。所以我对于陈君蹈海，到格外恨强权。但现在的人，所发的理想，不过到抵制强权为止。不晓得抵制强权还是以暴制暴。想抵制强权，不如打消强权，想打消强权，都要扶弱锄强。对于力强的人，无一不用其抵制；对于力弱的人，无一不用其保护，教强弱复归于平等。如若不归于平等，惟有用陈君遗书所讲的话，人人不怕死，人人不顾害，把一切不公不平的社会，都由暴力破坏。大约现在的社会，都是阶级社会，阶级社会，就是强者的社会；现在的世界，都是功利的世界，功利世界，也是强者的世界。不是破坏社会，决不能打消强扠〔权〕，决不能教人类平等。所以诸君对于陈君蹈海，当晓得陈君蹈海的原因。陈君蹈海的原因，是因为不忍见强权盛行。我望诸君因陈君这一死，个个人明白强权的流毒，这就不负陈君一死的苦心了。

（原载《天义》第 3 卷，1907 年 7 月 10 日）

论种族革命与无政府革命之得失 *
（驳鹤卷町某君来函）

　　本社前接鹤卷町某君来函，言今日之中国，只宜实行种族革命，不宜施行无政府主义。此实大谬不然之说也。夫就一国之政治论之，当审其地形、生计、风俗、宗教之何若，观其所从来，而究其所终极。中国自三代以后，名曰专制政体，实则与无政府略同。何则？中国一切之政治，均生于学术；而中国数千载之学术，悉探源于儒、道二家。儒家虽崇礼教，然仅以德礼化民，不欲以政刑齐民，醉心于无讼去杀之风，一任人民之自化，此固主张非干涉者也。道家若老、庄诸子，则又欲废减一切之人治，一任天行之自然，制度、典则，弃若弃〔弁〕髦，则亦主张非干涉者也。夫中国之学术既以非干涉为宗旨，故中国数千年之政治亦偏于放任，视人治为其轻。试举其证。中国自秦代以后，惟西汉酷吏之治民，东汉朝廷之察吏，稍存开明专制之风。自东汉末年，以迄于今，悉为放任之时代。虽明之永乐，清之雍、乾，克以一己之威力，专制全国，然法律之所及，仅臣僚及士子耳，而对于多数之民，其放任自若也。于民数则听其自生自灭，于财赋则任其自销自耗，户籍丁册，数千年不一易，舛误差谬，莫可究诘。昔汉文帝问周勃："天下一岁决狱几何？"勃对"不知"。"钱谷几何？"勃对"不知"。而陈平、丙吉，转以燮理阴阳为宰相之专职。为人主者，虽有长驾远驭之才，然鼓绂以塞耳，冕旒以蔽目，端拱深宫，以无为为治，终其百岁之身，不知域内之事，其距斯、高对二世所言者几何哉？故名居九五之尊，实则形同傀儡。而大小臣工，又莫不习于蒙蔽，或工于掩饰，或匿不上闻。由是吏治之败坏，民生之困苦，内患之郁结，外侮之凭陵，均不令皇帝知。此

---

　　* 此文署何震与刘师培合撰。——编者注

君主不以明察为治之证也。若谓君主大权旁落，国政悉移之臣下，则汉之外戚，晋之宗室，唐之藩镇，宋之权宰，一朝得志，非无操纵一世之能力，然舍一身富贵尊荣外，于国家之利弊，民间之休戚，漠不关心。此大臣不以明察为治之证也。若夫恤民情、达民隐者，厥惟官吏。然州牧、县令文书旁午，案牍纷纭，其能留心民治者，盖绝为〔无〕而仅有。若职守稍尊，则又崇高牙，建大纛，危坐堂皇，深居简出。加以魏晋、两宋之吏，以优游养望为高，以躬亲民事为俗。近世以来，则又以粉饰为能，于狱讼之关于淫杀盗窃者，则曲为申详，真伪淆杂。于朝之〔廷〕文告，则以虚名奉行，实则与具文无异。即有关心民事者，然胥吏为之蠹，隶卒为〈之〉伥，虽具明察之才，亦无由穷其底蕴。加以中国各省之款，有报销、指拨之不同，然其数若何，不独部吏不尽知，即问之藩库、盐课、厘局之员，亦瞠目不能答。则中国之理财，悉以放任为政策，未闻有确实调查之一日也。又中国办事，动需援例。其合于例者，不问情实之若何，虽情伪百出，亦将照行。复有一成不变、无所取义者，如遇有越狱之案，则必曰"大风雨"；遇有逆伦之案，则必曰"患疯癫"。州县以此上之，部、寺即以此受之，万事一律，从未闻加以驳诘。虚浮之习，朦混之弊，层出而不穷。则中国之用法，悉以放任为政策，未尝有任法为治之一日也。是则法律不过虚文，官吏仅同虚设。人民之于官吏，无依赖之心，（如中国人民于狱讼之事，不欲经官，有私相和解者，有宁忿死而不欲兴讼者，此人民不得赖官之证。故无论各事，言及官办，无不腹腓〔诽〕。）官吏之于朝廷，以虚诬相饰。致举国之中，无一有权之人，（此由专制之朝，欲夺众人之权，以成一己之权。及众人既放弃其权，不与于治乱兴亡之数，故君主孤立于上，亦不能以其权行于国家。因是君臣上下，互失其权，无一有权之人。）亦无一奉法之人。（若依《会典》《律例》行，则中国由上迄下，几于比户可诛。）政治之放任，至此而达于极端。况中国之政府以消极为治，以不干涉为贤，虽有政府之名，其去无政府也几何哉？谬者不察，妄谓中国政府，不负责任，为极端腐败之政府；不知中国人民，正利用其政府之腐败，以稍脱人治之范围，而保其无形之自由。俄国杜尔斯德有言："支那之民，能逃人间之威权者也。无论何国，其人民自由之途，均不若支那。"可谓探本之论矣。故中国现今之政俗，最与无政府相近。加以封建既废，屡经异族之征服，（无论何国，一经异族之征服，则固有之阶级悉以驿除。如罗马经蛮族之蹂躏，而贵族、平民之界泯；印度经回人、蒙人之侵略，而婆罗门之威失。中国之无贵族，亦犹是也。）舍满汉不平等外，汉族之中，无平民、贵族之区。（昔日科举时代，娼优隶卒，尚有不能应试之律。及捐纳途开，学堂设立，而此例亦不废而自废矣。）此制之胜于德、日者也。又人民衣食之途，惟在农桑。以重农贵粟为国本，以粟多为国富，甚至抑商贾为末业，以奇技淫巧为大禁，以言利为羞，以富民为不义，由是举国鲜巨富之家。又财产相续，主于分授诸子。巨富之民，育子必繁，经数次之均分，则所得之财无几，故富者役贫，亦较泰西为善。此制之胜于英、美者也。由是以观，则实行无政府主义，以中国为最易。故世界各国无政府，当以中国为最先。盖中国人民，其平昔之思想，久具废灭人治之心，故废兵、废刑、废财之说，屡见于古今史册。其所以不敢废政府者，则由笃信儒书，人人之意中，悉具一阶级之观念，一若尊卑上下之分，虽与事实无裨，然确为自然之天则，无所逃于天地之间，故不得骤废其名。加以学士大夫，迷信名教，以秉礼自绳；蚩蚩之氓，又坚持立命之说，以安分为贤。此君主、官吏之名，所由不能骤革也。至于今日，人人均知礼教之诬，而纲常之说破，其所以不欲废政府者，一则虑革命之易于罹祸，一则欲利用政府以获利耳。傥利用中国之政俗，而革其信礼信命之心，举昔日之服从在上之人者，易而反抗在上之人，为农者抗其田主，为工者抗其厂主，为民者抗其官吏，为军者抗其统帅，联合既固，矢志不回，或同盟抗税，或合体罢业，则政府之颠覆，君主之废灭，直易如反掌耳。故无政府者，即人人不受制受役于人之谓也，即扫荡特权及强权之谓也。中国而欲无政府，惟当举农工军民切身之苦，启其愤激之心，使人人均以反抗特权为志，则革命之事业，成于多数之民，而公产之制，均力之说，均可渐次施行。若虑既无政府，无以御外人之侵略，则于革命既成之后，或暂设外交、军事两机关，（斯时既行共产之制，则养兵之饷不必另筹；制造器械，即以作工之民为之，不必由国家另为设厂也。）以为对外之准备；或近与亚洲诸弱国相联，远与欧美无政府党相络，摧折白人之强权，以覆其政府。由无政府之制，更进而为无国家，则世界归于大同，人类归于平等。举昔日假设之国家，（国家之名由假定，另有说详之。）特权之政治，悉扫除廓清，其为人民之幸福，顾不大哉！况无政府之说，非荒谬之说也。征之天然界，则世界无中心（枯鲁巴特金说），空气无畛域。征之生物界，则虫类因自然结合，有互相扶助之感情；植物之出生，有转避障碍之天性。征之心理，则人类咸有忌嫉之心，不欲人之出己上，以促人类之平等。若再参以西哲学说，则此理尤为圆满，安得以此为理想之谈乎？即曰无政府主义，在欧美各国为理想之谈，然中国数千年来，既行无政府之实，今也并其名而去之，亦夫复何难之有哉？（既无政府，若不行共产之制，则富民之横暴，盗贼之劫掠，必不能免。惟实行公产，使人人不以财物自私，则相侵相害之事，将绝迹于世界。然徒曰公产，而不行均力之说，一任作工之自由，则物之不备者必众；及无以给人类之求，则争端又作。若行均力之制，则物无匮之虞，而纷争尽弭。）若夫种族革命固为革命之一端，然今之倡排满之论者，当先知满洲当排之原因。夫满人之当排，非以其异族而排之也，特以其盗窃中国，握中国之特权。故仅言民族问题，不若言民族特权问题。试溯满人入关之初，屠杀劫房，圈田掠民，其为华民之敌仇，固无待赘述。即近世之制，满人不与汉人平等，满人不从事耕稼，而食汉人之粮；满人以少数之民，而达官之缺，与汉人同；下及刑罚力役，均轻于责满，严于责汉。推其致此之原因，则由君统属于满人。满酋私其同族，故满人之特权，均援君统而起。即使清廷颁布宪政，去满、汉之界，然既以满人为君，则对于满族，既不能禁其无所私。虽撒〔撤〕驻防，不能禁满兵不分布各境；虽废满员之缺，不能禁满人不占据要津。是则君统不废，无论泯满、汉之界与否，均不能夺满人之特权。（试观东晋渡江以后，王、谢数族，握朝政者百余年。明代徐、沐诸姓，虽及明末，犹有特权。此以本族为君，尚私其勋旧。况以满人为君，而欲使之不私其同族乎？）故吾人之对于满洲，惟当覆其君统，废其政府。君统既覆，则昔日满人之特权，其援君统而起者，均当归于消灭。试观北朝之时，鲜卑握中国之权。及隋代继周，而鲜卑之民，遂与汉族同化，而阶级无存。今之满人，亦犹是也。且自古迄今，凡以数族受制一政府，而政府之权，握于少数强族之手，其政治最易失平。及少数之强族，失其特权，势必与多数之民族同化。执此例以律满人，则君统既覆以后，有不与汉人同化者乎？此满人无待于驱除者也。盖吾人之意，以为实行无政府革命，则满洲政府必先颠覆。满洲政府既覆，则无政府之目的可达，即排满之目的亦可达。安得谓无政府革命，有妨于种族革命乎？今之仅倡民族主义者，其谬有三：一曰学术之谬。如华夏之防，种姓之说，虽系中国固有之思想，然贵己族以贱他族，不欲与彼杂居，系沿宗法时代之遗风。而近岁学者多固执此说，或谓种族既殊，即不能同居一国；或谓即同居一国，亦当服从汉族之政治。由前说，则为狭隘；

由后说，则为自尊。既欲别他族于汉族之外，则回民、苗民，亦不当与汉人杂处。既欲他族受制于汉族，则与今日汉、蒙、回、藏受制满洲者奚异？且民族主义之说，亦将因此而发生。此学理之误者也。故吾人所言民族主义，在于排异族之特权，不在禁异族之混合。惟异族之特权应排，故不独汉人应排满，即印度之于英，安南之于法，菲律宾之于美，中亚之于俄，亦当脱其羁绊。则民族之革命，即弱种对于强种之抗力耳，奚必执中外华夷之旧说哉？二曰心术之恶。今之倡言革命者，有一谬论，谓排满以后，无论专制、立宪，均可甘心（如来函所云）。故于朱元璋、洪秀全，均深诵其功。不知朱元璋、洪秀全之虐民，不减于满州〔洲〕。吾人之革命，当为民生疾苦计，岂仅为正统、闰统辨乎？惟革命党人，多抱此想，故于革命之后，希冀代满人握政权，非惟私设总理之名已也。黠者具帝王思想，卑者冀为开国元勋，复以革命后之利益，荧惑无识之徒。夫吾人作事，只当计公理，不当计利益。即曰利益不可不计，然当〈为〉世界生民计，不当为一党一人计。若曰革命以后，一国之权利，悉属于少数革命党人，此与康有为所谓"立宪以后政党握权"者奚异乎？盖因自利而谋革命，则革命亦出于私，其目的仍在于升官发财。傥立宪党以此相诮，果何词以对之乎？故吾人之意，以为今日之革命，必当以无政府为目的。使人人知革命以后，无丝毫权利之可图，而犹能实行革命，则革命出于真诚，较之借革命而谋自利者，果孰得而孰失耶？三曰政策之偏。今一般国民，虽具排满思想，然今之所谓革命党，不外学生与会党二端。夫一国之革命，出于全体之民，则革命以后，享幸福者，亦为多数之人；若出于【康】少数之民，则革命以后，享幸福者，仍属于少数之民。故近世欧美诸革命，均与根本之革命不同。何则？法国之革命，巴黎市民之革命也；美人之独立，商人之革命也。故革命既成，多数之贫民，仍陷于贫苦之境。若俄国则不然。革命之思想，普及于农工各社会，并普及于全国之中，异日革命之事，成于全国之民，则俄民多数之幸福，必远出法、美之上。盖革命出于多数平民，斯为根本之革命。故吾人于中国革命，亦冀其出于多数之民，不欲其出于少数之民，此其所由以运动农工为本位也。举此三事，则知无政府革命，凡种族革命之利无不具，且尽去种族革命之害。况实行无政府，则种族、政治、经济诸革命均该于其中；若徒言种族革命，决不足以该革命之全。此无政府革命优于种族革命者也。约而言之，则今之言保皇、立宪者，欲保满州〔洲〕之君统，而吾人所昌言者，则在废满州

〔洲〕之君统；今之仅言种族革命者，欲颠覆满州〔洲〕政府，代以汉族政府，而吾人所昌言者，则在于满州〔洲〕政府颠覆后，即不复设立政府。欲保满洲君统，固不足道；即于排满以后，另立政府，亦有以暴易暴之虞。曷若利用中国固有之政俗，采用西欧最圆满之学理，以实行无政府之制乎？

　　或谓无政府主义，非近日所能实行，莫若于满洲政府颠覆后，建立新政府，然后徐图无政府。不知世界人民之幸福，在于安乐和易，而不在于伪文明。中国数千年之政治，悉为放任之政治。近年以来，震于欧美之文明，始也矜其物质，继也并师其政治。致放任之风，渐趋于干涉。然以近五年之情况，较之五年之前，其所谓"伪文明"者，如警察、陆军及实业未尝不稍为进步，若即人民之安乐和易言之，则远逊于前，而民间无形之自由，亦今不若昔。谬者不察，妄谓文明进步，则人民自由亦进步。不知处政府擅权之国，文明日增，则自由日减。凡文明之形式，必与干涉之政治相表里。此固证之各国而不爽者也。故今日欲行无政府，较之五年以前，已有难易之殊。幸而满洲政府，腐败已非一日，拯衰救弊，甚属非易，故欲行干涉政治，亦往往有名无实。若于满洲政府颠覆后，另立新政府，此无论其为专制、为立宪、为共和也。特今日主张革命者，多醉心欧美、日本之文明，以为非推行其法于中国，则国势不强；又因西人功利学派之书，输入中国，民习其说，历时既久，莫察其非，而崇拜强权之心遂以日盛。（今日中国之人民，如日居于醉梦，不察是非，惟知崇拜强权，凡强国所行之制，视之若九天之尊。如今日之警察、侦探，与昔日之捕快、走卒奚异？今则为其长者，品级甚尊。今日之律师，与昔日讼师、代书奚异？今则习其学者，资格甚尊。其故何哉？崇拜强国之制耳，且崇拜强国之名耳。又如王阳明之学，日人信之者多，中国士大夫以为王学为强国人民所信也，遂亦尊王学若帝天。夫崇拜强权之心至于此极，又何怪乎并强国奴隶、娼妓而亦尊之耶？）故以今日之人心，改建新政府，势必取欧美、日本伪文明，推行于中国。然伪文明所行之地，即干涉政治所加之地。试即欧美、日本之政治言之。今之欲来用欧美、日本政治者，一曰以法治国，二曰建立议院，三曰振兴实业，四曰广设陆军。夫所谓法律者，岂果定于多政〔数〕人民之手乎？专制之国，以君主之命令为法律。而立宪共和之国，则法律定于议院之中。而议院之议员，不为贵族，即为资本家。故所订法律，名曰公平，实则贵族、资本家，咸受法律之保护，而平民则受法律之蹂躏。如中国之俗语，犹曰"天子犯法，与庶民同罪"。今文明各国，则"君主无责任"一语，明著于宪法之中，是一国之内，已有逍遥法外之人。又中国律例，官吏之家，若违法律，其罪较平民尤重。今文明各国，则佣人罢工者有罪，富民解雇佣工，悉可自由（如日本是），岂非愈富则其罪愈轻乎？又两造对质，咸恃律师之善辩与否，以判曲道〔直〕。若对质之人一富一贫，富者挟其资财，所延律师，可达十余，其富于才辩者，亦为富者所延致；贫者艰于得财，所延律师，不过才识下劣者一二人。以之与富民相竞，势必富民虽曲而亦直，贫民虽直而亦曲。此律师之弊也。又法律既尚严明，则丝毫必察，故一国之中，咸置警察。试思彼之置警察者，岂果为人民计乎？抑仅为政府计乎？如曰为人民计，何以巴黎、伦敦、纽约、东京诸都会，淫杀劫盗之事，日有所闻，其未得罪犯主名者，不知凡几。而国中之民党，言论迁徙，则莫不禁其自由。偶有出板、集会之事，则侦吏警兵随其后，莫或幸免。是则警察之置设，其目的不在保卫人民，惟欲防范人民，使之不得反抗，以保卫政府官吏、资本家之安宁耳。而置设警察之费，则由人民分担，岂非以人民之财，养人民之敌乎？此警察之弊也。故法律极严明之国，人民决无自由权。中国法律不严明，而人民自由权，转出他国人民之上，则以法治国之说，不可从矣。至于议会一端，则其弊尤甚。夫今之为国会议员者，非贵族、资本家乎？即使出于普通撰举，然多数之平民，屈从于贵族、资本家之下，以仰其鼻息；及选举之时，势不得不以之应选。加以文明各国，咸有政党；两党相持，咸以贿赂之多寡，定党势之胜败。故总统之选举，内阁大臣之任用，均由贿赂之公行。议员亦然。凡欲充议员之选者，必以资财运动。即居民党之中，亦必以运动之政策，笼络平民，买其欢心，以博多数之投票。则国会之制，较之中国之卖官鬻爵，岂有殊哉？且议员既以行贿而得，故身为议员之后，亦莫不纳贿招权。德、美各国，近岁以来，其议员官吏，均以受贿著闻。日本则某某事件，全国议员，无一人而非受贿。以视中国贫〔贪〕污之官吏，相去几何？苟议员以公正为心，为民请命，则为政府所解散；致为议员者，不得不曲徇政府之意。至于增税诸事，则迫胁议员强之使从。民若稍抗，则政府有词，谓"此乃尔等代表人所承诺者也"。故为议员者，始也出其媚民之手殿〔段〕，以博多数之选举，继也则为政府所利用，以病其民。岂非政府以渔人自居，而使议员为鸬鹚乎？则建立议院之制不必行也。若夫振兴实业，名曰富国；然富民愈众，全国之民，悉陷于困穷之境，则实业之结果，不过为竣〔朘〕削贫民计耳。广设陆军，名曰自强；然军备愈增，多数之民，悉濒于危险之境，则陆军之结果，不过为镇压民党及戕贼弱种计耳。况中国人民，以商人为耻，以言利为羞；文明各国，则尊视商人若神圣。中国工商各务，由人民自由营业，故利益普及于多数人民；文明各国，则工商诸业，悉为资本家所龙断，以贫富而区阶级，多数人民，与奴隶同。观于各国社会党所撰述，则知实业家之病民，不在僧侣、贵族之下。又中国平昔之思想，以军人为贱，侪之娼优之下；文明各国，则尊视军人。中国古代之用师，虽穷兵黩武于域外，然只有竞胜之念耳，无复丝毫营利之心；而文明各国，对于弱种，悉因营利而用兵。观于各国民党，多倡非军备主义，则知尚武之风，仍沿野蛮之习。况天下之恶，莫大于劫财、杀人。今实业之制，吸收贫民之利，与劫财之恶奚异？陆军之制，戕杀生民之命，与杀人之恶奚殊？况实业家吸收民利，迫之出于劳动之一途，以害其生存，则目的在于劫财者，其结果乃至于杀人。又陆军征服他国，屠戮其民，庶以夺取其利权，则手段在于杀人者，其目的乃出于劫财。夫文明各国之法律，于劫财、杀人之罪犯，莫不视为大恶；而己尤效之，可谓昧于公理者矣。愚者不察，犹颂其制为文明。岂知彼之所谓"文明"，正吾之所谓"民贼"乎？故欧美、日本各国，仅有伪文明。若衡其政治，则较中国为尤恶；即人民无形之自由，亦较中国为减；惟物质文明，似较中国为进步。然处政府擅权之国，则物质文明，亦为民生之大害。试观现今之世，如电信、铁道、航路、邮政之权，均握于强种之手者也，均握于政府及资本家之手者也。在上之人握交通之机关，无事则吸收小民之利，（如发电、乘车、乘舟，莫不收其重费，贪〔贫〕弱之人出费甚艰。虽有交通机关，亦莫获享其利，甚为可悯。）妨夺贫民之业。（如火车、轮舟、电车通行，而昔之挽人力车、驾航船及营负担诸业者，莫不失所利。）若弱种、平民骤谋反抗，则音信迅捷，千里之遥，瞬息即达；而军队之调集，亦朝发夕至。致弱种平民，日受抑压，虽欲抵抗而不能。是在上之人，利用物质之文明，操握交通之机关，以制弱种及平民之死命。而弱种及平民，则因交通机关之完备，永永沉沦，万劫不复，岂不哀哉？（如去岁中国萍乡聚众及今岁潮州暴动，使非有电信、火车、轮船，虽未必成功，然其影响必甚大。）盖西人物质文明均宜效法，惟宜用之于无政府之世；若处有政府之世，为人民幸福计，则有不若无。至于西人之政治，一无可采。故吾人之意，惟望中国革命以后即行无政府，决不望于革命以后另立新政府，以采用欧美、日本伪文明。若欧美、日本之制果推行于中国，则多数人民，失其幸福及自由，其陷其〔于〕困难，必较今日为大苦；至于异日，欲行无政府，亦较今日为尤难。何则？今日之政府腐败之政府也，然腐败即系放任之异名。异日另立新政府，势必涤除旧制，纲纪肃然，由腐败之政府，一变而为责任之政府，然责任政府即系干涉之异名。又今日之人民，自由生活之人民也，故不为人治所束缚。异日政府实行干涉，则自由之人民，易为受制之人民，饰以法治国之说，以范人民于桎梏之中。此皆革命以后自然之趋势也。夫去放任之政府易，去干涉之政府难；以自由之民颠覆政府则其势至易，以受制之民颠覆政府其势至难。譬如堀土，去轻浮之土，虽童子可能，劳力至省；至于去坚凝之土，则所用劳力较多。此固至浅之理也。又如御盗，村野之民，习于弛纵，故逐盗至勇，若城市之民，束身礼法，尺步绳趋，势必为盗所制。此又至浅之理也。然即此二证观之，观于前证，则知放任之政府，易于颠覆；观于后证，则知习于自由之民，易于颠覆政府。若干涉之政府则不然。试观欧美各国，民党势力盛于中国，然迟延至今仍未收革命之效者，则政府干涉力盛于中国之故也。若谓中国欲行无政府，必待新政府建立之后，抑思由新政府而为无政府者，其果由于政府之退让耶？抑果由于人民之革命耶？如曰出于政府之退让，则古今中外，不闻有此善良之政府；况于中国，则必重兴革命无疑。然当此之时，法令愈密，兵备愈强，交通机关愈备，政府之势力，足以制人民死命而有馀，则于民党举动，其防范必益严。加以中国人民易于知止，不欲求完全之幸福，以为受制汉族之下于愿已足，而革命思想顿消。岂非异日之革命较之今日之革命，其难易有天渊之判乎？即曰新政府建立后，仍可实行无政府革命；然经一次大革命，其【民】残人民必不可胜计。吾人为世界生民计，奚忍睹其屡经惨劫？与其经数次之革命，而后实行无政府，曷若于初次革命后，即行无政府为一劳永佚之计，以保全生民之命乎？此无政府革命，所由优于种族革命也；此满州〔洲〕政府颠覆后，所由不必另立新政府也。若执政府必要之说，以为无政府之制，非今日所能行，此不过希冀代满州〔洲〕握政权，醉心于功利，而故为此遁词耳。藩篱之鹦，岂足与之量天地之高；尺泽之鲵，岂能与之量江海之大？故明著其说，以宣布吾人之宗旨，并普告中国人民，使之不囿于拘墟之见。知我罪我，非所计矣！

又案：中国人民，逃于人治之外，其故有三。欧洲、日本，去封建之世，远者不出百年。处封建之世，诸侯各私其土，各子其民，于弹丸之地，所设职官以十百计，故利弊易于周知，而干涉之力，亦至为严密。欧州〔洲〕、日本人民，久处封建制度之下，惯于受制，故政府干涉之力易施。中国去封建之世，已数千年，历代之守令，习于放任，甚至千里之地，所设职官，不过数人；又苟其心思，坐待迁职，故于民间之情伪，不识不知；而下之于上，则又不以实应，以虚文相粉饰。故民生其间，得置身政法之外。其故一。凡人治繁密之世，由于居上位者，以民性为恶，故设为科条法令，以为民坊。若以民性为善，必以科条法令为轻。如中国荀卿，倡性恶说，则以治民必待于圣王，非礼义法度则不治；孟轲之说，主张性善，则曰徒法不足以自行，又以省刑罚对梁王。此同一儒家而说不同者也。盖以民性为恶，必主干涉；以民性为善，必主放任。（如欧人霍布斯以民性为恶，则主张君权之制；卢梭以人民有善良本性，则主自由，亦犹是也。）中国自三代以后，既骂〔笃〕信孔子之说，轻政刑而重德礼，而于儒家之中，尤坚持孟氏性善之说，以反对荀氏之性恶。故汉代以下之儒，多醉心刑措之风，以为用德教化民，则民德自进；民德既进，则人治不必存。此固学士大夫共具之理想也。本此说而见之政治，故政治偏于放任，一任人民之自然，以俟其感化。人民因之，遂得保其无形之自由。较之白人视政法为神圣者固不同矣。其故二。中国自古迄今，多遁世之民，离世特立。如陈仲之流，无亲戚、君臣、上下；郭泰、申屠蟠、管宁之流，天子不能臣，诸侯不能友。虽身居国土之中，然已脱国家统治之范围，不为人治所囿，故其自视也甚尊。中国人民，亦钦其节概，以为可望而不可即，盖纯然特〔持〕个人无政府主义者也。又如魏晋之间，稽〔嵇〕康、阮籍、刘伶之徒，虽身列朝籍，亦以放诞相高，置身礼法之外。此亦不囿于人治者也。即古代之僧徒，亦不守国法，不为帝王所屈，与欧美教徒受国家保护者不同，与欧洲古代僧侣握权者亦不同。故中国古今史册，其所谓逸民、隐士、高僧者，其心目之间，均不知政府为何物，以行其个人无政府主义。中国而有其人，民习其风，故能逃人治之范围。其故三。有此三故，此中国人民，所由易于实行无政府也；此无政府之制，所由可以先行于中国也。著者附识。

（原载《天义》第 6、7 卷，1907 年 9 月 1 日、15 日）

《秋瑾诗词》后序

秋瑾罹祸之岁，七月初旬，得其诗词若干首，各为一卷，乞太炎先生及吾师曼殊为序，并由吾友王芷馥女士助资排比。阅二旬而成，乃书其后曰：人治者，摧折天才之具也。天才贵肆，人治贵拘。惟尽决人治之藩，斯天才之发育，依自然而舒，充然有以自遂。否则灵智虽具，遏于人治，亦将断其萌蘖，以归于牿亡。如中国妇学，兴于三代之前，而自古迄今，才智之女不数出。其故何哉？盖妇教设官，首崇四德。而宫公女吏之所戒，其条目节次，均立文以为坊。由是足不逾阈，跧伏闺阃，安于所习，蔽所不见，以锢其思索，障其灵源，学业无所证，志气亦鲜所发舒，胶固沉溺，有若天因。虽以诗言志，而诗之本真不见。旷观古今女子，其赋诗倚声者，以十百计，然标托引喻，伊郁善感，诗词弥工，而托体弥卑。会稽章氏，谓古之女子，因习礼以达诗。不知古之所谓"礼"者，揭人治以为范。使萦身礼教之中，则高旷之志，灵敏之质，均将汩〔泪〕没于无形，以反于顽冥。处秉礼之世，安有所谓"性灵之诗"哉？是则以人治遏天才，于女子为特甚。秋瑾者，女子之富于天才者也。反古易常，不为纲维所域。又执持光复之谊，谙悉清廷政教之非。尝再莅日本，往来楚、越、燕、云间，以与志士相接纳。虽言行不自检，然尚气节，重然诺，大昌侠烈之风，均与古代妇学异轨。今读其诗词，多慷慨之音。凡叹〔欢〕愉忧愤之情，身世家国之感，一寄之吟咏。思有所寄，援笔直摅，而生平志节，又隐约于意言之表，殆古之所谓"性灵之诗"欤？虽然，瑾之克舒其才，瑾之不囿于人治也。傥人治既废，则女子之具天才者，不为人治所束，势必益臻于灵智，其心知之瀹，必非今日所能跻。然则今之兴女教者，其发舒其才，以遂其自繇之性乎？抑将囿于浅俗，以遏其灵敏之机乎？观于秋瑾之诗词，可以判其得失矣。丁未年七月二十五日，何震识。

（原载《天义》第 7 卷，1907 年 9 月 15 日）

女子解放问题[*]

数千年之世界，人治之世界也，阶级制度之世界也，故世界为男子专有之世界。今欲矫其弊，必尽废人治，实行人类平等，使世界为男女共有之世界。欲达此目的，必自女子解放始。

中国数千年之制度，以女子为奴隶者也，强女子以服从者也。又因古代之时，男子私女子为己有，坊其旁淫，故所立政教，首重男女之防，以为男女有别乃天地之大经，使之深居闺阃，足不逾阈。《礼》曰：姑姊妹、女之〔子〕子已嫁而反，兄弟不与同席而坐，不与同器而食。又曰：男女非有行媒，不相知名；非授〔受〕币，不交不亲。宋伯姬曰："妇人夜出，不见传〔傅〕姆不下堂。"汉儒郑玄曰："妇人无外事。"此皆所谓"男女有别"也。故中国之言盛世也，必曰"男女异路"。盖男女异路，乃男女有别之极端。夫古人所以隔别内外者，不过防禁淫佚耳。至其结果，则女子毕身之责任，不外育子及治家二端。夫以育子、治家为女子之职者，盖中国之教，以后嗣代灵魂，故人皆以传种为不死之乐〔药〕。中国之政以子孙为产业，故人皆以繁衍为致富之方。由是挟其政教，以为纵欲之奥援。男子之于女子，特恃为人种养成之物耳。加以中国之男子，觧〔鲜〕克躬亲小物，乃以纤末之家政，责之女子，使之服劳奉养，此育子、治家二事，所由为女子毕身之职也。然推其远因：一由男子私女子为己有；一由近世以前物价低廉，人民易于谋食，仰事俯蓄，仅赖男子之力，已克有余。故中人以上之家，女子舍育子、治家而外，觧〔鲜〕事工作。（古代虽名门贵族女子，犹有从事纺织者。今则女子习于懈惰，鲜有从事工作者。）由是奴隶、惰民之恶,悉集于女子之一身。然为男子者,亦安之如素。观中国人民之称其妻也,不曰"内人",则曰"内子"也,"内"也者,别乎"外"之词也。因自若〔苦〕其妻之故,而幽背〔闭〕其妻,与解放女人之旨,大相背驰。至于近日,不独女子失其自由也,即男子亦以室家之累,而失其自由。凡奉母、蓄妻、嫁女之费,毕集于男子之身。(中国女子无所事事,酿成虚荣之性,其妆饰之费远出男子之上。又中国之礼俗,于婚嫁诸礼亦尚虚荣,有费千百金者,虽贫民亦必如此。故福建及皖省旌德县人民,因嫁女致贫者不知凡几。故为夫者嫉视其妻,为父者嫉视其女,皆由于此。此男子所受之累也。)然男子虽躬罹其苦,仍以囿于礼法之故,以解放妇人为大戒。惟中人以下之家,解〔鲜〕克支持,为女子者,多自食其力,或从事农作,或出为雇婢,其下者则为娼妓。虽幽闭之苦稍泯,然谓之肉体解放则可,谓之精神上解放则不可。况所谓"肉体解放"者,均女子之至劳者也,均女子之至辱者也,又均女子之至贱者也,可不叹哉?(日本女子,其受幽闭之苦也,逊于中国;而其受压制之苦也,则甚于中国。盖以至劳至贱至辱之事,责之女子者也。)

虽然,中国之所谓"幽闭女子"者,岂果能实行幽闭哉?中人以上之家,女子之身恒佚。佚则思淫,为男女自然之天性。若男子远游日久,或钟情妾御,为其妻者,恒敢怒而不敢言。及情欲日炽,势必非礼法所能拘。加以其夫既殁,严禁再嫁,青年之女蛰居闺阃,舍眠食而外,另无职务撄其心,及情炽于中,亦必不安于室。由前之说观之,所谓无多夫之名,而有多夫之实者也;由后之说观之,所谓无再嫁之名,而有再嫁之实者也。往事吾弗论,试即近事言之。吴引孙之妻,年逾五十,及引孙官宁波时,犹与俊仆私通。梁鼎棻之妻,粗知文墨,继为文廷式所诱,与文同居者数年。推之盛宣怀之女,费念慈之妻,或于既寡以后,施行丑行,或于同族之内,广肆邪淫。此非所谓"巨家世族"乎?加以在室之女,嫁夫之权,操于父母;即情有所钟,亦必不能达其志,或为文君之私奔,或效崔莺之密约。试观中国各县,每岁之中,女奸淫之案,恒至数十;其有隐藏不扬者,仍不知凡几;即杀夫杀子诸巨案,亦咸因是而生。足证幽闭女子之制,决不足以禁女子之不淫。夫幽闭女子之目的,既在于防止淫泆,而其结果,势必无解放女子之名,而女子之心,转人人抱一淫泆之念。名曰"禁淫",实则诲淫而已。盖既以解放妇人为大戒,又虑解放以后,妇人即从事宣淫,防之愈严,则妇女逾防之念日切,稍有解放之隙,则淫泆之念生。是犹禁人以盗物,为盗者知物之可贵，而盗物之心益切也。故女子之犯奸淫，由于幽闭，而非由于解放，安得谓解放女子，即系导女子以淫泆哉？乃中国人民不察其由，愈以解放妇人为戒，此女德所由日堕，而女性所由不发展也。（中国女子亦有迷信解放之非，甘于不解放者。然此系迷信礼法之故，非女子之天性也。）

中国之婚姻，礼法之婚姻也。若欧美诸国，则昔日之婚姻，为宗教婚姻之制；近世之婚姻，为法律婚姻之制。其制之胜于中国者：一则结婚、离婚，均可自由，兼可再嫁；二则行一夫一妻之制；三则男女同受教育，男女同入交际场。就表面观之，不可谓非解放女子也。然吾谓此等之制，仍属肉体上之解放，非复精神上之解放。何则？解放者，不受缚束之谓也。今观欧美婚姻之制，一缚于权利，再缚于道德，三缚于法律。名曰"结婚自由"，然欧美男女之结婚，岂尽由两性之爱恋哉？或男子以多财相耀，而诱女子；或女子挟家资之富，而引男子慕婚之心；或富民恃其财力，而强娶贫女。此为利所缚者也。或女子身为世族，男子欲假其势力，百计求婚，资为奥援，以为进身之地；或贵男贫女，两情相悦，卒以门第不同，惧招物议，虽欲结婚而不能。此为权所缚者也，安得谓之"结婚自由"乎？至于一夫一妻之制，不过为宗教所束缚，复为法律及伪道德所牵制耳。实则欧美女子，有终身不嫁者，然名为无夫，实则多夫；欧美男子，亦有终身不娶者，然名为无妻，实则多妻。加以女子限于一夫，然既嫁以后，女有外遇，不知凡几；男子限于一妻，然既娶之后，男有外遇，亦不知凡几。推之都会之地，不乏女闾；跳舞之场，不啻桑仆〔濮〕。则所谓"一夫一妻"者，特阴为法律所缚，而外托伪道德之名耳，安得谓之"实行一夫一妻之制"乎？（如英女主维多利亚，既嫁德国爵族，然仍与马夫私通。而德、英、俄诸贵族，于既娶之后，复恋他女者，更不知凡几。）至于男女平等，则亦弗然。夫男女虽同受教育，然处人治盛昌之世，政治、法律，女子攻者甚鲜；而陆军、警察之学，不复令女子与闻。男女虽同入交际场，然处政府擅权之世，官吏之职，不加于女子之身。则所谓"男女平等"者，有其名而无其实者也。夫解放女子，必使为女子者，共享平等自由之乐。若如今日欧美之制，势必女子有自由之名，而无自由之实；有平等之名，而无平等之实。其所谓"自由"者，非纯正自由也，伪自由耳；其所谓"平等"者，亦非纯正平等也，伪平等耳。无自由之实，故女性未克发展；无平等之实，故人权未克均平。亚洲妇女，震于欧美之文明，以为欧美女子实行解放，实享平等自由之乐，一若克步欧美女子之后尘，为愿已足。呜乎！处今日女子革命之时代，吾决不望女子仅获伪自由、伪平等也，吾尤望女子取获真自由、真平等也。

近岁以来，中国之社会，亦渐谋女子之解放。然女子之解放，有真出于主动者，亦有出于被动者。何谓"出于主动"？即女子之力争解放是也。何谓"出于被动"？即男子与女子以解放昱〔是〕也。今观中国女子之解放，出于主动者少，而出于被动者多。其主动之力，出于男子，而不出于女子；故其结果，女子所得之利益，不若男子所得之巨。夫昔日之男子，以幽闭女子为志者也，以压制女子为天职者也。何近岁以来，为男子者，转提倡女子解放之说，主张男女平等之制？推其原因，约有三故：一由中国男子，崇拜强权，以为欧美、日本，为今日文明之国，均稍与女子以自由。若仿行其制，于一己之妻女，禁其缠足，使之入学，授以普通知识，则中外人士，必将称为文明。非惟一己有文明之誉也，即家庭亦有文明之誉；而家庭之文明，又由己身开其先。若夫集会之场，俦人广众之地，复率其妻女，参列其间，使与会之人，咸属目于其旁，曰："此非某君之妻、之女欤？其开化之程度，竟出中国女子之上。"此岂为女子计哉？不过利用女子以成一己之名。而推其私心，则纯然私女子为己有。使非视女子为己有，则女子之成名与否，与己身无复丝毫关系，必无解放女子之心。惟其私有女子，故处礼法盛行之世，以防范女子得名；处欧化盛行之世，转以解放女子得名。此男子因求名而解放女子者也。一由近岁以来，中国之民生，日趋于穷迫。中人之家艰于得食，其力不足以赡其妻女。男子生值此时，悟室家之累，已觉幽闭女子之制，非惟无大利己也，抑且蒙其大害；乃提倡女子独立，以女子倚赖于男为大戒。使之肄业于女校。其最下者，则粗习手工，或习制花、刺绣、编物、缝纫、割烹诸术；稍进则专习师范科；进而益上，则于普通科目外，兼习专科（如医学、理科学）。其迫女子于学者，岂专为女子计哉者？其目的，盖欲使女子学成之后，可以出为教帅〔师〕，或执一技以谋食，以抒一己之困耳。其食指繁盛之家，则仰事俯蓄之费，迫女子以分担；否则辞家远游，无内顾之忧。以昔日赡给室家之费，易为蓄妾宿娼之用，使己身享纵淫之乐，女子受独居之苦。名曰使女子独立，实则为一己之自利计耳。此男子因求利而解放女子者也。一由中国男子，以家自私，以后嗣为重。而治家教子之劳，又非一己所能堪，乃欲以治家教子之事，责之女子。观中国各女校，首崇家政一门，而中国新党有恒言，谓"家庭教育，为一切教育之基"。彼等之意，盖以野蛮女子之治家，不及文明女子之治家；野蛮女子之教子，不及文明女子之教子。实则家为男子之家（治家即系为男子服劳），子为男子之子（如姓父姓而遗母姓是也），特男子欲秘用女子，而使己身处于逸乐耳。此男子因求自逸而解放女子者也。综斯三者观之，则知今日之解放妇人，出于男子之自私自利，名曰助女子以独立，导女子以文明，然与女子以解放之空名，而使女子日趋于劳苦。（昔日女子受幽闭之苦，然其身甚佚。今虽渐趋于解放，然必迫以担任责务，故其身愈劳，而女子之境亦愈苦。）盖昔日之制，男尊女卑，实则男苦女乐；今则女子分男子之苦，男子分女子之乐，而宄〔究〕之女子之名，仍未尝有丝毫之尊。为女子者，又何乐而为男子所利用哉？愚者不察，妄谓中国女子之解放，出于男子之意，以颂男子之恩德。岂知此等思想，与近人称颂满洲立宪者相同。满洲之立宪，欲利用立宪，非真欲授权于民；则男子之解放妇人，亦利用解放，非真欲授权于女。（满洲之立宪，一由对外欲博文明国之名，一由使人民信赖政府，助以财力。与男子解放女子冀求名利者，正复相同。）吾非谓世界一切之职务，当专属于男，不当为女子所分担；亦非谓女权不当扩张。特以女子之职务，当由女子之自担，不当出于男子之强迫；女权之伸，当由女子抗争，不当出于男子之付与。若所担责务，由男子强迫，是为失己身之自由；所得之权，由男子付与，是为仰男子之鼻息。名为解放，实则解放之权，属于他人，不过为男子所利用，而终为其附属物而已。故吾谓女子欲获解放之幸福，必由女子之自求，决不以解放望之男子。若如今日中国之妇女，日以解放望其男，而己身甘居被动之地位，是为无自觉之心。既无自觉之心，故既为男子所利用，而犹欲称颂男子，岂非无耻之尤甚者乎？（近日之男子，亦有着〔著〕书报提倡女权者，然由于好奇心及好名心，非有爱于女子也。）

　　女子之解放，出于被动，其弊既述之于前。然中国近日之女子，亦有醉心自由平等，不受礼法约束者。就表面观之，其解放似由于主动。不知彼等之女子，外托自由平等之名，阴为纵欲肆情之计，盖仅知解放之狭意，妄谓能实行纵淫，即系实行解放。不知女子欲真求解放之幸福，正宜发展其女性，以握改造社会之权。若徒知寄情淫欲，则救世之心，或为纵淫之心所夺，所抱之志必不克成。况彼等所为，果出于自由恋爱，犹可言也。乃吾观中国自由之女子，其钟情男子，出于自由恋爱者，实占少数。有情不自禁，不择人而淫者；有为男子所诱，而堕其术中者；其尤甚者，则因求财之故，而自失其身，或以卖淫而攫财，或向殷富之民献媚。夫天下最贱之事，莫大于辱身而求利。（夫娼妓之贱，非以其多夫也，以其辱身以求利耳。故辱身求利之女子，其贱与娼妓相同。）今也辱身以求利，安得谓之自由？况所谓"解放"者，对乎〔于〕奴隶制度而言也。岂有不甘为奴隶而甘为娼妓者乎？盖彼误以解放为纵淫，故舍纵淫之外无他务，虽陷身娼妓，不复自知。此中国女子之弊也。（中国女子所以若此者，一由幽闭既久，一经解放，思淫之心日切；一由男子莫不好淫，故所生之女，秉其遗传。）

今日白种之妇人，渐知男女不平等之弊，又以男握政权，女子则否，为男女平等之原，由是联合团体，力争选举之权。远事吾弗论，试即最近之事言之。芬兰女子，以勇烈著闻。当一千八百八十四年，即建立协会，以谋政界上之运动。及一千八百九十八年，全境之民，忘男女之差别，惟反抗俄廷，演为武力之斗争。至于今岁，女子为议员者，计达十九名，为世界所仅见。其次则为那威。那威女子，近岁以来，亦争普通撰举权。惟那威国会，于女子撰举权，加以裁制，非年逾廿五、纳税及额者，不克有投票权。然女子获得此权者，人数亦三十万。其次则为英吉利、义大利。英国女子，既频与国会、警官冲突。近义国妇人，亦结合群力，以争普通撰举。此均西国妇人能力发达之征也。然自吾观之，则国会政策为世界万恶之原。女子而欲谋幸福，在于求根本之改革。而根本之改革，不在争获撰举权。试言其故。如那威诸国，既裁制妇女撰举权，限以年岁及税额。限以年岁，犹可言也；若夫限以税额，则纳税及额者，必其丰于财产者也。凡丰于财产之人，不为贵族即为富室，否则亦中人以上之家。岂非撰举之权，均操于少数贵妇人之手乎？夫吾等所谓"男女平等"者，非惟使男子不压抑女子已也；欲使男子不受制于男，女子不受制于女，斯为人人平等。若谓以少数女子握政权，与少数握政权之男子势均力敌，即为男女平等，则试即男界观之。今之世界，被治者为男子，主治者亦为男子，何以多数被治之男子，犹欲进谋革命？若昌男女分权之说，谓男界既有握权之男，即女界应有握权之女，则英帝维多利亚、中国之吕雉、武则天，均为女主，曾有丝毫利益及于女子者乎？以是知少数女子握权，决不足以救多数女子。若如那威之制，以少数贵女参政，非惟无益于民已也，且使绅士阀阅之中，为女子者，挟议政之权，以助上级男子之恶。至立法一端，亦仅上流妇女受其益，若下级女子，则必罹害益深。此非独那威惟然，即澳洲妇女亦多参政，曾有为工女谋幸福者乎？而工女阶级之中，亦鲜克入场投票，此其所以不平等也。若夫由少数选举，扩为普通撰举，立法似属差公，不知近日欧美各国，多数男子，曷尝无普通选举之权？何以撰举之人，均属资本家？则以贫富阶级不除，贫民衣食系于富民之手，不得不媚富民也。然此岂独男界为然哉？女界之中，以贫民占多数，或为工女，或为雇婢，其衣食亦仰给富民。及选举届期，安得不以贵妇人应其撰乎？观于普通选举之国，议员既属富民，则知女子行普通撰举，其议员亦仍属贵女。以彼例此，明证昭然。此国会政策，所由为万恶之原也。或谓芬兰妇女，运动之力，半属于平民；且据布利·拜尔克（芬兰女子，为议员之第一人。）所言，谓凡女子入政界者，均不得助男子施恶。则利益所被，或竟加于多数女子，亦事理所或然。然此实不然之说也。夫法、美革命之初，易君政为民政。有志之士曷尝不以国会既立，议士由于民撰，必无虐政之罹。即当时受民撰举者，亦复实力济民，抗抵专制，百竭不回，以为众民谋幸福。其抵抗之力，非竟出芬兰女子之下；以迄于今，曾几何时，而议员压制之弊，深切著明。社会党人所宣言，劳动团体所反抗，书报具在，可覆审也。况法、美近日之官吏，其压民最甚者，或出于昔日之民党。昔以抗上为能，既参国政，则与所抗之人无异。盖人治一日不废，权力所在之地，即压制所生之地也。今芬兰女子，其勇猛虽属可钦，然徒恃国会政策，恐数十年以降，被选之妇人，即系压制多数女子之妇人。此可援法、美之制为鉴者也。或谓近日欧美妇女，其有投身社会党者，亦以女子普通撰举之说，为世界倡。傥女子普通撰举之权，获于社会党人之手，彼多数之女子，或有解放之可图。此又不然之说也。夫欧美社会党人，其有持国会政策，投身政治运动者，亦恒为平民所钦悦，握左右劳动社会之权。及资格既隆，或选为代议士，或占国会议员之多数（如今岁澳国是）。彼未入国会之先，岂不以既入国会，即可改革经济界，抵制富民，以谋多数平民之解放？及身伺国会之列，或被选不仅一人，众咸幸平民之机将至。乃反观劳动之民，仍屈身赁银制度，以作富民之奴隶，虐待之苦，与昔不殊。若谓党势既充，撰举之人日益，使政权悉操其手，则改革莫难。此又河清难俟，不知待至何日者也。故观于方今之现象，凡社会党人入议院，既不足以济多数贫民；即知社会党员之女子，伺身议院，亦不足以济多数之工女，不过使少数女子，获参政之空名而已。昧者不察，犹谓女子全体解放，必待女子参政以后。抑思社会党参政之国，劳动者之全体，其果解放也否耶？此又可援以为证者也。况社会党人，一投身政界运动，即改其昔日之所为，下媚平民，上媚政府，利用贫民投票之多数，以攫一己之利权，鲜有不出于卑劣政策者。何独于女子而弗然？故为多数女子计，苟非行根本改革，使人人平等，宁舍选举权而勿争，慎勿助少数女子，俾之争获参政权。盖昔日压制多数妇女者，一为政府，一为男子。今则政府及男子而外，另受制于上级之妇人，则是于己身之上，别增一重之压抑也。即使压抑不增，亦仅供少数妇人所利用，夫何幸福之有哉！夫何解放之有哉！况吾观于芬兰妇女，于运动政权之日，始也以言论鼓吹，继募集运动之资，发行书报，或奔走村邑，侈陈暴政。信其说者，均以献身社会自表，躬犯危险，以争自由。有实行秘密运动者，有公然排击政府者，即暗杀暴动之事，亦靡岁蔑有。虽窜身西伯利亚，处禁锢之刑，曾不稍恐。其勇敢之气，战斗之方，均为欧美妇女之冠。以若斯之能力，稍俟扩张，即可谋根本改革，覆人治以弭男权。顾乃见弗及此，笃信国会政策，其目的所及，仅注意于与男子均权。故于政府、贵族之暴，虽知抵抗，至于政府羁绊，则莫之能脱。政策谬误，一至此及，不得不谓之至愚。吾深愿世界妇女，不仅以芬兰妇女为标准也。要而论之，妇人解放问题，当使为妇人者，人人同享解放之乐。今之持解放说者，一曰女子职业之独立，二曰男女参政权之平等。不知所谓"职业独立"者，属于个人，抑属于全体？如曰属于个人，则仅己身不受制，非多数妇人均可免厄也。如曰属于全体，则以今日经济界之组织，少数富民，龙断生产之机关，平民失业，其数益增；而谓妇女职业，均能独立，则所谓"职业独立"者，即以职业供役于人之异名耳，自由、解放，岂可得哉？故谓职业独立，则女子可以解放；不若谓实行共产，妇女斯可解放也。至于与男子均权，无论男子握权，历时已久，男女参政之柄，非仓卒所能均；即使能均，决不能人人而参政。以少数参政之女子，处于主治之位，使多数无权之女子，受其统治，不独男女不平等，即女界之中，亦生不平等之阶级。彼多数妇女，不甘受制男子者，岂转甘受制女子乎？故今日之女子，与其对男子争权，不若尽覆人治，迫男子尽去其特权，退与女平，使世界无受制之女，亦无受制之男。夫是之为解放女子，夫是之为根本改革。奚必恃国会政策，以争获选举权为止境哉？傥有志之妇女，由运动政府之心，易为废灭政府之心，则幸甚矣。

（原载《天义》第 7 卷，8～10 卷合册，1907 年 9 月 15 日、10 月 30 日）

论女子当知共产主义

　　天下是甚么东西顶要紧？就是吃饭要紧。你们做女人的，其〔甚〕么要受人的虐待？就是要靠人吃饭了。试看现在顶可怜的女人，共总有三种：一种是做老妈、了〔丫〕头的，主人要打就打，要骂就骂，一点儿不敢抵抗；还要一天到晚的替他做事，起五更，睡半夜。这是甚么道理？就是因为主人有钱，我想靠他吃饭了。一种是做女工的。上海各处地方，丝厂、纱厂、织布厂、洗表作里面，雇的女工，不晓得多少，也是一天做到晚的，也是一刻不能随便的。弄得眼睛看不见，膀〔弯〕腰佗背。这是甚么道理？就是因为厂里有钱，我想靠他吃饭了。一种是当婊子的，天天要被龟头打，无论女〔什〕么人，要嫖就嫖，要叫局就叫局，被人看得很轻。还有上海的野鸡，三更半夜的时候，就是大风大雪，还要站在街上等客人。这是甚么道理？就是因为家里设〔没〕有钱，把自己拿出来买〔卖〕；靠这仲〔种〕事情吃饭了。这个三种人以外，还有做人妾的，无论受正室这〔怎〕样欺凌，也只好忍气，也是因为靠男子吃饭了。又有做寡妇的，有钱的人家，殉节的很少，到了一种没有钱的人家，又没有儿女，又没能再嫁，死的也就很多。这也是因为没有饭吃。就是有饭吃，过的日子也很苦，所以就自己寻死了。就是种田养蚕的女人，他也是非常的苦。他甚么一定要做呢？也是因为混饭吃。又如既嫁男人以后，也有为男子打骂的，也有为男子不理的。他甚么不敢大闹呢？并不是看男人的面子，实在是看饭碗的面子。所以做女子的，因为想这碗饭吃，不晓得受了多少苦，也不晓得吃了多少亏。你们做女子的，不要恨男子，只要恨没有饭吃。为甚么没有饭吃？就是因为没有钱不能卖〔买〕饭。为甚么没有钱？就是因为有钱的人，把财产掠夺了去，所以弄得多数的人，穷的没有饭吃。你看各衙门、各公馆里面，做太太做小姐的，何等阔气！他也不愁没饭吃，为甚么你们天天都愁饿死？穷的也是人，富的也是人。你们自己想想，也应该生出一点不平的心出来了。

现在有一种人，说做女人的，只要有一件行业可做，就不怕没有饭吃。譬如中等的人家，把女儿送进学堂，学一点儿普通学，或是学一点儿手工，就是嫁人以后，也可以出去做教习，不至靠男人过活。又如那种很穷的人家，无论女儿、媳妇，把他送到工厂里做工。好在工厂一天多一天，不怕没有安身的地方，也不至再当老妈、了〔丫〕头、婊子了。这一句话，也有点儿道理。但就我看起来，学堂是人家出钱办的，到里面做教习，就是靠开学堂的人吃饭；工厂也是人家出钱办的，到里面做工，就是靠开工厂的人吃饭。既然靠他吃饭，就一点自由都没有了，共从前男靠〔靠男〕人吃饭、受他的压制，也差不多，那哩〔里〕可以叫独立呢？况且靠学堂、工厂吃饭，如若学堂、工厂关闭，或是他嫌人多，被辞了出去，或是才具没有人要，可不是还是没有饭吃呢？所以靠人吃饭一件事，说到末了，都是非常的危险，决不是个顶高顶上的好法子，就是俗语说的"脚面上支锅"了。

我现今有一个好法子，叫你们不要靠人，自然就有饭吃。这是甚么法子呢？就是实行共产。你想天地间的东西，不是天生出来的，就是各人做出来的，为甚么有钱就可以买，没钱就没能买？就是因为世界上用钱的缘故，就是因为各人把钱买的东西当作私有的缘故。如若做女人的，个个人晓得钱这样东西，是个顶坏不过的。大家齐心起来，同男人家合在一起，把在上的人同有钱的人，一律废尽；随复把钱这样东西，也废了不用。无论甚么东西，都不准各人私有，凡吃的、穿的、用的，都摆在一个地方。无论男人、女人，只要做一点工，要那样就有那样，要多少就有多少，同海里挑水一般。这就叫做共产制度。到那个时候，不独吃饭不要靠人，还天天都有好饭吃，还可以有好的穿、好的用、好的顽。你们想想，这个日子，好过不好过呢？况且我这句话，并不是骗你们。只要大家齐心，照着这个法子做，自然有这个好日子教你过。你们不必疑惑。俗语说道："好日子在后头。"就是今天所讲的这句话了。

（原载《天义》第 8～10 卷合册，1907 年 10 月 30 日）

女子非军备主义论

今中国愚昧之流，不察欧美、日本人民之困苦，徒震于彼国国势之强，由是倡强兵主义，以尚武之说相提倡，人人以军国民自诩，此实至荒谬之说也。而一二为女子者，亦侈然以木兰、梁红玉自期许，此尤无意识之尤。吾今特故反其词，诠明女子非军备主义，试揭其说于左。

今日之世界，非军备主义已盛倡于南欧。法人爱尔威，实行非军备主义之运动，发刊小册，岁必二次，兼从事于演说。近以刊布檄文，与同志二十五人，受禁锢及罚金之刑，然檄文署名者，已达三千人以上。而瑞士、义大利、西班牙、比利时，亦盛行此说。自是以北，则德人李伯彻·巫瑞第，因反对兵备下狱，德民与表同情者，数及二千。荷兰尼酷翁·比酷依斯，亦于社会党大会时，提出《战时总同盟罢工案》。那威利氏，兼为兵役拒绝之实行。推之破坏军舰之举，见于美洲；军人脱伍之事，见于日本。此皆世界非军备主义之运动也。

夫非军备主义，所以有益于人民者，盖昔日人民革命，咸依暴动政策，筑塞而守，今则都市街衢广阔，据守甚艰，且政府军队武器，愈加整顿，以保护政府资本家，非人民所克抗。非取消极主义，解散军队，则民党未易奏功。且军人亦平民之一，乃以服从为性质，甘居奴隶，至为政府、资本家所利用，日与国内外平民为敌，而趋〔驱〕之于死，盖人类之极可悯者。故不惜竭力运动，使之自觉。是则非军备主义，所以助平民攫取自由，而因以保人类之身命者也。

今世界多数之女子，非居平民之地位者乎？非俨然人类之一乎？然即此多数之女子询之，果欲获取自由之幸福耶？抑甘于压抑，永沦奴隶之境遇耶？果欲生命之永保耶？抑甘罹祸难，以受非命之惨死耶？盖奴隶之境遇，非命之惨死，均女子之所深恶者也。既知深恶，则非军备主义，当为女子所欢迎，彰彰明矣。

夫军备为女子之害，非仅一端。试观之往史，军人之所长，不外奸淫掳杀数端。蔡文姬之诗曰："马边悬男头，马后载妇女。"此语足绘战争之况。故中国历代之战争，凡攻城掠地，所有子女〔女子〕，必悉载而归。而辽、金、蒙古之南下，于南方妇女驱入北方者，不下千百万。虽宗室贵妇，莫之克免。其有自杀及道死者，尤不可胜计。即近日洪杨之发难，湘军之献捷，亦莫不如斯。即使免囚虏之苦，然逃亡流离之苦，亦复备尝。母失其子，妻丧其夫，室家荡毁，饥寒交侵。汉王粲诗云："出门何〔无〕所见，白骨被〔蔽〕平原。路有饥妇人，抱子弃草间。顾闻号泣声，挥涕独不还。未知生〔身〕死处，何能两相完？"凄惨之况，昭然若绘。彼女子生值其际，安有幸福之可言哉？

或谓以上所言，均野蛮时代行军之制。若今日文明各国，师出以律，奸淫虏掠之祸，必逊于前。不知中日之战、日俄之战，辽东之地，凡为炮火所加、马足所蹴者，妇女、婴儿，莫不罹惨死及逃亡之祸。又观于联军之役，北京附近之妇女，死者实烦有徒。且近日台湾女子，多为日人之玩物，则因其地为日本所掠取。若安南妇女，日受法人之虐待。据《安南亡国史》所言，于良家妇女，往往诬为不贞，迫为娼妓，以抽取其捐。此非由于其地为法人所取乎？夫劫夺人国，由于军备。是则台湾、越南妇女之受辱，均受强国扩张军备之影响者也，可不叹哉！

或谓以上所言，均战败之国。若果能提倡尚武，使国势日强，则本国妇女，不至罹军备之苦。不知现今之日本，非俨然强盛之国乎？非俨然战胜中国及强俄之国乎？然自近岁出兵以后，国中卖淫妇，其数日增。其故何哉？盖因全国壮丁，多战死于外，恤抚之费，所得甚微。而妻丧其夫，女丧其父，生计益艰，不得不出于卖淫之策。故今日所谓"卖淫妇"者，半属军人之家族。是则用兵之国，无论胜败，其影响所及，均为妇女之不利。此则确然有据者也。

且生民之幸福，不外安乐平和而已。若用兵之国，为女子者，其果能安乐平和否耶？试就中国文学家所言观之，则军人之家室，其惨况不可胜言。一曰生离之苦。江淹《别赋》云："或有边郡未和，负羽从军。辽水无极，雁山参云。闺中风暖，陌上草薰。日出天而曜景，露下地而腾文。镜朱尘之照烂，袭青气之氲氲。攀桃李兮不忍别，送爱子兮沾罗裙。"杜甫《兵车行》云："车辚辚，马萧萧，行人弓箭各在腰。爷娘妻子走相送，尘埃不见咸阳桥。率〔牵〕衣顿足栏〔拦〕道哭，哭声直上

千〔干〕云霄。"又《新安吏》云:"中男绝短小,何以守王城?肥男有
母送,瘦男独伶俜。白水暮东流,青山犹哭声。莫自使眼枯,收汝泪纵
横。眼枯即见骨,天地终无情。"《新婚别》云:"结发为君妻,席不暖
君床。暮婚晨告别,无乃太匆忙。"又曰:"君今往死地,沉痛迫中肠。"
由此数语观之,则军符初下之日,室家话别,心肠中摧,牵衣顿足之
惨,均妇女所备尝。二曰久别之苦。《邠风・东山》篇,备咏征人思绪,
兼述室人望远之怀。读"果蠃之实"以下数言,惨苦之情,匪言可罄。
又曹植《杂诗》云:"妾身守空闺,良人行从军。自期三年归,今已历
九春。飞鸟绕树翔,周口〔嗷嗷〕鸣索群。愿为南流景,驰光见我君。"
王粲《从军诗》云:"征夫怀亲戚,谁能无恋情?……哀彼东山人,喟
然感鹳鸣。日月不安处,谁人〔人谁〕获常宁?"王徽《杂诗》云:"思
妇临高台,长想凭华轩。弄弦不成曲,哀歌送苦言。箕帚留江介,良人
处雁门。讵忆无衣苦,焉〔但〕知狐白温?"梁〔梁〕元帝赋云:"妾怨
回文之锦,君思〔悲〕出塞之歌。相思相望,路远如何?"又唐高适诗
云:"少妇城南欲对〔断〕肠,征人冀北空回道〔首〕。"由以上所言观
之,则征人家室,望远情殷,书函迢隔,膏沐谁施?惕魄惊情〔魂〕,
肠若毂转,此又妇女之恒情矣。三曰战死闻耗之苦。淮南王安《谏伐闽
越书》引秦事云:"未战而疾死者过半,亲老涕泣,孤子啼号。破家散
业,迎尸千里之外,裹骸骨而归。悲哀之气,数年不息。"唐李华《吊
古战场文》云:"其存其没,家莫间〔闻〕知,人或有言,将信将疑。
目眴〔眴眴〕心目,寤寐见之。布奠〔奠〕倾觞,哭望天涯。天地为
愁,草木凄悲。吊死〔祭〕不至,精魂何依?"由以上所言艰〔观〕之,
其凄惨之况,为何如乎?观又〔又观〕汉陈琳诗云:"边城多健少,内
舍多寡妇。"唐杜甫诗亦曰:"一男付〔附〕书至,二男新战死。存者且
偷生,死长〔者〕长已矣。室中更无人,惟有乳下孙。孙死〔有孙〕母
未去,出入无完裙。"观于此言,则国家用兵之际,死别生离之惨,毕
集于女子之一身。非惟为爱情之公敌也,且将陷女子于贫困死亡之一
境。即使出师以后,奏凯生还,然此胜则彼败,战败之国,死者必众。
盖死者既为他国之平民,则困苦者,亦为他国平民之家室。吾辈既以救
济同胞为目的,岂忍寡他国人民之妻,孤他国人民之子女,以逞国家虚
伪之光荣哉?盖战争一事,与妇女均有直接之不利,乃女子所首当反对
者也。

　　不惟此也,近日世界之女子,所以沦为工女之阶级,而日从事工场

之生活者，则以生计困难之故。至生计困难之故，虽非一端，然综其大要，则物值踊贵，及租税增加之故耳。此二原因，均军备扩张之所致。试观现今各国，其财政预算案，恒以国防费为大宗。英国当一千八百九十八年，其海陆军费，数达四千万磅之上。中国各省摊派之款，舍偿还外债而外，以贴补陆军部为大宗。即厘金诸税，亦因往昔用兵而增。由是而推，则军备日增，人民担任之税额亦日增。此横征暴敛之政，所以接踵行于世界也。况军备日充，则民之为兵者亦日众，由生利之人，易为分利之人。军人而外，制造军械者若而人（如炮兵工厂是），制造军服，及修理国防（如筑炮台是）若而人，此皆昔日长地财、辨民器之人也。今也舍固有之业，营害民之具，则生产之额，不足供人民所求，此又物值踊贵之一原因也。税额日增，物值日贵，则一人之所入，不足供仰事俯蓄之资，数口之家，饥寒交迫。为女子者，不得不俯应赁银制度，从事工场之操作，给事富民，博取衣食。其下也者，则又陷身于仆婢娼妓，莫之或脱。呜乎！女子之陷于此境，果孰使之然哉？则贫穷为其原因也。而扩张军备，又为人民贫穷之原因。兵备一日不废，吾恐女子因贫穷而陷身危苦者，亦永无解脱之望矣。（又汉主父偃《谏伐匈奴书》引秦事云："男子疾耕，不足于粮饷；女子纺绩，不足于帷慕〔帷幕〕。白〔百〕姓敝靡〔靡敝〕，孤寡老弱不能相养，道死者相望。"此语足达用兵时代生民困苦之情。中国历代战争之世，罔不若此。杜甫《兵车行》谓："汉家山东二百州，千村万落生荆杞。纵有健妇把锄犁，禾生陇亩无东西。"则用兵一事，为括民财、荒民业之根，较然明矣。）

且女子所应知者，犹有一端。自古及今，男女之权利，所以不能平等者，则以男服兵役，女子独否。故尊卑阶级，亦援是而区。且上古之男子，所以夺掠女子，视为俘虏，而行多妻之制者，亦以用兵之故。盖男子富于勇健之精神，其强力足以制妇女。故为女子者，屈服于男子之下。积时既久，遂以服从为性质，而仰男子之指挥。此实男女不平等之原因也。故男女不平等之制，亦由用兵而生。且今之禁遏女权者，犹执女子不服兵之说，以证女子权利，不能骤与男相平。是则男尊女卑之观念，亦由服兵而后生。然男子服兵，既历数千年之久。女子欲分任其责，必非旦夕所能平。若实行非军备主义，使男子解服兵之役，退与女平，既不能执保国之空名，以傲女界，复不能逞其强力，而强女子以复〔服〕从，此实男女平等之权舆，亦女子脱男子羁绊之初桄也。故为女子者，不欲言男女平等则已；如欲实行男女平等，则舍非兵备主义外，决无运动之方。此固不易之理也。

　　要而论者〔之〕，非军备主义者，弱种平民女子之大利也。非军备主义行，则弱种泯强种之侵凌，平民脱国家之压制，为女子者，亦可脱男子之羁绊，以博自由之幸福。此实世界和平安乐之先声也。吾深愿世界妇女其〔共〕明此义，实行非军备运动，则济民救世之功，伟然与日月争光矣。

　　　　　　　　（原载《天义》第 11～12 卷合册，1907 年 11 月 30 日）

经济革命与女子革命

上古之强权，凭腕力而存者也；中古以降之强权，凭金钱而存者也。故上古之女子，受制于腕力；而中古以降，则受制于金钱。此实世界相同之公例也。试观太古之初，人民于共产制度外，兼行共夫共妻之制，未尝以财产为私有，亦未尝以女子为私有。及人民欲望渐萌，欲取他人之财产为私有，并欲取他部妇女，以为一己私有物。其好色、好货二念，渐以扩张。凡强武有力者，则征服他部，于掠夺财产而外，兼掠其丁男壮妇，男以备设〔役〕，（使之从事生产，处于供给之地位。）女以承欢。此则记载于各国古史，而为一般社会学家所共认者也。是女子私有制度之起源，与奴隶制度之起源同一时代，均共产制度破坏之时代也。故群婚制度与共产制相伴而生，掠夺结婚制度与奴隶制相伴而生。乃凭腕力之强弱，而区为主治、被治二阶级者也。凡男女腕力之弱者，均为力强之男子所压制。由此以降，生产之职，属于奴隶。弱者尽其力，强者享其成，而贫富之级，遂以愈严。贫富之级既严，由是男子由奴隶之制，进为农奴之制；由农奴之制，进为今日雇工之制。女子由掠夺结婚之制，进为卖买结婚之制；由卖买结婚之制，进为今日一夫一妻之制。然要之劳民及女子，均处于弱者之位置。则以中古以降之富民，均沿用奴隶制度之风，使他人为之生产；复出其无用之金钱，以诱惑劳民及女子，使之不得不降志服从。故由腕力之强权，易为金钱之强权。而究之今日雇工之制，无异农奴，均奴隶制之变相；今日一夫一妻之制，无异于卖买结婚，均掠夺结婚之变相。试述其故如左。

古代掠夺结婚之制，由于欲私女子为己有也；今日结婚之制，亦仍然私女子为己有。其所以克私女子为己有者，则以男子握金钱之权，可以制女子之死命。故现今之结婚，均金钱上之婚姻也，谓之财婚，亦非过论。欧州〔洲〕文豪伊布心民〔氏〕，所著《海之女》小说曰："近世之结婚，毕竟女子卖身与男子，以脱其终身之困厄，为立身之计。男子则量其经济状况，以买女子，与之结婚。所谓'买卖'是也。"由此言而观，则男女之关系，均由经济之关系而生。试以此意证之中国，其所得之证如左：

一、凡父母为女择配，必先询其家产之若何。此何故哉？所以为女子终身计，果能受男子之赡养否也。（亦有询其才貌者，然亦以财〔才〕貌卜其能升官发财与否。盖以男子能升官发财，则女子嫁彼后，可以足于衣食也。）

二、凡贫家之女或无父母者，则未婚之前，多寄养于夫家，名曰童养媳。日受舅姑之虐待，或至于惨死，则以衣食仰给于夫家之故也。

三、男子之富裕者，末〔未〕冠即娶。赤贫之民，或终身不聚〔娶〕；或壮年以后，始有妻室；又或既聘以后，延期不娶，致外有旷夫，内有怨女。至于乡僻之地，则有兄弟数人共一妻者。岂非以聘娶之费，养赡之费，非贫民所能供给哉？

四、富家之女，饶于才智，于贫家之子优于才貌者，爱情甚笃，而父母兄弟，则百计阻其谋，或坚夺其志，致为女子者，愤激自杀，或为私奔之行。岂非以嫁女于贫民，虑其衣食不给，不得不拂其爱情哉？

五、贫家之女，优于才貌，则富室无赖子弟，强与结婚。女子虽矢志不从，而父母兄弟，则贪富室之贿赂，以压力相迫，致为女子者，或陷于自杀，或于既嫁之后，终身寡欢。岂非亲族为金钱所诱，致陷害其女而不顾哉？

六、富室子弟，私谤贫家之女，强与奸通，而亲族莫敢禁。其原因略与前条同。

七、男女婚约多由幼年时所定。既定之复〔后〕，或夫家贫困，则女子之父母，背弃婚约，或另与他姓约婚，即俗话所谓"嫌贫爱富"也。各省之讼狱多由此起。

八、近日女校各生徒，有艰于学费者。轻薄之男，恒出资相助，而迫其订婚。有所诱不仅一人者。

九、既嫁以后，夫妇之间，薄于感情。为女子者，往往含恨饮泣，莫敢离异，甚或自促其天年。则以一己之生活，恃男子之养赡，不得不出于饮忍也。

十、男子既死，妇女恒为殉节。此非笃于爱情也，则以仰其生活之故，不得不以死相殉。且夫死以后，失养赡之人，将陷于困穷之境，不若一死之为稍愈也。（或以殉节为囿于风俗礼法，此固有之。然此事所由为习俗所共认者，则以既嫁之后，受夫赡养，故迫女子终身守节，以答其恩。然终身守节，苦于无资，乃出于殉节。此普通之恒情也。若因爱情殉节，则占少数。观富室之妻殉节者少，而殉节之妇，均出于无恒产之家，可以知其故矣。）

由是观之，则金钱之为物，乃爱情之公敌也。凡奸通情死之祸，均由金钱而生，征之各小说戏曲，可以知其一班。不惟为束缚女子之桎梏也，且为残杀女子之刀锯。故中国现今之女子，莫不受制于金钱，且受制于援金钱而生之强权。

且金钱之为物，不惟使婚姻失自由之乐也，且将陷女子于卑贱。夫富民蓄妾，多者十余，小〔少〕者数人。彼女子岂果降心相从哉？不过为一己衣食计，或父母为博取财物耳。至于巨室土豪，挟多资以蓄爪牙，于民间妇女有姿色者，无论其既嫁与否，公行劫夺。即父母讼之官署，彼复使用金钱，以结官吏，使判为诬告。又或殷富之家，雇使婢女，凡未嫁之女，有夫之妇，均任室主之奸淫；若或不从，则以酷刑相迫。即亲族知其情，亦不敢宣言于众，以撄彼怒。近则奸通工女之案，日有所闻。其尤下者，则父母兄弟，冀簿女子卖身之钱，鬻为娼妓。故贫困为卖淫之根，富裕为淫欲之根。金钱愈富，则所淫之女愈众。男子之视女子，不过视为金钱所购得之一物耳；女子之于男子，不过日居买卖之场，以待男子之购买耳。凡男女之结合，谓之人身之卖买可也，谓之金钱之关系亦可也。观现今奸淫之案，鲜出于儒素及中人之家，非生于殷富之室，即起于赤贫之门。盖富室为饶于金钱之人，贫室为乏于金钱之人。饶于金钱，故出其余资，以为买淫之用；乏于金钱，故不得不以卖淫为业，以筹生计。是卖淫之事，均由经济不平等而生也。昔清初女子邵飞飞诗曰："为问旧时亲阿母，卖儿还剩几多钱？"观于此诗，则知女子之陷于丑贱者，非女子之罪，均金钱之罪也。且非惟陷于丑贱之女子为然，即为妻为妾之妇女，因受男子之养赡，以肉体供其玩弄，亦不啻男女之间，结为契约，以卖淫报其生活之恩。特卖淫之高等者耳；特典质其身于男子，以守久远之赁银制度者耳。故吾谓中国现今之婚姻，非感情之婚姻，均含有"女子卖身于男子"之性质者也。金钱一日不废，经济一日不平等，则男女之婚姻，决无自由之望。此非今日之所可预决者乎？

今日欧美各国，其习俗已与中国稍殊，乃男女互相卖淫者也。推其原因，盖有二端。一由女子财产相续法。如父死无子，其财产悉与其女。非若中国父死无子，必以族人之子为嗣，而享有其财产也。一由女子职业独立。如比国女子，或为警察员；芬兰女子，或为代议士；法、美女子，或从事驱车力农。而各国女子，身执教师之业者，其数尤众。即工女一端，美国当一千九百年，万人之中，约有女子一千七百二十二人；日本当明治三十三年，工女之数，达于二十五万四千七百九十人。均女子职业独立之证。有此二因，故男子有希图女子之资，而甘卖身于女子者，与女子希冀男子之资，而向之卖身者，其数正复相等。试举其例如左。

一、凡富家之女，拥有巨资，则青年男子，争集其门，谄媚互〔百〕端。此冀其挟财产以嫁己者也。此例最多。

一、富家之女，慕者不仅一人，则男子因嫉妒之心，互相残害。则以女子若属于他人，则财产亦为他人所有也。欧美谋杀案，半由于此。

一、青年男子，欲结婚富族之女，虑其憎己之贫，则百端借贷，从事华奢，以博女欢。此由欲诱骗女子之财产也。如英莎士比《吟边燕语》所记英人向犹太人贷金是。

一、贵族之贫乏者，其亲族恒冀其结婚富室，以补助财政之穷。则男子对于他女，虽有爱情，亦必中格。如英哈慕德《迦菌〔茵〕小传》所记亨利母妹，迫其与爱妈〔玛〕结婚是。又近日美国富豪女子，思嫁欧州〔洲〕贵族，而欧州〔洲〕贵族，亦冀得其巨金。如前日美国女子，有名克兰底斯·恩比尔者，挟资一千二百万弗，下嫁匈牙利贵族之细奥的奥尔伯爵。美人肆哈斯氏（市俄古选出之国会议员）以为："背于本国共和之精神，忘平民本位，与外国贵族结婚，势必资财外溢，虚荣心日增。非课以重税，不能禁止。"乌因氏（亦议员）亦曰："欧州〔洲〕贵族，特鹅鸟耳。（晋人之语，与日本'马鹿'同。）今与结婚，是亦家畜类耳。"此亦贫乏贵族与富室女子结婚之证。

一、中级男子，结婚富室之女。既婚之后，女子恒骄奢淫佚，不安于室，或加男子以诟辱，或与他人通奸，而男子亦莫敢谁何。此由贪其财产，不得不含怨忍辱也。（如英女王维多利亚与马夫奸通，其确征也。）

一、寡妇挟有资产者，无行男子，多与奸通，致忘婚娶。此由欲得其财帛故也。近美国速利州之科伦比亚市，既寡之妇，多拥厚资，以诱未婚之男子，致风俗坏乱；而未字之女，恒愆嫁期。市会议员，乃提议抽取独身税，凡男子达壮年未娶者，岁课百元，以为禁止奸通之计。其确证也。

以上所言，均男子贪女子之财，而与之结婚者也。恒〔衡〕其实际，则不啻女子挟其资财，而迫男子以卖淫耳。男子因贪财之故，至卖身于女子，此与中国北京之优伶奚异？盖中国男子，尚以得妇家财产为羞（俗语谓之"吃裙带饭"）；至于欧美，则男子与富室结婚，亲戚交游交相庆贺。实则此等男子乃娼妓之化身，谓之男娼，谁曰不宜？其可羞孰甚焉！试更即欧美贫女卖身男子者，约举其例如左：

一、富豪子弟，对于贫女，迫与奸通，亲族莫敢谁何。此由畏其金钱之力也。

一、贫女饶于才艺者，或立志甚高，而富室无赖子弟，迫与结婚，其亲族复迫之甚切。致有饮恨终身或出于自杀者。此由亲族为金钱所诱，不暇为女子审择利害也。

一、富豪之年迈者，或再婚三婚，而所婚均少女。则以贫家之女，冀身多赀，欲嫁彼以图衣食也。此例美国最多。

一、富豪与贫女结婚，稍违其意，即以离婚相要挟，而女子亦莫敢谁何。此由虑离婚以后，经济不克自由也。

一、田主对于佃民，恒奸淫其妻女，以俄国为尤甚。佃民敢怒不敢言，则以衣食系于田主之手也。

一、工厂所雇女工，屡为富商及工师所奸淫，美州〔洲〕最盛，日本亦有此风（今中国亦有之）。此由为贫所迫，俯就赁金制度，故不克免此奇辱也。

一、富豪所雇下婢，给以微薄之金，即向雇主卖淫（日本尤甚）。

一、贵族或中流女子，因贫乏之故，甘与卑贱之富民为婚（如《迦茵〔茵〕小传》中之爱伦是）。

一、富民或于结婚以后，私娶贫女，行秘密之结婚。由此视贫女为至贱，不复以正式之礼相待也。

一、贫室妇女，无论既嫁与否，恒私以卖淫为生。

一、各都市之地，倡寮日增，以美国纽约为尤甚。

以上所言，均女子贪男子之财而向之拾〔舍〕身者也。衡其实际，则不啻男子挟其资财，而迫女子以卖淫耳。女子因贪财之故，至卖身于男子，此无论其为娼妓与否，均谓之卖淫妇、丑业妇可也。况复中国女子，尚为礼法所拘，有所谓"饿死事小，失节事大"者。此语虽背公理，然女子因贪财而卖淫者，遂占少数。若欧美女子，礼法之严，又逊于中国，故卖淫之事，不复以为可羞。据最近美国之调查，则女子之最易结婚者，以看护妇、速记者、下婢、店番女、女工为最，女教员次之，电话交换手、裁缝师又次之。则以看护妇、下婢、店番女及女工，均系贫女，故急于结婚，以冀男子之养赡。（为速记之业者，入款既多，才艺恒美，故男子诱之者众。此与男子卖淫者同例。）若教员诸业，则入款较丰，不必仰男子之鼻息，故鲜为男子所诱，而结婚亦较迟。是则女子愈贫，则男子诱之愈易，岂非因得财而卖淫者乎？又吉〔去〕岁美国纽约市，富豪之妻，有名的布尼者，向夫要挟，谓每岁当给以十万元，以为衣服料。其夫所给不足，即与离婚。岂非因金钱之多寡，以定婚姻之离合者乎？此则女子之羞也。

夫现今之时代，即定为男女互相卖淫之时代矣；然互相卖淫，非男女之罪也，实金钱之罪耳。盖今日婚姻不自由之弊，多由经济不平等而生。经济既不平等，由是贫者欲博富者之金钱，苦无可施之计；富者既身居佚乐，复进求快乐之扩张。至其结果，则富者出资以买淫乐，贫者卖淫以博资财。谓之男女之关系，不若谓之贫富之关系也。《礼记·礼运〔经解〕》篇有云："婚姻之道〔礼〕废，则夫妇之道苦，而淫佚〔辟〕之罪多。"吾今即其语而反之曰：金钱之制行，则夫妇之道苦，而淫佚之罪多。蔽以一言，则今日之婚姻，均非感情上之婚姻，乃金钱上之婚姻也。中国古籍，以财婚为夷虏之俗。至于今日，则财婚之制遍于世界，致一切之感情，均为金钱所妨碍，可不悲哉！

处现今之世，欲图男女自由之幸福，则一切婚姻，必由感情结合，即由金钱之婚姻，易为感情之婚姻是也。然欲感情之发达，必先废金钱。金钱既废，则经济平等。一般男女不为金钱所束缚，依相互之感情，以行其自由结合，则凡压制之风，卖淫之俗，均可改革于一朝。故女界革命，必与经济革命相表里。若经济革命，不克奏功，而徒欲昌言男女革命，可谓不揣其本矣。

吾今以一语遍告世界女子曰：尔等不欲要求解放，以实行女界革命，斯亦已耳；如欲实行女界革命，必自经济革命始。何谓"经济革命"？即颠覆财产私有制度，代以共产，而并废一切之钱币是也。

今一般论者，又以男女之爱为讳言。不知爱情发于天性，乃出于自然者也。惟由金钱而生结合，则为卖淫，无论男女，均为大羞。以其诱于金钱，因伪物而生伪爱，非出于天性所发之感情也。若处经济革命之后，则结合均生于感情。感情之婚姻，乃世界最高尚、最纯洁之婚姻也，夫何弊害之有哉！

[附录] 马尔克斯、焉格尔斯合著之《共产党宣言》一节。

家族制之废止，虽持急进说者，亦以共产党人，为此不名誉之主张，因生愤激。虽然，现今之家族制，乃绅士之家族制也，乃以资本及私利为根基者也。虽此等制度，发达至于完全，然亦仅行于绅士阀之间。若平民家族，则实际已归消灭，或以娼妓横行之事，为其完成之要件。今欲娼妓消灭，则绅士之家族制，亦当消灭。而此二者之消灭，又当与资本之消灭同时。

在绅士阀之视其妻，特拟之于生产机械之一耳。彼于生产各机械，既闻公同使用之说，则对于妇人，亦或出斯旨推断，而知妇人亦将不免于共有。此时或群起而呼曰：然则汝之共产党，特欲创始妇人共有制度耳。

然共产党之目的，则以往昔之视妇人，拟之生产机械之一，欲改除其形式，固非彼等意料所及知也（此彼等指绅士）。

虽然，彼绅士之诬共产党，以为欲希冀妇人共有，始发此义愤，甚可嗤也。夫妇人共有制，固不待共产党之创设，而久行之于远古者也。

即如彼等绅士，于普通娼妓，固不待言。即平民归其统治者，淫其妻子，犹不满足。其尤甚者，则交互诱取他人之妻，以为快乐。是现今绅士阀之结婚，其实际所行，亦妻女共有之制度。果尔，则共产党所主张，即如彼等所言。然其所以向彼等非难者，不过欲以公然合法之制，而代彼等伪善阴密之妇人共有制耳。

总之，共产党人，欲禁止现今之生产制度者，所以禁绝由此制所生之妇人共有制也。质而言之，即禁绝公娼私娼是。

案：马氏等所主共产说，虽与无政府共产主义不同，而此节所言则甚当。彼等之意，以为资本私有制度消灭，则一切私〔公〕娼私娼之制，自不复存。而此制之废，必俟经济革命以后，可谓探源之论矣。故附译其说，以备参考。

（原载《天义》第 13～14 卷合册，1907 年 12 月 30 日）

中国近代思想家文库

丁文江卷	宋广波　编
钱玄同卷	张荣华　编
张君劢卷	翁贺凯　编
赵紫宸卷	赵晓阳　编
李大钊卷	杨琥　编
李达卷	宋俭、宋镜明　编
张慰慈卷	李源、黄兴涛　编
晏阳初卷	宋恩荣　编
陶行知卷	余子侠　编
戴季陶卷	桑兵、朱凤林　编
胡适卷	耿云志　编
郭沫若卷	谢保成、魏红珊、潘素龙　编
卢作孚卷	王果　编
汤用彤卷	汤一介、赵建永　编
吴耀宗卷	赵晓阳　编
顾颉刚卷	顾潮　编
张申府卷	雷颐　编
梁漱溟卷	梁培宽、王宗昱　编
恽代英卷	刘辉　编
金岳霖卷	王中江　编
冯友兰卷	李中华　编
傅斯年卷	欧阳哲生　编
罗家伦卷	张晓京　编
萧公权卷	张允起　编
常乃惪卷	查晓英　编
余家菊卷	余子侠、郑刚　编
瞿秋白卷	陈铁健　编
潘光旦卷	吕文浩　编
朱谦之卷	黄夏年　编
陶希圣卷	陈峰　编
钱端升卷	孙宏云　编
王亚南卷	夏明方、杨双利　编
黄文山卷	赵立彬　编

图书在版编目（CIP）数据

中国近代思想家文库．金天翮吕碧城秋瑾何震卷/夏晓虹编. —北京：中国人民大学出版社，2015.1
ISBN 978-7-300-20686-8

Ⅰ.①中… Ⅱ.①夏… Ⅲ.①思想史-研究-中国-近代②金天翮（1873～1947）-思想评论③吕碧城（1883～1943）-思想评论④秋瑾（1875～1907）-思想评论⑤何震（1886～?）-思想评论 Ⅳ.①B250.5

中国版本图书馆 CIP 数据核字（2015）第 018170 号

中国近代思想家文库
金天翮、吕碧城、秋瑾、何震卷
夏晓虹 编
Jin Tianhe Lü Bicheng Qiu Jin He Zhen Juan

出版发行	中国人民大学出版社		
社　　址	北京中关村大街 31 号	邮政编码	100080
电　　话	010 - 62511242（总编室）	010 - 62511770（质管部）	
	010 - 82501766（邮购部）	010 - 62514148（门市部）	
	010 - 62515195（发行公司）	010 - 62515275（盗版举报）	
网　　址	http://www.crup.com.cn		
经　　销	新华书店		
印　　刷	涿州市星河印刷有限公司		
开　　本	720 mm×1000 mm　1/16	版　　次	2015 年 3 月第 1 版
印　　张	16.25 插页 1	印　　次	2025 年 1 月第 3 次印刷
字　　数	250 000	定　　价	68.00 元